国家"双一流"建设学科
辽宁大学应用经济学系列丛书
学术系列
总主编◎林木西

中国国有企业
跨国投资与政府监管研究

Research on Transnational Investment
of China's State-Owned Enterprise and Government Regulation

汤吉军　郭砚莉　著

中国财经出版传媒集团
经济科学出版社
Economic Science Press

图书在版编目（CIP）数据

中国国有企业跨国投资与政府监管研究/汤吉军，
郭砚莉著 . —北京：经济科学出版社，2020. 11
（辽宁大学应用经济学系列丛书 . 学术系列）
ISBN 978 - 7 - 5218 - 2091 - 1

Ⅰ . ①中… Ⅱ . ①汤…②郭… Ⅲ . ①国有企业 –
对外投资 – 政府监督 – 研究 – 中国 Ⅳ . ①F279. 241

中国版本图书馆 CIP 数据核字（2020）第 226155 号

责任编辑：李晓杰
责任校对：蒋子明
责任印制：范 艳 张佳裕

中国国有企业跨国投资与政府监管研究
汤吉军 郭砚莉 著
经济科学出版社出版、发行 新华书店经销
社址：北京市海淀区阜成路甲 28 号 邮编：100142
总编部电话：010 - 88191217 发行部电话：010 - 88191522
网址：www. esp. com. cn
电子邮箱：esp@ esp. com. cn
天猫网店：经济科学出版社旗舰店
网址：http：//jjkxcbs. tmall. com
北京季蜂印刷有限公司印装
710 × 1000 16 开 15 印张 220000 字
2021 年 6 月第 1 版 2021 年 6 月第 1 次印刷
ISBN 978 - 7 - 5218 - 2091 - 1 定价：60. 00 元
（图书出现印装问题，本社负责调换。电话：010 - 88191510）
（版权所有 侵权必究 打击盗版 举报热线：010 - 88191661
QQ：2242791300 营销中心电话：010 - 88191537
电子邮箱：dbts@ esp. com. cn）

　　本书出版得到了辽宁省兴辽英才计划项目（XLYC1802043）、国家社会科学基金项目（12BGL009）和辽宁省社会科学基金项目（L20BJL008）的资助，在此表示感谢。

总　序

　　本丛书为国家"双一流"建设学科"辽宁大学应用经济学"系列丛书，也是我主编的第三套系列丛书。前两套系列丛书出版后，总体看效果还可以：第一套是《国民经济学系列丛书》（2005年至今已出版13部），2011年被列入"十二五"国家重点出版物出版规划项目；第二套是《东北老工业基地全面振兴系列丛书》（共10部），在列入"十二五"国家重点出版物出版规划项目的同时，还被确定为2011年"十二五"规划400种精品项目（社科与人文科学155种），围绕这两套系列丛书取得了一系列成果，获得了一些奖项。

　　主编系列丛书从某种意义上说是"打造概念"。比如说第一套系列丛书也是全国第一套国民经济学系列丛书，主要为辽宁大学国民经济学国家重点学科"树立形象"；第二套则是在辽宁大学连续主持国家社会科学基金"八五"至"十一五"重大（点）项目，围绕东北（辽宁）老工业基地调整改造和全面振兴进行系统研究和滚动研究的基础上持续进行探索的结果，为促进我校区域经济学学科建设、服务地方经济社会发展做出贡献。在这一过程中，既出成果也带队伍、建平台、组团队，使得我校应用经济学学科建设不断跃上新台阶。

　　主编这套系列丛书旨在使辽宁大学应用经济学学科建设有一个更大的发展。辽宁大学应用经济学学科的历史说长不长、说短不短。早在1958年建校伊始，便设立了经济系、财政系、计统系等9个系，其中经济系由原东北财经学院的工业经济、农业经济、贸易经济三系合成，财税系和计统系即原东北财经学院的财信系、计统系。1959年院系调整，将经济系留在沈阳的辽宁大学，将财政系、计统系迁到大连组建辽宁财经学院（即现东北财经大学前身），将工业经济、农业经济、贸易经济三个专业的学生培养到毕业为止。由此形成了辽宁大学重点发展理论经济学（主要是政治经济学）、辽宁财经学院重点发展应用经济学的大体格局。实际上，后来辽宁大学也发展了应用经济学，东北财经大学也发展了理论经济学，发展得都不错。1978 年，辽宁大学恢复招收工业经济本科生，1980 年受人民银行总行委托、经教育部批准开始招收国际金融本科生，1984 年辽宁大学在全国第一批成立了经济管理学院，增设计划统计、会计、保险、投资经济、国际贸易等本科专业。到 20 世纪 90 年代中期，辽宁大学已有西方经济学、世界经济、国民经济计划与管理、国际金融、工业经济 5 个二级学科博士点，当时在全国同类院校似不多见。1998 年，建立国家重点教学基地"辽宁大学国家经济学基础人才培养基地"。2000 年，获批建设第二批教育部人文社会科学重点研究基地"辽宁大学比较经济体制研究中心"（2010 年经教育部社会科学司批准更名为"转型国家经济政治研究中心"）；同年，在理论经济学一级学科博士点评审中名列全国第一。2003 年，在应用经济学一级学科博士点评审中并列全国第一。2010 年，新增金融、应用统计、税务、国际商务、保险等全国首批应用经济学类专业学位硕士点；2011 年，获全国第一批统计学一级学科博士点，从而实现经济学、统计学一级学科博士点"大满贯"。

在二级学科重点学科建设方面，1984 年，外国经济思想史（即后来的西方经济学）和政治经济学被评为省级重点学科；1995 年，西方经济学被评为省级重点学科，国民经济管理被确定为省级重点扶持学科；1997 年，西方经济学、国际经济学、国民经济管理被评为省级重点学科和重点扶持学科；2002 年、2007 年国民经济学、世界经济连续两届被评为国家重点学科；2007 年，金融学被评为国家重点学科。

在应用经济学一级学科重点学科建设方面，2017 年 9 月被教育部、财政部、国家发展和改革委员会确定为国家"双一流"建设学科，成为东北地区唯一一个经济学科国家"双一流"建设学科。这是我校继

1997 年成为"211"工程重点建设高校 20 年之后学科建设的又一次重大跨越，也是辽宁大学经济学科三代人共同努力的结果。此前，2008 年被评为第一批一级学科省级重点学科，2009 年被确定为辽宁省"提升高等学校核心竞争力特色学科建设工程"高水平重点学科，2014 年被确定为辽宁省一流特色学科第一层次学科，2016 年被辽宁省人民政府确定为省一流学科。

在"211"工程建设方面，在"九五"立项的重点学科建设项目是"国民经济学与城市发展"和"世界经济与金融"，"十五"立项的重点学科建设项目是"辽宁城市经济"，"211"工程三期立项的重点学科建设项目是"东北老工业基地全面振兴"和"金融可持续协调发展理论与政策"，基本上是围绕国家重点学科和省级重点学科而展开的。

经过多年的积淀与发展，辽宁大学应用经济学、理论经济学、统计学"三箭齐发"，国民经济学、世界经济、金融学国家重点学科"率先突破"，由"万人计划"领军人才、长江学者特聘教授领衔，中青年学术骨干梯次跟进，形成了一大批高水平的学术成果，培养出一批又一批优秀人才，多次获得国家级教学和科研奖励，在服务东北老工业基地全面振兴等方面做出了积极贡献。

编写这套《辽宁大学应用经济学系列丛书》主要有三个目的：

一是促进应用经济学一流学科全面发展。以往辽宁大学应用经济学主要依托国民经济学和金融学国家重点学科和省级重点学科进行建设，取得了重要进展。这个"特色发展"的总体思路无疑是正确的。进入"十三五"时期，根据"双一流"建设需要，本学科确定了"区域经济学、产业经济学与东北振兴""世界经济、国际贸易学与东北亚合作""国民经济学与地方政府创新""金融学、财政学与区域发展""政治经济学与理论创新"五个学科方向。其目标是到 2020 年，努力将本学科建设成为立足于东北经济社会发展、为东北振兴和东北亚区域合作做出应有贡献的一流学科。因此，本套丛书旨在为实现这一目标提供更大的平台支持。

二是加快培养中青年骨干教师茁壮成长。目前，本学科已形成包括长江学者特聘教授、国家高层次人才特殊支持计划领军人才、全国先进工作者、"万人计划"教学名师、"万人计划"哲学社会科学领军人才、国务院学位委员会学科评议组成员、全国专业学位研究生教育指导委员会委员、文化名家暨"四个一批"人才、国家"百千万"人才工程入选者、国家级教学名师、全国模范教师、教育部新世纪优秀人才、教育部高等学校教学指导委员会主任委员和委员、国家社会科学基金重大项目首席专家等在内的学科团队。本丛书设学术、青年学者、教材、智库四个子系列,重点出版中青年教师的学术著作,带动他们尽快脱颖而出,力争早日担纲学科建设。

三是在新时代东北全面振兴、全方位振兴中做出更大贡献。面对新形势、新任务、新考验,我们力争提供更多具有原创性的科研成果、具有较大影响的教学改革成果、具有更高决策咨询价值的智库成果。丛书的部分成果为中国智库索引来源智库"辽宁大学东北振兴研究中心"和"辽宁省东北地区面向东北亚区域开放协同创新中心"及省级重点新型智库研究成果,部分成果为国家社会科学基金项目、国家自然科学基金项目、教育部人文社会科学研究项目和其他省部级重点科研项目阶段研究成果,部分成果为财政部"十三五"规划教材,这些为东北振兴提供了有力的理论支撑和智力支持。

这套系列丛书的出版,得到了辽宁大学党委书记周浩波、校长潘一山和中国财经出版传媒集团副总经理吕萍的大力支持。在丛书出版之际,谨向所有关心支持辽宁大学应用经济学建设与发展的各界朋友,向辛勤付出的学科团队成员表示衷心感谢!

林木西
2019 年 10 月

目　录

导　　论

一、问题的提出

（一）现实意义

在经济全球化进程中，社会劳动分工在更大的范围内进行，资金、技术等生产要素在国际间流动和优化配置，由此带来的巨大的劳动或知识分工收益推动了世界生产力的发展。发达资本主义国家在经济全球化进程中占据优势地位，在制定贸易和竞争规则方面具有更大的发言权，以及因其还控制着一些国际组织，因此可以说，经济全球化的主要受益者是发达国家。但是，经济全球化对发展中国家也具有积极的影响。首先，发展中国家可以利用这一机会引进先进技术和管理经验，实现产业结构升级，增强经济竞争力，缩短与发达国家的差距。其次，发展中国家也可以通过吸引外资，扩大就业，使劳动力资源优势得以充分发挥。再次，发展中国家也可以利用不断扩大的国际市场解决产品销售问题，通过对外贸易带动本国经济的发展。最后，发展中国家还可以借助投资自由化和比较优势组建大型跨国公司，积极参与经济全球化进程，以便从中获取更大的利益。

通常，全球化大致会经历三个阶段：第一个阶段为全球化围绕减少传统贸易关税、配额和非关税壁垒（包括政府进口许可证和产品标准等）展开；第二个阶段为全球化在减少贸易壁垒的基础上，以放松管制和私有化等手段来重组国内经济；第三个阶段为由于放松管制和私有化造成了不协调的国际秩序，全球化通过国际组织、政府和非政府组织，以及跨国公司来进行标准化和协调国际秩序并使之和谐（Deprez，2001）。全球经济总量节节攀升，从 1950 ~ 1998 年不到 50 年里，全球 GDP 增长了 6 倍，平均年增速为 3.9%。这一数字在 1820 ~ 1950 年的 130 年间仅为 1.6%，而 1500 ~ 1820 年只是 0.3%。1998 ~ 2008 年，世界经济增长超过了 1/3，某些经济落后地区的增幅甚至达到了 2/3。目前，世界上人均财富拥有量是 100 年前的 7 倍、50 年前的 4 倍；得益于科技进步，每小时劳动生产率提高了 5 倍；每年的商品出口总值（输送到国际市场上的货物总值）高达 10 万亿美元。

　　20 世纪 90 年代，我国首次成为发展中国家外商投资最大的东道国。随后，2003 ~ 2005 年我国成为世界前三大对外投资东道国之一，2006 年排名第 4 位。随着不断深入地参与全球化，中国已经成为国际直接投资（foreign direct investment，FDI）最具吸引力的国家，表 0 - 1 为 2007 年吸引外商投资满意度的国家排行榜。

表 0 - 1　　　　　　2007 年外商投资满意度的国家排行榜　　　　　单位：%

国家	满意程度
中国	52
印度	41
美国	36
俄罗斯	22
巴西	20
越南	11
英国	10
波兰	7
德国	7
澳大利亚	6

　　资料采源：UNCTAD，2007.

　　我国在 2001 年第十个五年计划，首次提到中国企业要"走出去"

的战略。2002 年党的十六大具体提出的"走出去"战略包括 FDI 的承包国外建设、工程项目、劳动服务贸易出口等。党的十七大和十七届历次全会，都把企业"引进来"和"走出去"作为重大战略决策而提出。党的十八届三中全会提出，要适应经济全球化新形势，必须推动对内和对外开放相互促进、"引进来"和"走出去"更好结合，促进国际和国内要素有序自由流动、资源高效配置、市场深度融合，加快培育参与和引领国际经济合作竞争新优势，以开放促改革。党的十九大报告再次指出，要以"一带一路"建设为重点，提出创新对外投资方式，加快培育国际经济合作和竞争新优势，促进形成全面开放新格局以及促进推动建设开放型世界经济。

我国对外直接投资的大部分资金来自国有企业。2003～2006 年，中央政府下属的国有企业的 FDI 流量份额占比分别是 73.5%、82.3%、83.2% 和 86.4%。2004 年至 2006 年底，它们的 FDI 存量份额占比分别是 85.5%、83.5% 和 82.1%。FDI 其他部分的存量和流量的份额占比来自地方政府管理的国有企业和集体企业、私有企业。私有企业占 FDI 的份额非常小，2004 年仅占 1.5%，2006 年年底其比例仅为 1%（芬斯特拉和魏尚进，2013）。2015 年我国 FDI 总额为 1456.7 亿美元，2016 年 FDI 总额达到了 1961.5 亿美元，并首次超过了引进外资总额，成为资本净流出国。2015 年以来，中国 GDP 从 54 万亿元增长到 80 万亿元，稳居世界第二。不仅中国对外贸易、对外投资、外汇储备稳居世界前列，而且还成为吸引外商投资的主要的东道国之一，表 0 - 2 为 1980 年、1990 年、2000 年、2008 年全球对外直接投资的主要东道国内存量占全球百分比。

表 0 - 2　　　　1980 年、1990 年、2000 年、2008 年全球外商直接
投资的主要东道国内存量占全球百分比　　　　单位：%

东道国	1980 年	1990 年	2000 年	2008 年
美国	16	20	22	15

续表

东道国	1980 年	1990 年	2000 年	2008 年
英国	12	10	8	7
德国	7	6	5	5
法国	5	5	5	7
日本	1	1	1	1
中国	0	1	3	3
巴西	3	2	2	2

资料来源：UNCTAD，《世界投资报告》（World Investment Reports），various years.

在这里，美国发挥了重要作用，2008 年占全球的对外直接投资内存量的 15%。发展中国家在其中发挥的作用更为稳定，占比始终接近及正为全球总量的 30%。在发展中国家里，中国已成为对外直接投资的一个新的东道国，所占全球份额从 0 增至 3%。

20 世纪 70 年代，来自美国和欧洲的一些跨国公司支配国际石油产业，其中"石油七姐妹"为国际大型石油生产企业的代名词，也被称为国际石油卡特尔，它们都是私有企业跨国公司，分别是：美国新泽西标准石油，即后来的埃克森（Exxon）石油公司；美国纽约标准石油，即后来的美孚（Mobil）石油公司，1998 年其与埃克森合并组成埃克森美孚（ExxonMobil）；美国加利福尼亚标准石油，后来成为雪佛龙（Chevron）；美国得克萨斯州德士古（Texaco），又称为得克萨斯石油公司，2001 年为雪佛龙所收购；得克萨斯州海湾石油公司（Gulf Oil），1984 年为雪佛龙所收购；英国波斯石油公司，当时主要的经营范围在伊朗，后经营北海油田，即英国石油公司（British Petroleum，BP）。但由于 BP 把美国、德国和比利时的很多公司组合在一起，40% 业务在美国，而且在 100 多个国家都有业务，在风能、太阳能、氢能和生物能源等可再生资源方面发展，远远不是经营石油能源业务，因而也被称为超越石油公司（Beyond Petroleum，BP）；荷兰皇家壳牌公司（Shell），其为英荷合资公司。我们不难知道，"石油七姐妹"在多次合并重组后所剩只有 4 家。后来其他国家和地区兴起的一些国有石油企业，则被称为"新石油七姐妹"的是：沙特阿拉伯石油公司（Saudi Aramco）、俄罗斯天然气工业股份公司（Gazprom）、中国石油天然气集团公司（CNPC）、伊朗国家石油公司（NIOC）、委内瑞拉石油公司（PDVSA）、巴西石油公司（Petrobras）和马来西亚国家石油公司（Petronas）。这 11 家公司控制着全球近 1/3 的油气生产和超过 1/3 的油气储量，构成当今世界国际石油投资的新格局。这种私有跨国企业和国有跨国企业共同发展的趋势，必然对于我国国有企业跨国投资产生重要的影响。

对于国际经济学研究而言，特别是通过赫克歇尔—俄林模型早已经将对外直接投资纳入一般均衡框架中，这其中包括资本套利假说、专用性要素理论，以及寡头或垄断理论等。但是，我国学术界对此鲜有研究，虽然国有跨国公司进行扩张，但是针对这些企业的研究也是有限的，这个缺口也许是由于国有企业跨国公司的国际化目前来说实际上是一个相对新的现象的原因；另外，由于我国学术界更多地关注国内国有企业，这些跨国企业的全球化还不足以成为国际商学研究的重点，加之学术界很少有考虑国有企业的国际维度，故而缺少学术研究为策略指引的"国际化"，国有企业跨国公司难以满足现有经济全球化的需要（Cuevo - Cazurra et al. , 2014；Meyer & Peng，2016）。从 20 世纪 80 年代开始，国际经济活动中出现了一个极其显著的经济现象，即新兴经济体国家的国有企业越来越多地采取跨国企业的方式，从而使国有跨国公司成为本国一个重要的全球化现象。国有企业跨国公司的全球化以及政府作为跨境投资者已经成为一种重要的现象，尤其是来自中国、巴西、印度、俄罗斯、南非新兴经济体国家（称金砖国家，BRICS），以及法国、挪威和韩国等发达经济体国家的国有企业以及政府资金。全球化迫使企业只能采取无国界的战略，除此之外，别无选择。在国内市场，当前形势不仅要求由政府提供急需的基础设施，而且还迫使政府将目光投向更远的地方，朝着可拓展经济空间和地缘政治空间的方向而努力。有政府资金参与的国有跨国公司有利于国有企业优化资源配置，形成规模经济和范围经济，增强国有企业竞争力，从而形成国有企业国家所有权优势。例如，有着由技术、创新和本土主导地位等优势组成的坚实基础，许多中国国有企业已经成功地实现了海外扩张，甚至许多国有企业还能够提供资本。这是一个战略优势，尤其是在新兴经济体中（陈惠华，2014）。

当前，要论我国国有企业的竞争力，从国有企业跨国投资的情况便可看出。以最有代表性的中央企业为例，目前我国中央企业数量为107家，2015年《财富》公布的"世界500强"中，我国创纪录地有106家企业上榜，这其中的中央企业有47家，其比重高达47%，如果将中国工商银行等几家国有控股金融企业考虑在内，则国有及国有控股企业的比重更高。从企业影响力而言，中央企业基本处于国民经济的命脉行业和关键领域，且占据各行业的龙头地位。例如，2015年《财富》公布的"世界500强"中，中国名列前三的企业分别是中国石油化工集团公司、中国石油天然气集团公司和国家电网公司，在500强中排名分别为第2、第4和第7位，它们不但在国内同行业中处于龙头地位，即便在国际同行业中，也位于前列。因此，理解国有跨国公司的理论基础和认识其面临的政府监管问题有着重要的现实意义。

在本书中，我们需要提出这样的问题：第一，为什么会存在国有跨国公司，其理论基础和跨国投资的动机和决定因素是什么？第二，为什么我国跨国公司是以国有企业开始的，计划经济体制下国有企业有什么特殊性，其是如何产生路径依赖以及如何走向国际化的？第三，既然国有企业是用来弥补市场失灵，那么为什么国有企业跨国投资还会出现问题，为什么还需要政府监管？第四，如何实现市场—私有企业—国有企业—政府监管之间的有机结合，以更好地促进国有企业跨国投资发展，最终取决于市场竞争、国家所有权结构还是政府监管结构等有效性程度。

（二）理论创新意义

实际上，贸易和对外直接投资是两类主要的国际经济活动类型，从而可以看到当某国企业与全球经济进行互动时，贸易和对外直接投资只是诸多可选择方式中的两个通用类别，如表 0 - 3 所示。

表 0 - 3　　　　　　　　　　企业进入国外市场的模式

类别	模式	特征
国内	无	一家纯粹依赖于国内市场销售的母国企业
出口	间接出口	依赖于另一家销售代理公司或贸易公司完成出口交易的母国企业
	直接出口	自己完成出口贸易的母国企业
缔约	许可	母国企业对一家国外企业授权，允许它在国外使用母国企业的市场过程（包括徽标、商标、设计和品牌）
	特许经营	母国企业对一家国外企业授权，允许它在国外使用母国企业的市场过程，但是要对生产和销售施加更多控制，以确保国外市场产品的一致性。为确保这种一致性，母国企业还要向国外公司提供帮助
	分包	母国企业与国外公司就生产一定规格（材料、工艺和质量）的产品签订合同。这种模式也被称为外包和缔约制造
投资	合资企业	母国企业在国外建立一家与国外公司共同拥有的独立公司
	并购	母国企业购买国外的企业现有的一部分（兼并）或全部（收购）生产设施股份
	绿地投资	母国企业在国外建立完全归其所有的全新生产设施

资料来源：肯尼思·A. 赖纳特. 国际经济学原理 [M]. 郎金焕译，中国人民大学出版社，2015：132.

对于企业跨国投资的研究，主要依据是新古典自由贸易理论——比较优势定律，其暗含假设是生产要素具有充分流动性，没有沉淀成本，可以自由地进出市场或产业。然而，在产业组织理论上，从贝恩（Bain，1956）就开始已经关注沉淀成本对市场结构的影响，并扩展到自由贸易方面（McLaren，1997）。之后的新贸易理论还探讨了狭窄的保护带问题，明确提出沉淀成本滞后模型（Baldwin & Krugman，1989；Belke et al.，2015）。

20 世纪 60 年代，企业对外直接投资迅速扩张，跨国公司在国际经济发展中的地位和作用日益突出，传统的完全竞争范式无法对此给出合理解释，因而掀起了国际贸易与国际投资研究热潮。事实上，跨国公司根植于市场失灵或不完全市场，因为在完全竞争市场条件下，没有哪一个企业能够发展出一种竞争优势并且因之从控制他国企业的生产中获利（蒋殿春，1998）。继海默（Hymer，1976）最早提出具有代表性的垄断优势理论后，又出现了产品生命周期理论（Vernon，1966）、国际生产折中理论（Dunning，1977）以及边际产业扩张理论（Kojima，1979）等。新制度经济学创始人科斯（Coase，1937）开创了新制度经济学革命，使巴克利和卡森（Buckley & Casson，1976）依据有限理性和机会主义等概念，强调跨国投资对降低交易成本的重要性。迪克西特和平狄克（Dixit & Pindyck，1994；Pindyck，2009）依据不可逆投资概念，提出不确定性条件的实物期权理论，突破了新古典净现值投资方法。而在市场与政府监管方面，史普博（Spulber，1999）则从进入壁垒、外部性和内部性角度阐述市场的不完全竞争性对政府监管的影响，但未涉及企业跨国投资与政府监管问题，更没有涉及国有企业问题。

国内学者对跨国投资的研究很少涉及本国国有企业，大多数只是强调国有企业投资风险（刘恒，1996），这方面理论发展严重滞后，主要体现在：（1）大多数学者遵循新古典经济学，看不到国有企业对外直接投资与国际间接投资的区别（杨忠，2009），只着眼于国有企业产权改革，往往坚持完全竞争范式分析；（2）只强调国有产权不清晰问题（陆小辉，2000），看不到市场结构对国有企业跨国投资的影响，以及政府监管问题（王俊豪，2001）；（3）较少学者研究固定成本与沉淀成本之间区别的重要性及其对国有企业跨国投资的影响，更鲜有涉及沉淀成本、对外直接投资与政府监管之间的关系研究。

直接投资是指投资者将货币资金直接投入投资项目，形成实物资产或者购买现有企业的投资，通过直接投资，投资者便可以拥有全部或部分的企业资产及经营的所有权。直接投资包括对厂房、机械设备、交通工具、通信、土地或土地使用权等各种有形资产的投资和对专利、商标、咨询服务等无形资产的投资。直接投资的主要形式：一是投资者开办独资企业，并独自经营；二是与当地企业合作开办合资企业或合作企业，从而取得企业的经营权等权利，并派人员进行管理或参与管理；三是投资者进行投资，但不参与经营，必要时可派人员任顾问或指导；四是投资者在股票市场上买入现有企业一定数量的股票，通过股权获得全部或相当部分的经营权，从而达到收购该企业的目的。

直接投资的主要特征是投资者对企业拥有永久利益。永久利益意味着直接投资者和企业之间存在长期的关系，并可以对企业经营管理施加一定的影响。通常，对外直接投资可以采取在国外直接建成分支企业的形式，也可以采用购买国外企业一定比例股权的形式来实现。

第一，投资者以其所投资的资本数额取得所投资企业部分或全部管理控制权，方便企业贯彻经营策略与管理措施。

第二，投资者可以通过国外企业提供资金、技术和管理经验，同时获取被投资国当地的市场、人力和资源。

第三，对东道国来说，来自他国的直接投资可带来较先进的技术和管理经验，可带来不同形态的资本，正确运用直接投资可在很大程度上推动东道国经济的发展。

第四，对东道国来说，直接投资是利用外资的重要渠道，但不构成对外债务，因为被直接投资企业只有在取得利润的情况下，才有按企业章程对外国投资者支付和汇出利润的义务，并且外国投资者应得的利润亦可作为再投资的资金来源。

因此，研究经济全球化条件下国有企业跨国投资与政府监管问题，需要考虑国有企业跨国投资的动机和政府监管的必要性这两个方面。一方面，由于市场失灵，造成国有企业的存在以及进行跨国投资的必要性；另一方面，国有企业跨国投资涉及专用性物质资本、人力资本等，需要考虑不完全市场结构带来的后果，尤其是生产要素无法充分流动，这就出现一个投资困境：国有企业跨国投资有助于国有企业扩张，同时又因沉淀成本带来投资风险问题。这就需要探寻政府监管深层次的经济逻辑。为此，通过引入沉淀成本与风险概念，突破完全竞争市场限制，考察国有企业跨国投资与政府监管问题。在交易成本、有限理性与正沉淀成本的共同作用下，才使政府监管有了必要条件。也就是说，只要交易成本为零，那么即使进行了沉淀成本投资，也会实现最优配置，类似于科斯定理。沉淀成本概念，并不仅仅是指会计意义上的成本，而更多强调的是经济学意义上的成本，它是由威廉姆森（Williamson, 1975）、克莱因等（Klein et al., 1978）、鲍莫尔和威利格（Baumol & Willig, 1981）、平狄克（Pindyck, 1991）和萨顿（Sutton, 1991）等提出的，是指资产事前的机会成本与其打捞价值（事后机会成本）之差，即从初始生产性活动中退出时不可补偿的那部分成本损失。显然，国有企业在给定国家所有权的前提下，当进行跨国投资时，同样会面临专用性资产、信息不对称和交易成本等因素，很容易产生大量的沉淀成本，由此会产生价格风险、投资风险、资本结构与金融结构等一系列问题。反之，如具没有沉淀成本，一旦投资失败，国有企业可以毫无成本损失地撤回全部投资，政府监管也就没有必要。同样，如果经济主体具有完全信息和完全理性特征，即使存在沉淀成本投资情况下，任何不确定性或风险都可以在事前内部化了，从而不会出现因任何不利冲击或者意外而导致额外损失，如表 0-4 所示。

表 0-4　　　　　　　　　　交易成本与沉淀成本组合

客观条件	主观条件	
	完全理性/零交易成本	有限理性/正交易成本
沉淀成本为零	不存在（主观上认识到且客观上可落实）	不存在（主观上未认识到但客观上可落实）
沉淀成本为正	不存在（主观上认识到但客观上不可落实）	存在（主观上未认识到且客观上不可落实）

为此，在分析国有企业跨国投资问题时，我们应该在给定国有产权的前提下，分析国有企业跨国投资所面临的问题与政府监管路径，尤其分析国有企业所面临的主客观条件，为进一步研究国有企业跨国投资与

政府监管提供一种理论框架。

因此，本书以全球化为背景，不是着眼于吸引外商投资"引进来"问题，而是着眼于对外直接投资"走出去"问题，特别关注国有企业对外直接投资问题。为此，基于沉淀成本和交易成本视角，在国际市场不完全条件下，考察国有企业跨国投资与政府监管之间的关系。在理论创新意义上，并不简单地囿于国有产权（或国家所有权）研究视角，而是从其他方面，尤其是市场结构、技术进步、风险、交易成本等，对国有企业跨国投资与政府监管开辟了一种新的分析视角。在实践创新意义上，为政府监管国有企业跨国投资提供一种切实可行决策依据——加强沉淀成本与风险或不确定性管理，丰富了中国特色国有企业跨国投资与政府监管理论。

二、本书的主要创新点

在经济全球化深化发展的背景下，全球价值链分工日益复杂化，国有企业积极参与全球经济已经成为一种新的经济现象，我国迫切需要对此进行深彻研究，积极应对全球化经营模式，以便迈向价值链分工的中高端，从投资大国迈向投资强国。同时可以看到，在经济全球化过程中，政府创造优势，可以摆脱对资源禀赋优势的依赖，从而在国际市场竞争中获得竞争力。因而，要遵守市场经济规律，按照国际规则进行经营、组织和管理，确立市场竞争中性原则，消除国家所有权优势和劣势，有效实施后发优势，加快现代企业制度改革进程，增强国际竞争力，国有企业可较好地实施"走出去"和"引进来"战略，通过国有跨国企业真正地融入国际市场，尤其是在"一带一路"背景下使我国国有企业成为跨国投资重要力量，深化国有企业改革，发展混合所有制经济，实现培育具有全球竞争力的世界一流企业的目标。

（1）在理论创新层面上，本书超越了简单的重商主义及国家安全等传统意识形态，而更多从国有企业组织制度结构，包括技术和经济特征，以及从社会和战略层面考虑，国家仍然是全球化过程中关键性参与者，详细阐述沉淀成本概念，区分对外直接投资与国际间接投资，阐述零沉淀成本和正沉淀成本对国有企业跨国投资的影响，并以市场不完全结构为前提，即在国有产权不变的情况下，利用相关数据进行计量经济分析，丰富了中国特色国有企业跨国投资与政府监管理论。得出结论：第一，国有企业国内垄断与跨国投资之间正相关关系；第二，在国际市场上，国有产权或私有产权并不是决定跨国投资成功的充分条件；第三，国有企业发展往往是市场结构、产权结构与政策改革的函数，如打破完全国有企业与完全私有企业简单两分法，走一条混合所有制经济道路，可以更好地降低国有企业跨国投资风险。

（2）在实践创新层面上，本书把管理沉淀成本和风险作为政府监管国有企业跨国投资的基本原则，研究如何加强国有企业治理结构创新与国有资产管理创新能力，从而加强沉淀成本与风险管理能力。通过大力完善市场制度，鼓励非市场治理结构，降低交易成本和不确定性等，实施政府直接承担或转嫁沉淀成本等政策，对于国有企业跨国投资进行政府监管，从而构造"市场制度—国有企业—政府监管"三位一体模式，积极推进国有企业跨国投资，尤其是做强做优中央企业，推动国有企业高质量发展，促进国有企业积极参与"一带一路"建设，进一步提升国际经营水平和全球竞争力。

三、研究基本思路和框架结构

当前在经济全球化条件下，国有企业跨国投资存在诸多问题。本书通过引入沉淀成本，从不完全市场结构角度探讨政府监管的重要性。一般说来，如果国有企业跨国投资处于完全竞争的条件下，资源充分流动，没有沉淀成本，那么在国际市场上投资也符合竞争性市场效率。但是，在现实的国际投资条件下，不完全竞争市场是常态，资产专用性、信息不对称与交易成本普遍存在，国有企业跨国投资中存在巨大的沉淀成本，一方面，会造成国有企业投资不足；另一方面，一旦出现投资失败，又会造成投资过度问题。因此，沉淀成本或交易成本导致市场失灵，并不是政府监管的充分条件。因此才有必要提出操作性强、科学的政府监管体系，关键在于加强对风险和沉淀成本的有效管理。

在现有文献的基础上，我们主要从市场结构和治理结构分析国有企业跨国投资与政府监管，基本思路如下：

第一章为企业跨国投资理论及简要评述，对相关理论进行阐述并指出其局限性，进而引入沉淀成本与交易成本研究视角。

第二章为国有企业跨国投资的理论框架研究，主要阐述沉淀成本概念和交易成本概念，区分对外直接投资与国际间接投资，确立有无沉淀成本/交易成本对国有企业跨国投资的影响的经济模型，在市场与私人契约无法运行的条件下，为政府监管提供理论依据。

第三章为中国国有企业跨国投资的历史进程及演变，不仅概括出我国国有企业改革的历史沿革，同时也论述了国有企业跨国投资的演变过程，从而将国有企业改革与国际化结合起来。

第四章为中国国有企业跨国投资的现状，对国有企业跨国投资的绩效、投资领域及方式、投资规模、国有资产流失状况与自主创新水平都进行了描述和分析。

第五章为中国国有企业跨国投资存在的主要问题，主要从市场结构和治理结构方面分析原因，指出政府监管不足问题，尤其是以市场为主导的政府监管不足。

第六章为国外发达国家国有企业跨国投资比较，主要叙述了西方资本主义国家国有企业的产生与演变，对国有企业的国有化与私有化进行了分析，通过研究法、德、美等国的国有企业跨国投资，寻找国有企业跨国投资的制度安排，为政府监管提供现实参考。

第七章为完善国有企业跨国投资政府监管的政策建议，主要是强化国家所有权职能，加强国有跨国企业委托—代理管理，完善竞争性市场秩序，破除民营企业进入壁垒，建立国有企业跨国投资信息披露制度，完善国有资产管理，加强分类监管促进国有跨国企业国际竞争力等。

总之，随着经济全球化的不断发展，国有企业，尤其是混合所有制国有企业进入了世界领先的跨国公司，打破纯私有企业与纯国有企业简单两分法，形成国有企业参与国际投资的新格局。因此，我们需要分析这种情形是如何发生以及为什么会发生？为什么这个国际化转型影响这一些企业而不影响其他企业？如何解释改革之初的国有企业通过发展成为国有企业跨国公司，并且有能力与世界私有企业进行正常竞争这一情况？所有权变迁，将之与技术变迁和政策改革有机结合起来，才能提供较强的解释力，从而揭示出我国国有企业跨国公司的形成、演变以及未来发展趋势，对新时代国有企业对外直接投资提供理论支撑，有助于加快形成以国内大循环为主体、国内国际双循环相互促进的新发展格局。

第一章

企业跨国投资理论及简要评述

第一节　企业跨国投资的比较优势理论

投资比较优势理论又称边际产业扩张理论。1979 年，日本学者小岛清教授系统地阐述了这一理论，他提出要分析国际直接投资发生的原因，主要应该从经济因素，尤其是要按照国际劳动分工原则来进行，就像按照比较优势在国内实行劳动分工那样，因"分工"，从而超越自给自足经济状态。因此要说明在特定条件下，如何才能使跨国企业的产出最大化或者更加有效率？按照比较优势原理，一方面甲国在 X 产品上具有劳动力专业化优势，另一方面乙国在 Y 产品上具有劳动力专业化优势。在这种情况下，他们通过交换 X 产品和 Y 产品或者把二者产出加总以达到效用最大化。同样，为了达到这种情况，对于甲乙两国应该在 X 和 Y 生产方面都有不同的比较优势。也就是说，甲国与乙国相比，在生产 X 产品上有更大价值，或者说其机会成本相对较低。

一般来说，甲国在 X 产品方面相对更有生产力，而乙国相对于甲国在 Y 产品上更有生产力。不论这种情况是否真实，我们可以说，甲国在 X 产品上有比较优势，乙国在 Y 产品上有比较优势。为了清楚理解两国之间的劳动分工。通过生产可能性曲线和无差异曲线来阐释，可以通过图形来理解比较优势原理。

为了简化，我们假设甲乙两国分别从 X 产品和 Y 产品中获益，如图 1 - 1、图 1 - 2、图 1 - 3 所示。

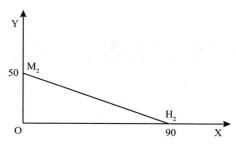

图 1 - 1 甲国 X 与 Y 产品的生产可能性曲线

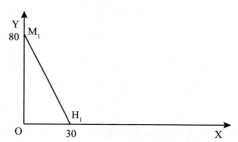

图 1 - 2 乙国 X 与 Y 产品的生产可能性曲线

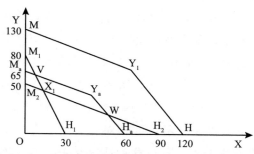

图 1 - 3 甲乙两国联合起来 X 与 Y 产品的生产可能性曲线

在这 3 个图中，横轴 X 表示 X 产品价值，纵轴 Y 表示 Y 产品价值。其中，图 1 - 1 表示甲国生产可能性曲线，图 1 - 2 表示乙国生产可能性曲线。在这里，我们假设收益不变或者说固定比例的生产函数，也可以假设收益递减或边际成本递增，此时生产可能性曲线凹向原点。在图 1 - 1 和图 1 - 2 中，我们可以看到，在给定的资源（如时间和技能）情况下，甲乙两国所能够生产的最大数量的组合：M_1H_1 表示乙国 X 价值和 Y 价值之间最大组合，M_2H_2 表示甲国最优组合。例如，对于乙国而言，如果时间完全投入 X 产品，能够获得价值为 H_1。而完全投入 Y 产品，则价值为 M_1。同样对于甲国而言，也是如此。

我们可以看到甲乙两国各有自己的相对优势，如果我们还需要两国之间各自的比较优势的话，生产可能性曲线的斜率的绝对值便能够告知。如 M_1H_1 的斜率告诉我们，对于乙国而言，必须放弃更多单位的 Y 产品的价值才能增加 1 单位 X 产品价值。这个曲线说明，从生产 X 产品的角度看，M_1H_1 比 M_2H_2 更加陡峭，它意味着，乙国为获得 1 单位 X 产品价值而放弃的 Y 产品价值要大于甲国。如果都生产 X 产品，乙国要放弃 2.67（80/30）单位 Y 产品价值才能得到新增 1 单位 X 产品价值，甲国只需要放弃 0.56（50/90）单位 Y 产品价值就能得到新增 1 单位 X 产品价值；反过来说，甲国比乙国需要放弃更多的 X 产品价值才能得到 Y 产品价值。如果都生产 Y 产品，甲国必须放弃 1.8（90/50）单位 X 产品价值才能得到新增 1 单位 Y 产品价值，而乙国只需放弃 0.38（30/80）单位的 X 产品价值就能得到新增 1 单位 Y 产品价值。因此说，乙国在 Y 产品生产中有比较优势而甲国在 X 产品生产中有比较优势。

如果甲乙两国合作，它们联合的生产可能性曲线如图 1 - 3 所示。其中，M 点是两国完全用来生产 Y 产品的市场产品价值。如果它们偏好 X 产品，则仅需要甲国生产 X 产品，直到该国没有 Y 为止。如果甲国放弃 1 单位 Y 产品价值则可以增加 X 产品价值 1.8 单位，而乙国这样做则只可以增加 0.38 单位的 X 产品价值。因此，MY_1 与 M_2H_2 的斜率相同，即表明乙国在 X 和 Y 之间分配比例相同，那么乙国的生产可能性曲线斜率更为重要。同样，只要斜率超出 MY_1，Y_1 点表示甲乙两国联合起来的生产可能性曲线 MY_1H 使 X 产品与 Y 产品之间的组合价值要大于每一国单独生产的价值。这种专业化和交换收益可以通过生产可能性曲线上的人均产出量来证明。把 MY_1H 被甲乙两国产量除可以得到新的生产可能性曲线 $M_aY_aH_a$，与 M_1H_1 和 M_2H_2 两国单独生产的可能性曲线相比较，其中 WX_1VY_a 的面积代表人均产出增加，这种产出增加表明在甲乙两国之间进行生产分配的收益要远远好于单独生产条件下的收益。为了获得这种产出收益，甲乙两国需要合理分配如何生产 X 产品和 Y 产品的数量。其中，$M_1X_1WH_2$ 表示未合作情况下两国单独达到的生产可能性曲线。由此可见，合作的前提条件为获得收益为正，可以通过图 1 - 3 论证。

从图 1 - 3 可以看出，两国比较优势差异越大，专业化收益越大。反之亦然。为了说明这种情况，可以假设极端情形，即甲乙两国之间的有相同的生产可能性曲线，比方说都为 M_1H_1，那么联合的生产可能性曲线为 $2M_1H_1$。以人均产出为基础来说，表明没有任何改善，即联合生产与单独生产没有差异。由此可以推断出，只要市场失灵或背离比较优势法则，都可以看到跨国公司的存在。

第二节　企业跨国投资的"双缺口"理论

国际贸易是指商品和服务在国家之间的流动。商品和服务是由劳动、资本、土地、数据等生产要素被投入后生产出来的。在国际贸易的基本模型中，每个国家用本国的生产要素来生产商品和服务然后进行国际交换，而生产要素在国家间没有流动性。如果生产要素在国际上可以充分流动，则完全可以替代国际贸易，从而亦可发现，生产要素在国际上不充分流动，则可能会产生跨国公司。假设生产要素国际上不流动有助于识别国际贸易的机制和功能，那么劳动和资本的国际流动则是和国际贸易同样重要的全球经济现象。

　　现在为了说明这一"双缺口"模型，我们以中美两国为例加以阐述。通常来说，中国劳动力丰裕、资本短缺，而美国劳动力稀缺、资本丰裕。在这种情况下，中国的封闭均衡和美国的封闭均衡如图1-4和图1-5所示。

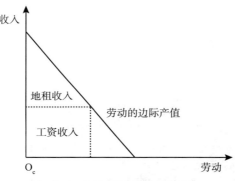

图 1-4　中国封闭条件收入分配

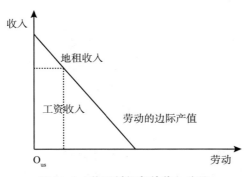

图 1-5　美国封闭条件收入分配

　　由于假设中美两国的生产技术相同，从而劳动力的边际产品价值相等，仅仅劳动力数量不同而已。此时，如果假设中美两国对劳动力跨境流动没有任何政府干预，那么会发生什么情况？首先中国劳动力会流向美国市场，随着美国劳动力数量的增多，美国工资会下降。而当中国的劳动力数量的减少，中国的工资会上升。但是只要两国之间的工资差距仍然存在，中国就会有移民动力。所以只有当两国的工资完全相等时，劳动力的国际流动才会停止。所以图1-6显示了劳动力在国际上流动均衡情况。除了劳动力数量不同之外，其他方面都假定为相同，所以图1-6中美两国两条劳动力边际产值相互对称，它们的交点正是劳动力国际上自由流动的均衡点。

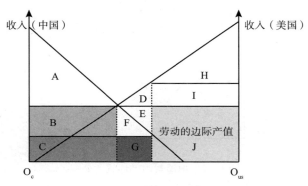

图1-6 中国与美国劳动力国际上流动均衡

国际上劳动力的流动使谁受益，使谁受损？为了便于回答这个问题，我们对图1-6做了标注。对照图1-4，我们知道封闭条件下中国的工人会获得 C+G，土地所有者获得 A+B+F，中国的国民生产总值（GNP）等于 A+B+C+F+G。当两国完全开放，两国工资水平相等的话，此时中国的工人总收入等于 B+C+E+F+G，和开放以前相比，中国工人的总收入提高了 B+E+F；而土地所有者的地租收入开放后等于 A，和开放以前相比下降了 B+F。劳动力流动对中国的国民收入有什么影响？这取决于国民收入的核算方法，如果用 GDP 来计算，开放后中国的 GDP 等于 A+B+C，比开放以前下降了 F+G；而如果用 GNP 计算，那么开放后中国的 GNP 等于 A+B+C+E+F+G，比开放以前增加了 E。

劳动力流动对美国有怎样的影响，对照图1-5，我们知道，美国封闭条件下工人获得 I+J，而在开放条件下，由于中国移民的到来使工资下降，因此，工人的总收入下降等于J，比开放以前下降了I。相反，由于中国移民的到来压低了工资水平从而提高土地的使用效率。因此，土地所有者的总收入从开放以前的H上升到开放后的D＋H＋I，上升额为D＋I。美国的GDP和GNP的计算都上升了。用GDP计算，美国的GDP等于D＋E＋F＋G＋H＋I＋J，比开放以前上升了D＋E＋F＋G。如果扣除中国移民工人收入后的GNP来计算，美国的GNP等于D＋H＋I＋J，比开放以前多了D。

由此可以看到，劳动力的充分流动，用GNP来计算，中国人的收入比开放以前增加了E，而美国人的收入比开放以前增加了D，从而使两国的总收入增加了D＋E。之所以会增加这部分收入，原因在于劳动力在国家之间的自由流动提高了资源在全世界的配置效率。中国丰裕的劳动力和美国丰裕的土地相结合，可以创造更多的财富，就像国际贸易能够带来贸易收益一样。同样，劳动力自由流动也会由于配置效率提高而创造出收益。

同样，这个简单的模型分析了国际劳动力的自由流动，而这个模型同样也可以用来分析资本在国际上流动，见图1－7，这一模型是由麦克道格尔（McDougal，1960）提出来的。

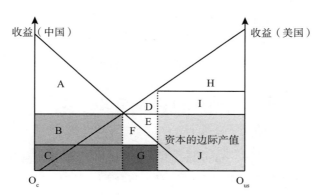

图1－7 中国与美国资本国际间流动均衡

现在，仍然以中美两国为例，此时假定其他条件相同，仅仅美国是资本丰裕国家，中国是资本稀缺国家。此时，美国资本有流向中国的趋利冲动，在国际资本流动完全开放条件下，国际资本流动会使两国的资本租价相等。如同劳动力分析一样，中国的 GNP 增加了 E，而美国的 GNP 增加了 D。

对照国际贸易、国际劳动力流动和国际资本流动的福利效应，我们可以看到：第一，无论是商品和服务的国际贸易还是劳动力和资本的国家生产要素流动，它们都会使国际上的资源配置得到改善，从而创造出额外的利益用来分享；第二，无论是国际贸易还是国际生产要素流动，都会使某一利益集团受益，使另一利益集团受损，从而出现稀缺资源所有者受损，而使丰裕要素所有者受益，出现斯托尔珀—萨缪尔森定理（stolper-samuelson theorem）；第三，随着生产要素国际间流动性提高，国际贸易是上升还是会下降，蒙代尔（Mundell，1957）证明了国际贸易和国际资本流动具有完全替代性，从而说明，国家间生产要素禀赋的差异，既是国际贸易的原因，同样也是国际生产要素流动的原因。

由此可见，国际投资仅仅考虑了国家间无风险投资收益率的差别。然而，现实的国际投资还要考虑很多因素，而从事国际直接投资的企业被称为跨国公司。随着跨国公司在国际贸易中的地位越来越重要，我们需要考虑，为什么会存在跨国公司？为什么 FDI 这种投资模式会被广泛地采用？所有权—地理位置—内部化框架（OLI 框架）较完整地回答了这个问题。

第三节　企业跨国投资的垄断优势理论

垄断优势理论（monopolistic advantage theory）又称所有权优势理论或公司特有优势理论，是最早研究对外直接投资的独立理论，是由对外直接投资理论的先驱，美国麻省理工学院海默（Hymer，1960）在他的博士论文中首先提出的，由麻省理工学院金德尔伯格（Kindleberger）在 20 世纪 70 年代对海默提出的垄断优势理论进行补充和发展，发展成了海默－金德尔伯格的 H－K 传统。它是一种阐明当代跨国公司在海外投资具有垄断优势的理论。首先，不同国家的企业常常彼此竞争，但市场缺陷意味着有些公司居于垄断或寡头地位，因此，这些公司有可能通过同时拥有并控制多家企业而牟利；其次，在同一产业中，不同企业的经营能力各不相同，当企业拥有生产某种产品的优势时，就自然会想方设法将其发挥到极致。这两方面都说明跨国公司和直接投资出现的可能性。

海默还指出，从消除东道国市场障碍的角度看，跨国公司的垄断优势有一种补偿的作用，即它们起码足以抵消东道国当地企业的优势。通常，这种垄断优势可以划分为两类：一类是包括生产技术、管理与组织技能及销售技能等一切无形资产在内的知识资产优势；另一类是由于企业规模大而产生的规模经济优势。垄断优势的来源主要包括：一是市场垄断优势。如产品性能差别、特殊销售技巧、控制市场价格的能力等。二是生产垄断优势。如经营管理技能、融通资金的能力优势、掌握的技术专利与专有技术。三是规模经济优势。即通过横向一体化或纵向一体化，在供产销各环节的衔接上提高效率。四是政府的课税、关税等贸易限制措施产生的市场进入或退出障碍，导致跨国公司通过对外直接投资利用其垄断优势。五是信息与网络优势。一般来说，市场失灵是对外直接投资的根本原因，而跨国公司的垄断优势是对外直接投资获利的条件。提到垄断优势必然需要提及市场不完全性，不完全性产生于四个方面：一是产品市场不完全。这主要与商品特异、商标、特殊的市场技能或价格联盟等因素有关。二是生产要素市场的不完全。这主要是特殊的管理技能、在资本市场上的便利及受专利制度保护的技术差异等原因造成的。三是规模经济引起的市场不完全。四是由于政府的有关税收、关税、利率和汇率等政策原因造成的市场不完全。

垄断优势理论突破了国际上资本流动导致对外直接投资的传统贸易理论框架，突出了知识资产和技术优势在形成跨国公司过程中的重要作用。因而，垄断优势理论在 20 世纪六七十年代中期，对西方学者产生过较深刻的影响。垄断优势理论开创了以国际直接投资为对象的新研究领域，即企业为了维护垄断地位而将部分工序，尤其劳动密集型工序，转移到国外生产的纵向投资，因而对跨国公司对外直接投资理论发展产生很大影响。

垄断优势理论对企业对外直接投资的条件和原因做了科学的分析和说明。垄断优势理论突破了传统国际资本流动理论的束缚，指出对外直接投资是以不完全竞争为前提的，是一种企业寡头垄断和市场集中相联系的现象。西方学者普遍认为，垄断优势理论奠定了当代跨国公司与对外直接投资理论研究的基础，并对以后的各种理论产生了深远的影响。但垄断优势理论的不足之处在于它缺乏普遍意义，由于该理论研究依据的是 20 世纪 60 年代初对西欧大量投资的美国跨国公司的统计资料，因此对美国跨国公司对外直接投资的动因有很好的解释力，但却无法解释20 世纪 60 年代后期日益增多的发展中国家跨国公司的对外直接投资现象，因为发展中国家的企业并不比发达国家有更强的垄断优势。

第四节　企业跨国投资的内部化理论

国际外包是一种为低劳动力成本所驱动，促使将中间产品生产转移到发展中国家的活动。但是大量数据显示，国际外包活动大多发生在发达国家之间，而不是发展中国家与发达国家之间。这样，我们就不能运用劳动力成本差异来解释。因此，必须从其他角度进行讨论，而这一解释为跨国公司的创建提供了理论基础。

设想企业将某一个中间产品的生产风险转移到国外会有利可图。该企业将有两个选择：第一，和国外企业签一个外包契约，由国外企业生产该中间产品，然后进口该中间产品来完成最终产品的生产；第二，通过垂直一体化直接投资形式在国外建立子公司来生产该中间产品，然后通过企业内贸易进口这个中间产品，后者又被称为内包。

什么时候选择外包（out-sourcing），什么时候选择内包（in-sourcing），可以借助于不完全契约理论来加以解释。假定中间产品的生产需要一笔前期投资，这笔投资的高低决定了中间产品的质量水平。由于契约是不完全的，所以，一旦生产中间产品的企业进行了这笔前期投资，购买中间产品的最终产品企业在讨价还价的时候就掌握了主动权，因此，此时这笔前期投资于生产企业来说便已经变成沉淀成本了，这是不完全契约中所谓的"敲竹杠"问题。

如果中间产品企业预期到这种"敲竹杠"，它就不会进行足额的前期投资。为了应对这个问题，最终产品企业可以选择分担一些前期投资。安特拉斯（Antras，2003）建立一个模型，假定最终产品购买企业前期投资一笔资本来分担中间产品企业的先期投入。在这个模型中，如果处于产业链上下游的两个企业签订了外包契约，双方都会因"敲竹杠"问题而造成投资不足。由于外包契约中双方不属于同一企业，当它们在中间产品的价格上谈不拢时，最终产品企业就得不到它所需要的中间产品。而如果是同一企业内部垂直一体化的生产（内包），那么中间产品购买方（假定为母公司）在中间产品生产方（假定为子公司）不合作时仍有权力获得其生产的中间产品。在外包情况下，独立的产权赋予中间产品生产企业较大的前期投资动力。在内包的条件下，一体化的产权结构赋予最终产品生产企业较大的前期投入动力。这两个方面的权衡决定了对外包和内包之间的选择。安特拉斯模型中假定最终产品生产企业能够分担的前期投入是资本而不是劳动力投入。因此，资本密集型较低的产业会选择外包，而资本密集型较高的产业会采用内包。

从不完全契约理论的角度分析，企业选择国际外包时的一个主要顾虑是产业链上的上下游关系中存在"敲竹杠"问题。由此推断出，当买方可以较清晰地界定中间产品的特性时，就很容易在契约中设定激励供给方的条款。因为不健全的法制会使"敲竹杠"变得十分严重，所以国际外包活动和一个国家的法治完善程度存在着正相关性。建立在不完全契约理论基础上的国际外包理论是比较优势的一个重要方面，能较好地解释20世纪80年代以来与国际外包相关的国际贸易类型。

内部化理论又称市场内部化理论，是跨国公司研究者为了建立跨国公司理论时提出和形成的理论观点，是当前解释对外直接投资的一种比较流行的理论。20 世纪 70 年代中期，以英国学者巴克利（Buckley）、卡森（Casson）与加拿大学者拉格曼（Rugman）为主要代表的经济学者，以发达国家跨国公司（不含日本）为研究对象，沿用科斯（Coase）的交易成本与企业理论的基本假定，于 1976 年在《跨国公司的未来》一书中提出并建立了跨国公司的一般理论——内部化理论。

内部化理论强调企业通过内部组织体系以较低成本，在内部转移该优势的能力，并把这种能力当作企业对外直接投资的真正动因。在市场不完全的情况下，企业为了谋求整体利润的最大化，倾向于将中间产品、特别是知识产品在企业内部转让，以内部市场来代替外部市场。该理论认为：一是外部市场机制失败，这主要是同中间产品（如原材料、半成品、技术、信息、商誉等）的性质和买方不确定性有关。买方不确定性是指买方对技术不了解，卖方对产品保密，不愿透露技术内容，因此跨国公司愿意纵向一体化。横向和纵向一体化都愿意采取对外直接投资。二是交易成本受各种因素的影响，公司无法控制全部因素。如果实现市场内部化，即把市场建立在公司内部，通过内部转移价格可以起到润滑作用。三是市场内部化可以合理配置资源，提高经济效率。国际直接投资倾向于高技术产业，强调管理能力，使交易成本最小化，保证跨国公司经验优势，都是为了实现上述各方面要求。

内部化理论从国际分工不通过世界市场，而是通过跨国公司内部来进行这点出发，研究了世界市场的不完全性以及跨国公司的性质，并由此解释了跨国公司对外直接投资的动机与决定因素，其中市场不完全性及企业的性质是内部化理论的核心。由于外部市场的不完全性，如果将企业拥有的半成品、工艺技术、营销诀窍、管理经验和人员培训等"中间产品"通过外部市场进行交易，就不能保证企业实现利润最大化。企业只有利用对外直接投资方式，在较大的范围内建立生产经营实体，形成自己的一体化空间和内部交换体系，把公开的外部市场交易转变为内部市场交易，才能解决企业内部资源配置效率与外部市场的矛盾。这是因为内部化交易会使交易成本达到最小化，在内部市场里，买卖双方对产品质量与定价都有准确的认识，信息、知识和技术也可得到充分的利用，从而减少贸易风险，实现利润最大化。

但是，内部化理论同样忽略了有限理性和代理问题。也就是说，从理论上说应该形成比较制度分析，但是在现实经济条件下，治理结构总会出现误配，严重降低跨国企业投资效率。

第五节　企业跨国投资的动态比较优势理论

动态比较优势投资理论是由日本一桥大学教授小岛清于 20 世纪 70 年代中期进行研究并发展的，亦可称其为边际产业扩张论。这是一种利用国际分工的比较优势原理，分析和解释日本型对外直接投资的理论模型。小岛清认为，分析国际直接投资产生的原因，应从宏观经济因素，尤其是国际分工原则的角度来进行。

动态比较优势投资理论的核心是，对外直接投资应该从投资国已经处于或即将陷于比较劣势的产业部门，即边际产业部门依次进行；而这些产业又虽是东道国具有明显或潜在比较优势的部门，但如果没有外来的资金、技术和管理经验，东道国这些优势又不能被利用。这样，投资国对外直接投资就可以充分利用东道国的比较优势并扩大两国的贸易。

该理论认为，进行国际直接投资的出发点不能仅仅依靠从微观经济因素出发的跨国公司垄断优势，还要考虑从宏观经济因素出发的国际分工原则。进行对外直接投资应从：对外投资的产业、对外投资的主体、投资国与东道国在投资产业上的技术差距、对外直接投资的企业形式等方面进行研究，选择有符合比较成本与比较利润率相对应的原则的产业、主体、技术、企业形式进行投资。因此，按照边际产业依次进行对外投资，所带来的结果是：东道国乐于接受外来投资，因为由投资国的中小企业转移到国外东道国的技术更适合当地的生产要素结构，为东道国创造了大量就业机会，对东道国的劳动力进行了有效的培训，因而有利于东道国建立新的出口工业基地。与此同时，投资国可以集中发展东道国那些具有比较优势的产业，结果，直接投资的输出入国的产业结构均更趋合理，促进了国际贸易的发展。

小岛清从宏观经济的角度，将贸易区分为顺贸易导向型（或贸易创造型）和逆贸易导向型（或贸易替代型），与前人的直接投资理论有较大的不同，对英、美学者产生了很大的影响。该理论解释了 20 世纪六七十年代日本对外直接投资的特点，这一时期以资源导向型、劳动力成本导向型和市场导向型直接投资为主导。也说明了在亚洲出现的以日本—"四小龙"经济体—东盟—中国—越南等为顺序的直接投资与产业结构调整，即所谓的"雁阵模式"（flying geese model）。

根据动态比较优势理论，对外投资应能同时促进投资国和东道国的经济发展。因此，小岛清从宏观经济角度来考虑，把对外直接投资划分为以下几种类型：自然资源导向型、劳动力导向型、市场导向型和交叉投资型等。

动态比较优势投资理论的贡献：一是从投资国的角度而不是从企业或跨国公司角度来分析对外直接投资动机，克服了以前传统的国际投资理论只注重微观而忽视宏观的缺陷，能较好地解释对外直接投资的国家动机，具有开创性和独到之处；二是用比较成本原理从国际分工的角度来分析对外直接投资活动，从而对对外直接投资与对外贸易的关系作了有机结合的统一解释，克服了垄断优势理论把二者割裂开来的局限性，较好地解释了第二次世界大战后日本的对外直接投资活动。

动态比较优势投资理论的局限性：一是理论分析以投资国而不是以企业为主体，这实际上假定了所有对外直接投资的企业之间的动机是一致的，即都是投资国的动机。这样的假定过于简单，难以解释处于复杂国际环境之下的企业对外投资的行为。二是小岛清提出的对外直接投资和国际分工导向均是单向的，即由发达国家向发展中国家的方向进行，作为发展中国家总是处于被动地位。无法解释发展中国家对发达国家的逆贸易导向型直接投资。三是比较优势理论产生的背景是第二次世界大战后初期日本的中小企业对外直接投资的状况。而今天日本的对外直接投资情况早已发生变化，对外直接投资的大企业大幅度增加，同时对发达国家的逆向投资迅速增加，以进口替代型的投资为主。因此，动态比较优势理论无法解释这些投资行业的投资行为，具有极大的局限性，不具有一般意义。

小岛清的国际直接投资理论将国际贸易与国际直接投资的理论统一于比较优势原理，研究发现日本模式的对外直接投资和对外贸易的关系不是替代关系而是互补关系，日本的对外直接投资可以扩大对外贸易。其原因在于日本模式的对外直接投资是从处于或即将处于劣势地位的边际产业依次转移的，与东道国廉价的劳动力相结合，日本再从进口此类产品中获利，从而创造和扩大投资国的对外贸易。

第六节　企业跨国投资的生产折中理论

国际生产折中理论认为，企业对外直接投资需要满足以下三个条件：一是企业在供应某一特定市场时要拥有对其他国家企业的净所有权优势。这些所有权优势主要表现为独占某些无形资产的优势和规模经济所产生的优势。二是如果企业拥有对其他国家企业的净所有权优势，那么，对拥有这些优势的企业来说，他自己使用这些优势时，必须要比将其转让给外国企业去使用更加有利，即企业通过扩大自己的经营活动，将优势的使用内部化要比通过与其他企业的市场交易将优势的使用外部化更为有利。三是如果企业在所有权上与内部化上均有优势，那么，对该企业而言，把这些优势与东道国的区位因素的结合必须使企业有利可图。区位因素包括东道国不可转移的要素禀赋优势以及对外国企业的鼓励或限制政策，要素禀赋一般指东道国的自然资源、人力资源、市场容量等。

折中理论的分析过程和主要结论：一是国际直接投资是遍布全球的产品和要素市场不完全性的产物，市场不完全导致跨国公司拥有特定的所有权优势，所有权优势是保证跨国公司补偿国外生产经营的附加成本并在竞争中获得成功的必要条件；二是所有权优势还不足以说明企业为什么一定要在国外进行直接投资，而不是通过发放许可证或其他方式来利用它的特定优势，必须引入内部化优势才能说明为什么直接投资优于许可证贸易；三是仅仅考虑所有权优势和内部化优势并不足以说明企业为什么把生产地点设在国外而不是在国内生产并出口产品，必须引入区位优势，才能说明企业在对外直接投资和出口之间的选择；四是产品拥有的所有权优势、内部化优势和区位优势，决定了企业的对外直接投资的动机和条件。

国际生产折中理论具有较强的适应性和实用性，克服了以前对外直接投资理论的片面性。它吸收了各派理论的精华，运用多种变量分析来解释跨国企业海外直接投资应具备的各种主要客观条件。强调经济发展水平由一国企业对外直接投资能力和动因所决定，都是符合实际的。该理论为跨国公司全面决策提供了理论依据。他要求企业有全面的决策思路，指导企业用整体的观点去考虑与所有权优势相联系的各种因素，以及诸多因素之间的相互作用，以便把握全局，降低决策失误。

然而，国际生产折中理论也有局限性。邓宁（Dunning，1977；1998；2002）强调只有三种优势同时具备，一国企业才可能进行跨国投资，并把这一论断从企业推广到国家，因而解释不了并不同时具备三种优势阶段的发展中国家迅速发展的对外直接投资行为，特别是向发达国家的大量直接投资活动。该理论对这三种理论的简单综合缺乏从国家利益的宏观角度来分析不同国家企业对外直接投资的动机。它局限在只从微观上对企业跨国行为进行分析，并且没有摆脱垄断优势论，内部化理论，区位优势理论等传统理论的分析框架。它对三种优势要素相互关系的分析仍然停留在静态均衡的分类方式上，并没有随时间变动而进行动态分析。邓宁所论述的决定依据侧重在成本分析基础上，但它假定企业不同进入方式的收入是相同的，这不符合实际。一般来说，对外直接投资产生的收入流量最大，出口次之，而许可证贸易最低。事实上，企业在决策最赢利的进入方式时是会考虑收入差别的。

第七节　简要评述

随着经济全球化的不断发展，跨国公司已成为世界各国政治经济竞争的重要工具与载体，不仅担负着获取利润的企业目标，而且还是国家战略实施的重要力量，跨国公司之间竞争的实质上就是大国之间的政治博弈。以美国为例，美国作为世界上唯一的超级大国，将跨国公司视为其实施全球霸权的重要工具，通过跨国公司保障美国的技术领先地位，输出民主与自由竞争的意识形态，维护国家的安全利益。因此，美国对于本国跨国公司的扩张给予了全方位的大力支持，并对其行为进行了有力的监管及引导，以保障美国的国家利益。跨国公司以本国为基地，通过对外直接投资，在世界各地设立分支机构或子公司，从事国际化生产和经营活动。卡维斯（Caves，1971）曾幽默地说过："似乎没有证据表明跨国企业与国内的企业以不同的曲调跳舞。"把利润最大化作为企业行为最主要的动机已经形成了强有力的共识。在邓宁（Dunning，1993；2002）看来，国外的资本对东道国进行投资，这一企业在国外的经营活动和在国内的经营活动受大致相同的目标影响，不但都是追求利润最大化，也更是通过跨国企业直接占领国外市场，寻求市场动机；另一个寻求效率动机，如获取低廉的原材料和劳动力，降低生产成本，或者回避贸易壁垒，降低销售成本，或者通过扩大生产规模，取得经济规模等，甚至是寻求战略性资产动机，保证上下游企业生产的连续性。这些动机虽然形式不同所导致的投资行为的特点也有明显的区别，但是，但他们的最终目的都是一样的，都是为了提高国有企业的利润水平。

一、国有企业跨国投资研究的实践需求

就中国而言，改革开放以来尤其是加入 WTO 之后，中国经济日益全球化，与世界市场联系的广度和深度与日俱增。在这个过程中，外国

大型跨国企业纷纷进入中国，在资金、技术、管理经验等方面给中国带来了巨大收益，有助于中国产业结构的调整优化，弥补资金不足与技术落后的劣势，培育各种高素质的人才，加快制度创新、技术创新及市场创新。但是随着这些跨国企业在华投资的不断深化，它们的一些行为威胁到了中国的国家经济安全，例如扫荡式的收购、知识产权滥用等。究其根源，在于中国企业发展质量不高，核心竞争力欠缺，缺乏像微软、摩根等国际性的大型跨国公司与之相竞争。

此外，中国是资源消耗大国，钢铁、煤炭、进口铁矿石等不可再生资源的需求世界第一，石油的需求量世界第二。随着社会主义市场经济的快速发展，中国对这些关系着国家战略安全资源的依赖度与日俱增。而与此同时，西方大型跨国公司通过大规模的国际并购，加强了对全球重要矿产资源的控制权。矿产资源的国际市场是寡头垄断的市场结构，例如美国铝业公司通过并购成为世界最大的有色金属工业企业；澳大利亚必和必拓公司（BHP）在与英国一家公司联合后，成为世界第二大金属矿山企业，全球第三大铜生产商。可以说，西方大型跨国公司已经垄断了世界大多数的优质资源、储量与产能（李桂芳，2011），而中国要获取这些资源就必须与这些跨国公司进行交易。而一些国际垄断寡头凭借其垄断势力控制着诸如石油、铁矿石等关系国家长期战略安全的重要资源，并利用定价权攫取了大量利润，使中国蒙受了巨大的损失。以铁矿石为例，世界三大铁矿石供应商（即淡水河谷、力拓、必和必拓）利用其垄断地位，在与中国钢铁企业谈判时，大幅度提高铁矿石价格，见表1-1。而中国市场虽然占据了三大矿石商的销售收入超过1/3，但由于缺乏集中度等原因而处于谈判劣势，不得不接受高价格的铁矿石，严重影响了企业的利润增长，并威胁到了国家经济安全。2011年，力拓、必和必拓的利润超过了中国77家大中型钢企利润的总和，巴西淡水河谷的净利润为228.85亿美元，是同年中国A股上市钢铁企业合计净利润的7倍，等于A股上市钢铁公司过去5年的总利润，由此可见国际铁矿石垄断寡头对中国钢铁公司的剥削程度。

表 1 - 1 　　　　　　　　　2005 ~ 2010 年铁矿石长期合同价增幅 　　　　　　单位：%

年份	较往年价格的增幅
2005	18.6
2006	71.0
2007	19.0
2008	9.5
2009	65.0
2010	59.0

　　资料来源：李桂芳. 中央企业对外直接投资报告 2011 ［M］. 北京：中国经济出版社，2011：64.

　　因此，中国经济安全的保障需要一大批资金雄厚、技术先进、人力资本充足的大型跨国企业走出国门，充分利用国内外两种资源与两个市场，实现由量变到质变的飞跃，谋求在国际市场的话语权。而考虑到地位、实力及历史因素，当前的私营企业对外投资规模过小，难以担负保障国家战略安全的重任，而国有企业无疑是最适合的主体。特别是党的十八大以来，明确指出，要加快"走出去"步伐，增强企业国际化经营能力，培育一批世界水平的跨国公司。

二、国有企业跨国投资提升国际竞争力

（一）发挥比较优势有助于提升国有企业国际竞争力

　　国有企业国际竞争力是指国有企业在世界市场竞争中，具有其他企业所没有或不完全拥有的，在技术、市场、资金、管理以及社会资本等方面的某种竞争优势，并能持续拥有这种优势的能力。国有企业国际竞争力是发挥好国有经济主导作用的重要保障，如果代表国有企业最先进生产力的中央企业在国际市场上都不具有竞争力的话，那么中国经济在国际市场中也将难有作为。国有企业承担着国家战略安全和全球发展战略的重要战略目标，只有做大做强，切实提升国际竞争力才能够实施好

这些目标。中国加入世界贸易组织之后,大批外国跨国公司纷纷进入中国市场,使得行业集中度大幅度上升,国有企业面临着巨大的竞争压力。此外,经过长期的发展,国有企业也得到了快速发展,使得跨国投资进入了一个新的阶段。其中的动因之一就是要提升企业自身的国际竞争力。

(二) 有助于减少专用性投资风险,提升国际竞争力

所谓资产专用性是指一项资产用于特定用途后,很难再移作他用,即使用于其他领域也会致使其价值大幅度降低,甚至可能毫无价值。如果交易一方在交易中进行了过高的专用性资产投资,那么对方就会产生机会主义动机,如果专用性资产投资方要退出契约就会承担高昂的成本,那就很有可能被对方锁定,遭受"敲竹杠",例如经典的通用汽车公司—费雪汽车公司(GM - Fisher)案例。按照威廉姆森(Williamson,2002)的分类,资产专用性可以划分为:一是设厂区位专用性。例如,在矿山附近建立炼钢厂,有助于减少存货和运输成本,而一旦厂址设定,就不可转作他用,若移作他用,厂址的生产价值就会下降。二是物质资本专用性极强的设备和机器的设计仅适用于特定交易用途,移作他用会降低价值。三是人力资本专用性。在人力资本方面具有特定目的的投资,当用非所学时,就会降低人力资产的价值。四是特定用途的资产。是指供给者仅仅是为了向特定客户销售一定数量的产品而进行的投资,如果供给者与客户之间关系过早结束,就会使供给者处于生产能力过剩状态。这样,因资产专用性在转移过程中很容易带来沉淀成本。对于二手资本资产支付的价格,特别是资本投资的沉淀成本部分,其程度取决于资产和二手市场的特征。对于非专用性资产的打捞价值通常较高,因为这些资产有较高的流动性,如汽车、航空飞机和办公建筑物。这些投资专用于给定的场址、企业或者产业,有可能是沉淀成本最重要的来源。当投资是场址专用性,其物质特征使其难以安装,移动或者重新寻找位置,就像基础设施等;当投资是企业或产业专用性时,其物质特征难以再转移到其他企业或产业;而在许多情况下,甚至较小的产品

或劳务的调整很可能需要显著的调整成本。

如果中央企业进行的是上下游的跨国并购重组，则有利于实现纵向一体化，减少不确定性，抑制机会主义行为，同样有助于降低交易成本，减少资源浪费，让企业将有限的资源投入到更有效的能够提升国际竞争力的领域。

可见，资产专用性的存在是导致上下游企业产生高昂的沉淀成本与交易成本，抑制合作的重要因素。中央企业不仅要面对国内市场中的这种问题，而且在国际竞争中，会面临更多的信息不对称，风险更高，因此，对资产专用性的投资必须十分谨慎。而资产专用性作为一种能够提供具有独特、优质的产品和服务，满足消费者的特殊性偏好的投资，亦是企业核心竞争力的重要组成部分。一般来说，资产专用性程度越高，竞争力也就越强。在激烈的国际市场中，如果产品没有特殊性与独特性，就很难有竞争力。如果企业专用性资产投资不足的话，虽然能够减少风险，但将严重影响其国际竞争力的提升。

纵向一体化是解决资产专用性和"敲竹杠"问题的有效手段，国有企业通过并购重组，对下游或上游的企业进行兼并，实现纵向一体化，可以减少专用性资产投资的风险，在此基础上鼓励企业进行更多的专用性资产投资，实际上是降低了交易成本，有助于国际竞争力的提升。

（三）有助于获取海外先进技术，提升国际竞争力

跨国投资有助于企业获取海外先进技术。为了紧跟国际科技发展的潮流，掌握最先进的技术，一些具备实力的国有企业需要到海外进行跨国投资，兴办技术型企业或相应的研发机构，以期望获取先进的技术。国有企业跨国并购等投资方式，可以直接、准确地了解发达国家或地区相关技术发展的最新状况，结合本国公司的技术资源，进行研发创新，及时满足国内外市场需求的变化，在国际市场上占据有利的地位。此外，国有企业还可以采取与其他跨国企业进行技术合作的方式，来获取发达国家的技术、先进人才等，提升自己的自主核心技术创新。

(四) 国有企业海外并购有助于规模经济的实现，提升国际竞争力

规模经济是指生产规模扩大会带动经济效益的增加，它反映了生产要素的集中程度与经济效益之间的关系。既定的技术条件下，企业生产规模越大，单位产品成本就越低，原因在于生产专业水平的提升、学习效应、价格谈判上的优势、高效率设备的使用等。这对于企业的启示是，规模的扩大有助于实现集约经营。但是，实现规模经济是有前提条件的，厂商规模并非越大越好。规模越大，管理成本就越高。当生产扩张到一定规模以后，如果厂商继续扩大生产规模，会导致经济效益下降，出现规模不经济。

国有企业海外并购（M&A）会带来企业规模的扩大，规模扩大到一定的程度，就会实现规模经济。不同行业和产业由于固定资本投入大，需要产量等规模达到相当大的程度的时候才能实现规模经济，也就是平均成本不断下降。从这个角度说，国有企业海外并购有利于企业实现规模经济，降低生产成本，进而提升企业的国际竞争力。

首先，巨大沉淀成本可能降低生产成本，促进国际竞争力提升。规模经济对企业的可持续发展至关重要。中央企业在资本投入、技术投入、人力投入、市场容量等各种资源虽然较其他类型企业有利，但仍是有限的，很多时候不可能仅仅依靠自己来扩大生产规模。其次，受计划经济体制残余的影响，中央企业存在专业化分工不足，"大而全、小而全"的现状；一些中央企业的生产规模较国外同行业的大型公司来说，还是相对较小，生产经营成本相对国外竞争对手来说就显得较高。在激烈的开放型市场竞争条件下，这种模式已不具备竞争力。遵循专业化分工规律，在国际市场大背景下开展分工与协作，实施专业化大公司战略，扩大企业规模，追求规模经济效益是中央企业提高国际竞争力的必要手段。国有企业跨国并购可以促进横向一体化的实现，提高企业的市场份额，增强企业的市场权力；促进各种资源的有效结合，发挥各自资源的使用优势，进而有利于生产效率的提升和成本的降低。这些都有助

于增强中央企业的国际竞争能力（陈俊龙，2014）。

最后，跨国投资可以降低交易成本，促进国际竞争力的提升。通过海外并购，可以减少竞争企业数量，增强企业整合市场的能力，而在产业内实现规模经济的企业，对市场具有较强的支配能力，易于形成成本优势，有利于阻止新的竞争对手进入，这也就有助于减少产业内过度竞争以及由此产生的浪费，也就是减少交易成本。

三、现有实践发展迫切需要理论创新

现有跨国投资理论简单地说，都是建立在新古典范式之上的。也就是说，不论短期出现什么市场失灵问题，但是从长期看来，市场是配置资源唯一且最佳的方式。在这种情况下，我们就可以看到，现有这些理论的假设前提均与我国国有企业的跨国投资实际不符：一是假设没有沉淀成本，资源在国际间可以充分流动，不会出现任何投资损失；二是假设没有交易成本，不需要任何契约形式，不需要跨国企业等非市场制度，忽略了租金或利润的分配冲突。也就是说，如果真正存在这种零交易成本情况，是国有企业还是私有企业进行跨国投资都无关紧要。恰恰因为交易成本为正，沉淀成本也为正，此时产权、信息、激励与政府监管等因素因此就显得十分重要。即使国有企业在国际市场上像私有企业一样追求利润最大化，同样也会面临除了产权之外的一系列问题，包括风险、不确定性、信息不对称等问题，同样需要政府监管。

从经济学上说，国有企业存在最为普遍的理由便是自然垄断和信息不对称。只要缺乏完全竞争的条件，就无法实现社会福利最大化，自由市场就不会确保有效率的资源配置，结果，至少在理论上可以看到政府干预的制度安排，包括税收、补贴、管制或者直接所有权，而直接所有权就会导致国有企业的产生（Lawson，1994）。在这种情况下，一是国家能够得到自己所需要的收入，从而能够得以有能力履行自己的政治和行政职能，提供社会保险、人力和物质基础设施等；二是在反周期措施不超过通常的货币政策和财政政策范围时，对于宏观经济的干预，特别是长期充分就业计划干预，国有企业起到了重要作用；三是同收入和财富的规模及分布有关，把企业掌握在政府手中，就能使收入和财富的差异比在私人经济中要小，并且不会弱化激励。

（一）国有企业弥补市场失灵

1. 收益递增或规模经济导致自然垄断

广为人知、普遍接受的国有企业存在的理由便是自然垄断（规模经济）。自然垄断行业有大量的"沉淀成本"，即资金一旦投入就难以在短时期内收回，也难改为其他用途，如果多个企业之间进行竞争，势必导致重复建设，造成资源的大量浪费，因此，一般要求由一家企业进行垄断性经营。只要经济活动服从于收益递增和边际成本递减，与两家或更多的企业形成竞争相比，单个企业更能够以最低的生产成本供应市场，此时自然垄断行业就会出现。它也包括自来水、电力、天然气等公用事业，如果任由市场竞争机制发挥作用，政府不加以适当管制，很可能会导致垄断，产生市场失灵。在这种情况下，政府不仅仅需要通过反垄断防止单一企业赢者通吃，更需要建立国有企业，把价格或允许的资本收益率定在接近竞争水平范围内，阻止自然垄断导致滥用垄断权力。

2. 信息不对称导致金融资本市场失灵

有两个例子十分重要，一个是次品市场上的逆向选择，另一个是保险市场上的道德风险。在次品市场上，由于卖者往往比买者拥有更多的信息，在无法准确获得产品质量信息的条件下，买者会按照市场上的同等质量来选择商品，这就会导致高质量的产品难以成交，最终甚至导致市场消失，从而出现市场失灵。最典型的道德风险则出现在保险市场上。一般说来，按既定的平均出险概率确定的保费使得市场均衡，然而，当双方签订保险契约后，由于信息不对称，投保人不努力避险的现象并不能被保险公司准确知晓，结果出险的可能性增大，导致保险公司蒙受更大损失，甚至还出现越是偏好风险，越容易得到保险理赔这样的异常现象。正是由于金融资本市场失灵，造成私人投资者拒绝长期低风险低收益以及短期高收益高风险的项目，从而造成这些投资项目无法利用金融资本市场融资，从而造成投资不足，因此，需要政府建立国有金融机构融资，以促进经济增长。

3. 外部性对企业生产的影响

新古典福利经济学认为，除非社会上的正外部性与负外部性正好相互抵消，否则外部性的存在使得帕累托最优状态不可能达到，从而也不能达到个人和社会的福利最大化。只要经济活动造成的外部收益或外部成本没有进入企业生产决策所依据的核算之中，与社会效率产出水平相比，或者生产得多或者生产得少，都会产生外部性。外部性可分为正外部性和负外部性。尽管科斯曾经指出，如果交易双方达成契约没有交易成本，那么外部性则不会导致市场失灵。但是，如果交易成本很大，契约难以达成，那么在不完全契约条件下，就很可能需要建立国有企业，由此给政府和国家带来社会收益——生产力水平提高，从而促进社会收益大于私人收益。另外，由于自然资源不可再生，其他人难以占为私有，促使很多国家在自然资源行业采取国有企业形式。

4. 公共物品对市场的影响

通常来说，私人物品是只能供个人享用的物品，无法与别人同时分享，如照相机、衣服等。而严格意义上的公共物品具有非竞争性和非排他性，可以同时与其他人共享。非竞争性是指一个人对公共物品的享用并不影响另一个人的享用，而非排他性是指对公共物品的享用无须支付边际成本，无法给它实行边际成本定价，这是市场无法做到的，如国防。它保护人民安全，一人享用国家安全时一点都不会影响其他人对国家安全的享用，并且再增加多一个使用也不会增加边际成本，所以一般不由市场而由国有企业来提供这些服务。

（二）国有企业落实意识形态和政治战略

对应于市场失灵的经济解释，还可以运用政治观点来解释国有企业的存在，它是意识形态和政治战略作用的结果。尽管这些意识形态和政治战略各有差异，但大体上可将它们分为四类：

一是社会主义或共产主义意识形态的需要，认为国有企业的存在具有合理性。市场作用的一个基本结果是"马太效应",即资源将会呈现集中的趋势,也就是我们常说的"穷者越穷,富者越富"的问题。因此市场不但不能解决收入分配不公,反而会加剧收入差距,这是市场作用的必然结果。也就是说,私有企业将财富掌握在私人手中,往往会牺牲工人的利益和偏离国家所追求的社会公平,因而政府需要建立国有企业。在这种情况下,国家成为企业的所有者,名义上即企业属于国家的公民。事实上,在一些社会主义国家,不仅大力发展国有企业,还要政府加强对私有企业的管制。

二是民族主义意识形态的需要,认为政府需要国有企业加速国家的经济发展,从而实现私有企业无法实现的目标,更多体现的是采取进口替代战略。根据进口替代战略,政府干预的目的是减少对国外进口和外国企业的依附,以及减少对私有企业的依赖,从而使国有企业填补私有企业留下的领域。

三是经济社会保障意识形态的需要,主要是为了实现社会目标,例如,教育、医疗卫生和减少贫困是由国有企业来承担的。一方面,从企业家本质来说,在这种情况下,政府会怀疑私有企业家实现这些社会目标的动力。另一方面,与收入和财富的规模及分布有关,国家把企业掌握在政府手中,并以政治战略推动再分配,可以使收入和财富的差异比在私有企业中要小,并且还不会弱化激励机制等。

四是经济发展战略意识形态的需要,认为发展国有企业本身就是一个国家战略,例如国防。这些产业本身就有战略特点,因而依据不同的角度和政治战略而选择不同的国有企业。同时,不同的国家对国有企业的要求也不同。

为此,我们集中研究国有企业跨国投资的微观经济机制,包括交易成本、风险、沉淀成本、信息不对称等因素,再结合所有权专用性优势进行细致分析,不但要改变国有产权即是低效率的代名词这一刻板印象,还需要采取比较制度分析或者分类改革与监管原则,尤其是国有资本收益的生产、占用、分配与使用,强调政府监管,杜绝对资源的过度依赖,避免"资源诅咒"与"荷兰病",最终提升国有企业的国际竞争力。

第二章

国有企业跨国投资的理论框架研究

事实上，所有理论都有假设条件，因此理论本身有一些严格假设这一情形并不能成为批评点。但是，我们仍然需要问，模型设定的特定假设对我们要回答的问题来说是否适当（张夏准，2013）。因为"不建立模型，我们就无法前进，而模型一定要简化。比如比例尺 1:1 的一张地图，对一个旅客来说是没有用的。建立模型的艺术是把一切同争论点无关紧要的复杂情况统统删去，仅保留可靠的推论，简述一些必要的特征"（罗宾逊和伊特韦尔，1997）。

从新古典经济理论上看，在完全竞争市场上，假定要素市场和产品市场都是完全的，企业处于规模收益不变或规模不经济（收益递减的小企业）条件下，资源充分流动或者完全可逆或完全可变动性，没有任何沉淀成本投资，产品市场的价格变动瞬间就会引起要素市场的价格变动。反之，要素市场的价格变动也会瞬间引起产品市场的价格变动。从长期看来，由于存在完美的二手资本品市场，资源将会实现帕累托最优配置。为了进一步突出"看不见的手"机制，即使处于规模经济（收益递增的大企业）情形下，假定要素市场完全，投资都是固定成本，并没有沉淀成本，潜在竞争这一弱"看不见的手"机制，也会使自然垄断企业至少实现帕累托次优，亦即拉姆齐最优。此时即使发生了不确定性冲击或机会主义行为，因没有沉淀成本，资源可以自由进入和自由退出市场或产业，也可以无成本损失地实现重新优化配置，不会产生任何经济问题。

为了突破完全竞争市场中生产要素充分流动这一假设前提，一个观点是从现代产业组织理论之父贝恩（Bain，1956）开始，学者们一直将沉淀成本看作市场不完全竞争的来源。他们认为，沉淀成本是企业进入（投资）、退出（负投资）和进入威慑博弈的决定因素，考察了沉淀成本对在位优势和竞争优势的影响，解释了可竞争市场与产业结构之间的反方向关系，并得到沉淀成本与市场结构之间的经验关系（Ross，2004），强调了规模经济和自然垄断引起市场失灵问题。在这种情况下，一个普遍的建议就是国有化："为什么政府不拥有公司并将价格设置在边际成本处？"（Viscusi et al.，2010）；另一个从新制度经济学创始人科斯（Coase，1937）开始，从交易成本角度研究契约关系，其主要分支包括交易成本经济学、委托—代理理论以及新产权理论等。科斯定理表明：（1）如果资源配置所需交易成本为零，则市场会清除所有资源的错误配置；（2）如果资源配置所需交易成本不为零，则把违反帕累托最优条件描述为无效率是不正确的。因为纠正成本可能如此之高，以至于也许高于改善所得收益，因而不改善是有效率的。由此可知，若交易成本极小，私人谈判将进一步推进直到导致资源配置改善为止，从而可以避免政府监管亦可达到帕累托最优。在这种情况下，国有企业并不是最优的。史普博（1999）则指出了阻碍性交易（进入壁垒）、缺乏合法的必备条件的交易（外部性）以及产生低效率的交易（内部性）等市场失灵对政府监管的影响，使我们很容易理解沉淀成本、产权和交易成本对市场绩效的影响。实际上，这些经济变量并不是简单的并列关系，而是需要将它们有机地统一起来，需要打破政府与市场之间的简单两分法，寻找中间阶段的组织形式，但并不能像国际货币基金组织（IMF，1945 年成立）、世界银行（World Bank，1945 年成立）和世界贸易组织推动的"华盛顿共识"那样，充分体现新自由主义政策倡导市场神话——市场是最佳的管理经济方式，在社会中应该被用来配置资源和分配财富，甚至因而主张国有企业私有化，即便自然垄断行业（主要是公用事业部门）也应如此，这样的观点并没有考虑规模经济和自然垄断的自身沉淀投资的特点。

更为重要的是，我们需要考虑现实市场经济的实际情况，企业的目标就是要比当初开始时获得更多的货币，从而用货币购买生产要素，其结果是直到产品销售出去才能实现货币回流。因此，在货币经济中，货币成本的历史积累非常重要，这是因为企业的目标是补偿这些货币成本之后，再获得大于这个基数的货币利润。固定资本涉及大量的货币支出，通常需要通过贷款，必须经过多个生产时期才能得到偿还。因此，固定资本不仅被物质特征所定义，而且还有融资承诺。如果机器设备没有与预期相一致，企业获得意外利润或者遭受意外损失。一方面，二手资本品市场在现实世界里仅仅是特例而不是常态，主要是由于资本品的非标准化以及交易成本的存在而产生资产性沉淀成本；另一方面，企业身上的融资承诺影响创业生产的决策，从而产生契约性沉淀成本。这两类沉淀成本会阻碍固定资本的报废。而在完全竞争市场模型中，固定资本投资的可行性取决于每一期的结束，因为局部二手固定资本品就像生产的最终产品那样可被销售。紧接着下一期开始没有任何继承价值需要去考虑。相对于经济现实而言，没有任何货币承诺可持续多个生产期。

然而，这种销售或明或暗认为，局部二手资本品存在一系列完美的二手资本品市场集。也就是说，企业追求货币利润，仅仅最终产品销售出去才能获取货币。由于机器设备总是生产投入，二手资本品的货币市场不必是经济体运行良好的先决条件。仅仅当出售资本品是新的，才需要资本品市场。在均衡状态下，好像二手资本品市场的方法是正确的。然而，在调整过程中，由于缺乏资本品标准化，二手现货市场大大减少（Davidson，1972），以及融资和其他目的也会导致置换市场的存在大大受限。事实上，仅仅在破产条件下，二手资本品的销售才会发生（Davidson，1978）。

由此可见，不确定性渗透到所有决策中，而且货币承诺是关键的，而纯粹客观的二手资本品市场价格的不存在是非常重要的，因而无法将无时间和有时间分析相分离，从而需真正分析沉淀成本及其影响。一方面，新产业组织理论研究沉淀成本构成企业战略博弈的基础，并没有考虑治理结构问题，忽略了交易成本与经济组织的存在价值；另一方面，新制度经济学保留了产品市场完全竞争假设，或者说近似完全竞争市场，忽略了产品市场不完全竞争或进入壁垒的影响，因而也就忽略了规模经济和自然垄断引起的市场失灵问题。在这种情况下，需要将结构性市场失灵和交易性市场失灵加以理论综合，通过规模经济、沉淀成本和交易成本概念，突出政府监管，丰富市场、企业与政府之间的平衡关系。

第一节　规模经济、沉淀成本与交易成本组合分析

一、规模经济的内涵及其形成条件

规模经济是指产品单位成本随着规模扩大即生产能力的提高而逐步降低的规律，是衡量产业规模结构效率的重要指标。其主要是由以下因素形成的：一是工人实现专业化。随着规模扩大，劳动数量大，分工更细，实行专业化，有利于工人提高技术熟练程度。通过"干中学""学中干"方式积累经验，工作效率加快，从而提高劳动生产力。二是使用专业化设备和先进技术。随着规模扩大，有利于使用专用性设备和先进技术，并在一些任务上变得更加高效率。三是规模扩大，在生产组织方面能将生产过程安排得更有效率，有利于实行联合生产和多种经营，出现范围经济。四是随着规模扩大，便于实行大量销售和大量采购，有利于减少营销成本。规模经济一般有两种表现形式，一种是生产设备条件不变，即生产能力不变情况下的生产批量变化；另一种则是生产设备条件即生产能力变化时的生产批量变化。可以看出，规模扩大，进行更好的劳动分工和使用更专业化的机器设备进行生产都可以降低生产成本。不同产业因其生产技术特性不同，规模经济的利用途径和形式亦有所不同。通过产品的系列化和高度完整的标准化，实行"多品种、少批量、大量生产"。由规模经济引发和保持的垄断常常被称为自然垄断。反过

来说，自然垄断的主要特征，是在一定范围内，存在着显著的规模经济。

二、沉淀成本的内涵及其形成条件

沉淀成本是指投资之后不能得到完全补偿的那些成本，通常它又被称为不可逆投资、资产固定性或固定资本。换言之，沉淀成本是指在资产市场不完全条件下，一级资产市场上购买价格大于二级资产市场上转让价格（再出售价格或打捞价值）的差额。

首先，专用性有形或无形资产投资是产生沉淀成本的重要客观条件。由于资本是异质而不是同质的，不同资本品之间的替代性十分有限，资产专用性普遍存在。威廉姆森（Williamson，1985）把专用性资产划分为四类：（1）设厂区位专用性。例如，在矿山附近建立炼钢厂，有助于减少存货和运输成本，而一旦厂址设定，就不可转作他用。若移作他用，厂址的生产价值就会下降。（2）物质资产专用性极强。设备和机器的设计仅适用于特定的交易用途，在其他用途中就会降低其价值。（3）人力资产专用性。在人力资产方面具有特定目的的投资。当用非所学时，就会降低人力资产的价值。（4）特定用途的资产，是指供给者仅仅是为了向特定客户销售一定数量的产品而进行的投资，如果供给者与客户之间关系过早结束，就会使供给者处于生产能力过剩状态。因此，专用性物质资产和人力资产等一旦从初始生产性活动中退出，其资产再生产的机会成本很小，甚至没有，从而会产生沉淀成本。

其次，即使对通用性资产来说，即给定资产再出售价格不会降低的条件下，转让成本的存在也会导致沉淀成本，特别是当转让成本提高资产购买价格与降低资产打捞价值时。这说明，即使通用性资产也会产生沉淀成本，这是因为估价二手资产质量的私人信息不对称而出现"柠檬市场"问题所致（Akerlof，1970）。同样，信息不对称对专用性资产来说，更容易产生沉淀成本，例如，企业要寻找到合适的买主，需要支付搜寻或信息成本；不同企业对资本品的打捞价值的不同估计也会延长谈判时间和加大复杂性，增加转让成本；在资本品市场上出售资本品的企业往往因处于不利的谈判地位而遭受"敲竹杠"，特别是企业要出售所有的资产，使再出售价格更低，要承受更大的转让成本，从而产生沉淀成本。

最后，政府制定的税收与折旧政策，以及监管与契约制度变迁等，都可能产生沉淀成本。例如，由于政府对资本的控制，可能会使投资者再出售资产以实现重新配置的可能性消失，这就会产生沉淀成本；再比如，对于固定资本投资，随着时间推移和技术进步，其市场价值会遭受有形和无形的损耗而发生贬值，这种资本损失，也是一种典型的沉淀成本。通常，加速折旧率越快或税率越小，沉淀成本越少，反之亦然。

因此说，任何投资都具有某种程度的沉淀性或不可逆性。而且，沉淀成本还随着空间的变化而变化，如投资区位的距离选择，都会影响沉淀成本的大小。

三、交易成本的内涵及其形成条件

交易成本是指为了达成一笔交易或契约所要花费的成本。起码有三类交易成本必不可少：（1）谈判中可能需要花费一些在交流或提供交流信息之上的成本；（2）对任一交易方来说，谈判的时间、努力等机会成本；（3）如果不能如期获取交易收益，对交易方来说，就会减少未来的效用，这也是一笔不小的成本。

假如没有交易成本，那么以价格为导向的市场交易和企业科层之间的选择将是无法确定的。如奥地利经济学派所认识到的，在真实世界的经济学中，制度如市场和科层执行的是"有限理性"和"分散信息"背景下的节约功能，正是这两个因素最终产生了交易成本和信息成本（福斯，2013）。交易成本是由科斯（Coase，1937）在《企业的性质》一文中系统地提出的，他认识到，不仅"企业"在经济学中被忽视了，而且更为重要的是，事实上它有可能为运用经济学理论去解释"市场经济中为什么应该有企业"提供了一个理论基础。交易成本是"通过价格机制组织生产的，最明显的成本，就是所有发现相对价格的成本"
"市场上发生的每一笔交易的谈判和缔约的成本"以及"利用价格机制
存在的其他方面的成本"等类似于生产机会成本的一种交易机会成本，
是交易资源稀缺的自然结果。加入了使用时长的交易成本相对于管理的
成本来说更大，那么企业对市场的替代是效率的要求。按照边际主义方
法，企业的边界决定于这一条件，即使用市场来组织一单位额外的交易
所产生的交易成本等于使用企业来组织系统的交易所产生的交易成本。
继科斯之后，交易成本经济学集大成者威廉姆森广泛考察和研究了资本
主义的各种主要经济制度，并开创性地把交易成本概念应用到对经济组
织的比较和分析中，依据交易成本最小化的逻辑思维建立了一个全新的
比较制度理论体系，丰富了人们对市场经济的认识。

　　之所以市场会发生交易成本，主要是因人为因素与环境因素相互影
响而产生的市场失灵现象所导致。具体包括：一是有限理性。它是指交
易人因为身心、智力和信息等限制，并不能精确地衡量交换产品的大
小、重量、数量和价值等，在追求效用最大化时会产生限制条件。二是
机会主义。它是指交易各方为寻求自我利益而采取的逃避责任和欺诈行
为，因此而增加的彼此间的不信任与猜忌，往往会产生道德风险和逆向
选择。三是资产专用性。它是指在不牺牲生产价值的条件下，资产可用
于不同用途和可由不同使用者利用的程度，它与沉淀成本及其报酬——
准租金方面的"敲竹杠"有关系。四是不确定性与复杂性。由于环境
因素中充满不可预期性和私人信息不对称，交易双方均要将未来的不确
定性和复杂性纳入契约条款中，就会增加签订契约的谈判成本，交易难
度增大。

四、规模经济、沉淀成本与交易成本组合

　　尽管沉淀成本与交易成本有某种交叉，但为了突出各自的相对重要
性，我们认为，前者更强调固定资产投资的客观物质条件，而后者更强
调交易方的机会主义的主观行为。在理想化的完全市场模型中，对市场

均衡及帕累托最优证明的假设条件是，技术上不包含规模经济、产品完全可分割，以及所有产品都是私人产品等。这样，新古典经济学教导我们说，在竞争充分的条件下，市场交易会使产品价格与该产品的边际生产成本趋于一致。进入这种价格状态时，一个经济即可以被认为是达到了其最佳产出水平，即达到其生产可能性边界。不幸的是，这一理论只有在无成本地转移或进出不同行业时——也就是当企业的沉淀成本几乎为零时才起作用（佩雷曼，2000）。即使处于规模经济条件下，如果企业没有沉淀成本，也可以实现帕累托次优，而无须政府监管。由此看到，规模经济、沉淀成本和交易成本之间的不同组合，对于认识市场结构和治理结构，以及政府监管制度都十分重要。

如果没有规模经济、沉淀成本或交易成本，那么依靠市场竞争机制就可以实现资源优化配置，经济不会出现任何问题；如果考虑沉淀成本和规模经济，就会出现传统的监管方式，包括价格、进入和收益率监管等，而如果考虑沉淀成本和交易成本，就会发现新制度经济学视角下的治理结构，包括长期契约、垂直一体化和激励监管等；一旦考虑规模经济、沉淀成本和交易成本，就需要将市场结构与治理结构有机结合起来，为政府监管方式确定理论基础。

第二节　两个基准模型的假设前提

一、没有规模经济条件下完全竞争市场模型

市场结构是指市场中的企业数量、企业进入和退出市场的难易程度，以及企业不同于其竞争对手的生产能力。完全竞争是这样一种市场结构，在这种市场上，很多企业生产同质产品，它们可以自由进出和退出市场。因为单个企业的产出只占市场总产出的很小比重，并且与其他企业的产出水平相同，所以每个企业都是价格接受者，它们无法将产品

价格提高到市场价格之上。如果一个企业非要这样做，其结果是一件产品也卖不出去，因为消费者可以购买其他企业更低价格的同一产品。市场价格囊括了企业为了消费者需求和竞争对手行为所需要的全部信息。因而，竞争性企业决定市场多少产品时，可以忽略单个竞争对手的策略博弈行为。具体来说，完全竞争市场的假设主要包括：

（1）每个买者或卖者都是价格的接受者，竞争地位平等。由于大量的买者与卖者的存在，某个卖者抬价，消费者就会去别的卖者那里购买所需的产品；同样，他若降低产品的售价，虽然可招来消费者，但因他的供给量微不足道，结果并不能因他的产品售完而使市场上的总需求受到影响。这样，在市场价格处，单个企业所面临的需求曲线是一条水平的直线，这意味着企业可以按照市场价格想卖多少就卖多少，所以他没有降价动机。因而，价格的任何微小上涨都会使需求迅速降为零。

（2）生产者提供的产品是同质的（完全或总体替代性）。同一数量的同种产品之间完全同质，没有哪个企业能够以高于其他企业的价格将其出售，因为任何消费者都不想为该产品多付钱，消费者可以自由进入和自由退出市场。这就保证了任何数量的产品，不论谁来购买或销售，都是完全相同的，没有任何差别，单个买者与卖者的需求与供给，只是市场总需求与总供给的微不足道的一部分，该产品的需求曲线不会因此向下倾斜。

（3）没有固定成本，企业进入和退出市场或产业没有壁垒，资源可以充分流动。如果有别的企业能够并且希望吸引更多的消费者，那么没有企业会使其产品价格高于市场价格。即便在企业为数不多的市场上，只要其他企业能够迅速且容易地进入，它也无法提高产品的价格。而且，自由进入可能导致市场中的企业数量众多，企业越多，单个企业的产出变动对市场总产出的影响就越小，进而对市场价格的影响也就越微弱。进一步说明，企业可自由进入或退出以及企业数量极大成为完全竞争的必要条件。

（4）市场信息完全，交易成本为零或极低。若买者知道其他企业的要价，那么一个企业就没有办法做到既不失去消费者同时又能抬高价格。交易成本较低，意味着当消费者面对的供给者提高价格时，他可以轻而易举地从其竞争对手那里买到产品。如果买卖双方可以毫不费力地找到对方，就无须为一桩生意而雇用律师撰写交易契约或谈判等，那么交易成本会很低。

在这种完全竞争市场上，单个企业以收益递减或不变为特征，自由市场以非人格的供求力量总是推动经济趋向于边际成本定价，最终实现帕累托最优，这就是亚当·斯密提出的"看不见的手"自发调节的结果——"个体生产者只想到自己的目标，他这样做，像其他许多情况下一样，由一只"看不见的手"引导他去促进结果出现，而这个结果并不是他所追求的东西"，指明了在完全自律条件下，"看不见的手"这一经济学定律是有效的。

二、规模经济条件下完全可竞争市场模型

与市场上有多个企业同时生产的情况相比，如果由一个企业生产出市场的全部产量，所需的成本更低，那么这个市场就属于自然垄断市场。如果两家企业的生产成本分别是 $C(q_1)$ 和 $C(q_2)$，那么满足自然垄断的条件是 $C(q_1 + q_2) < C(q_1) + C(q_2)$，其中 $Q = q_1 + q_2$，它是两个企业的产量之和。换言之，在自然垄断市场上，一个企业生产比多个企业生产成本更低和更有效率，就像自来水、天然气、电力、电信、有线电视和邮政等公用事业部门就属于自然垄断。

当出现规模经济（固定成本）时，会产生"马歇尔冲突"，此时会倡导国有化和大规模的政府管制。为了解决这个矛盾，完全可竞争市场理论突破了完全竞争市场模型，其假设前提为：一是所有企业都具备相同的并得到有效使用的技术，其产品也类似。潜在的进入者与在位企业相比，在生产技术、产品质量、成本方面并不存在劣势。二是不存在市场的进入或退出壁垒，潜在进入者可以采取"赚钱就跑"的进入和退出策略。三是所有的消费者和企业都能够得到完全的价格信息，企业具备完全的需求信息。在这样的完全可竞争市场条件下，市场外有大量的潜

在进入者，每个潜在进入者都十分留心每一个盈利机会，随时准备进入该市场。在这一市场上，不存在进入壁垒，即使有固定成本（或规模经济），可维持性价格会使自然垄断企业收支平衡，只能获得零经济利润。此时无休止的进入者采取"撇油"竞争策略，使在位企业不能获得超额利润，也无法阻止以低成本满足消费者需求的新企业进入等。此时，即便是国有企业也只能如此。在这种情况下，非边际成本定价并不否定竞争，而是市场竞争的直接表现形式，"看不见的手"再次挽救了市场机制。

基于以上这两个理想化的市场比较基准分析可知，它们都有一个共同的基本假定是：在市场或产业之间生产要素充分流动，没有沉淀成本，此时没有人会因成本或价格冲击，以及机会主义行为引起的市场交换条件的变化而遭受投资损失。其结果是，在国内倡导自由市场，在国际上自由贸易。其中，生产要素充分流动假设没有人会因为由外部冲击引起的某一情况的变化而遭受损失。因此，如果一家钢铁厂关闭，该行业原先使用的资源都会被另一个已经变得相对更有利可图的行业所吸收，在此重新配置资源过程中，没有人遭受投资损失。不论是否处于规模经济，也不关乎企业数量之多寡，只要依靠强或弱"看不见的手"原理，至少可以实现拉姆齐最优，也可能实现帕累托最优。

然而，在现实条件下，生产要素的物质性往往是固定的。一个倒闭的钢铁厂的高炉不能被重新配置改造成计算机行业需要的机器。钢铁厂的工人也没有适合计算机行业的技能，除非他们接受再培训，否则他们将继续失业；充其量，他们最终能够找到其他技能工作，而他们现有的技能只能完全被浪费掉。换句话说，即使整个国家从贸易自由化中获益，流动较低甚至没有流动性的生产要素的所有者也将因此而遭受损失，除非有专门的补偿。这就是为什么贸易自由化产生了这么多的"输家"，事实与现代比较优势（Heckscher – Ohlin – Samuelson，HOS）理论的预测不一致。更为明显的是，这个问题在发展中国家更为严重，原因在于补偿机制的强弱。如果说在发达国家，福利作为一种补偿机制，通过失业救济、医疗和教育保障基金甚至最低收入保障等方式，来部分补偿贸易调整过程中的受损者。甚至在一些国家，如瑞典和其他北欧国家，还为失业工人制定高效的再培训计划。那么现实情况是，在大多数发展中国家，这种机制非常薄弱，往往几乎不存在。因此，在这些国家，贸易调整的受害者甚至连部分补偿都得不到，虽然他们为社会的其他群体已经做出了牺牲（张夏准，2013）。

由于进入壁垒（沉淀成本）、技术差异、私人信息不对称或交易成本的存在，它们都会改变完全竞争或完全可竞争市场的预测结果，这为研究私人缔约和政府监管提供了基本指导原则。

第三节　政府监管方式差异及其适用条件分析

虽然有许多市场失灵的理由要求政府监管，诸如公共产品和外部性等，但或许最重要的和被广泛接受的理由是自然垄断。穆勒是自然垄断概念的创始人，而将自然垄断与政府监管建立起进一步联系的却是瓦尔拉斯（汤吉军和郭砚莉，2012）。对于没有规模经济的一般垄断市场，即假定单个企业能够被许多企业取代而不会影响成本，政府主要采取反垄断行为的监管政策。但是当企业的规模经济明显，其平均成本达到它的最低点，产量相对于市场需求而言足够大，那么该产品由这一个企业生产会更加便宜，而任何旨在解决自然垄断市场的政府监管其最终目标是要使该企业有效率地生产并在符合社会最优的水平上定价，这便是政府监管面临的特殊挑战。第一个目标相对容易实现，通过将服务产品供给的垄断权给予私营企业即可。该私营企业为了实现利润最大化，会有效率地生产。遗憾的是，企业追求利润最大化目标的本质会因交易成本或外部性导致产品价格高于社会最优价格水平，并因此造成社会福利的无谓损失。为了分析企业以符合社会效率的方式定价，需要考虑特许权投标、政府对私营企业监管和国有企业等监管方式。

一、特许权投标及其适用条件

如果坚持沉淀成本为零或极低的假设，只需依靠市场价格机制，传统的费率和进入监管完全没有必要。对于没有沉淀成本的理想情况，此时对自然垄断企业的传统监管可以通过合理设计一种使企业竞争地获得特许权投标而被替代。德姆塞茨（Demsetz，1968）说，"自然垄断理论是不完全的，因为它未能显示出从生产上的规模经济到市场上的价格垄断之间的逻辑步骤，看待这个问题的正确方法是选择一种最佳类型的契约"，使特许权投标取代价格监管。具体来说，政府将授予一个企业特许经营权以提供这类服务，通过竞争性投标方式，其中提出最低标价的潜在进入企业将获得特许经营权。如果在竞标阶段有充分的竞争，那么价格将被压至平均成本，中标企业只能获得正常利润，类似于完全可竞争市场，此时政府的角色是充当拍卖者而不是监管者。

显然，没有沉淀成本投资的特许权投标是不现实的，威廉姆森（Williamson，1976）和诺思（North，1992）对此已经提出质疑，因为利用这种联合生产获得收益，会产生昂贵的交易成本。之所以如此，是因为这种新技术的一个重要特性就是需要大量的固定资本投资，其使用期限长且转让价值低（沉淀成本较大）。结果，体现在契约中的交换过程不得不解决成本与价格不确定性和机会主义行为。在这种情况下，特许权契约常常是不完全的，往往会由事前竞争性交易转变成事后双边垄断交易，从而产生"根本性转变"，随之而来的相互依赖或锁定效应也会产生，之后在重新签约或对过期的特许权契约进行重新安排等方面，也会存在严重的困难。当企业为了服务于特定的市场而投入了沉淀投资时，相互依赖的程度更加明显，会出现更大的问题，如配送体系的建设、维修和运营，也常常涉及成本补贴的活动，而在不同企业中分配这些活动并不那么容易。因而，为了提高自然垄断行业的经济效率，除了特许权投标之外，在实际的解决方案中，还有对私营企业进行监管和采取国有企业等方式。

二、规模经济条件下市场竞争及其适用条件

（1）在许多竞争性市场上都有巨大的沉淀成本投资的存在，如物质资本密集型产业（如汽车、钢铁等）和R&D或人力资本密集型产业（如化工、计算机等），都必须承担相当大的沉淀成本。虽然各个企业的沉淀成本很大，仍然有多个企业提供市场服务并不时发生竞争性的进入和退出。大部分经济学家都赞成企业创新、产品差异以及接近边际成本定价等行为。所以，尽管沉淀成本被视为一种进入壁垒，但它们并不一定排除和妨碍竞争。而且，沉淀成本投资也不一定签订长期契约。因此，如果不是自然垄断，沉淀成本不应成为政府对私营企业监管的依据。

（2）沉淀成本可能既非进入壁垒，也非政府监管的必要条件。真正的问题在于与沉淀成本相关的技术特性——规模经济。以运输线路和管道为基础的网络分配体系涉及交易专用性投资，它不但不可逆，重复建设的成本也很大。这类投资将特定的用户和特定的企业相互连接。正是这种对称性的约束关系制造出所谓的瓶颈，并将垄断权赋予了供应商。与此同时，对那些积极图谋从供应商的资本协议争得好处的用户来说，沉淀投资也赋予了相应的垄断权。价格和进入监管试图通过降低用户契约谈判和供应商垄断定价的机会，来保证双方利益的公正性。而依赖政府监管这种中介作用必须是以私人谈判不能解决交易双方的契约问题为前提，这是因为政府监管也需要支付大量的时间、努力等稀缺资源。

（3）显然，交易成本而非仅仅是沉淀成本构成传统收益率和进入监管的条件。大量的交易成本带来建立大规模运输网络有关的私人谈判的复杂性。签订一份完全的风险契约的成本十分高，甚至可以说不可能签订完全的私人契约。与波动性需求、变动性的价格投入及技术变迁有关的风险，在缺乏对未来收益的保障性契约的情况下，会阻碍沉淀投资。而在缺乏市场机制的情况下，严重的道德风险问题又与监督契约的

执行有关。进一步说，当这些投资无法被观察到或无法被明确写入契约条款时，道德风险问题将导致不适当的交易性沉淀投资。即使有潜在的交易收益，关于消费需求或企业成本不对称信息也许会导致私人谈判产生无效率的产出水平。因此说，高成本的契约风险、道德风险以及私人信息不对称是政府对私营企业监管的一个基本特征。正是私人谈判的交易成本的存在，伴随着交易专用性投资，再加上规模经济，才使政府监管有了正当理由。

因此，在规模经济条件下，如果进行了沉淀成本投资，会导致自然垄断（成本次加性），政府需要对私营企业进行监管，但当处于规模不经济时，沉淀成本自身并不能构成进入壁垒。更为现实的是，在私人契约之间的交易成本过于昂贵，所以它与专用性投资一起，构成政府监管的重要依据。在应该放松监管的地方，反垄断政策不要去承继监管的任务；同样，政府在鼓励竞争时，不应该将自己的触角伸向反垄断的执行。在取消进入壁垒后，监管和反垄断政策会发生持续的变化。在那些充满新进入机会或来自替代产品垄断竞争的市场上，价格和进入监管不再具有合理性。同时，对市场定价监管或对兼并和重组的防止也不需要了。在政府监管依旧的地方，对所谓的过度竞争的关切也不再具有可信性。同样，沉淀成本也会受到需求和技术变迁的影响，市场需求的外移，导致沉淀成本占总支出的比例变小，因而可能更趋向于可竞争，从而造成动态政府监管政策的变动。如果与设备重复建设和大规模沉淀投资风险相关的问题不再重要，政府监管也不再对进入进行限制，则取消进入壁垒就成为合理之举。只有当监管能够对产权进行界定，并建立起市场规则时，政府监管才是最有效率的。

三、规模不经济条件下完全竞争及其适用条件

在规模经济、沉淀成本和交易成本并存的情况下，看不到理想化市场模型，往往会形成寡头垄断市场，即使是国有企业也必须如此。否则，对拥有巨大固定资产的行业，市场价格体系尤其具有破坏性。竞争

会使价格降到边际成本范围，从而出现大范围的企业亏损，甚至破产，若扩展到宏观经济层面，会导致经济衰退（佩罗曼，2003）。也就是说，在现代经济中，哪里有巨额固定资产投资，哪里就不可能有纯粹的市场经济。在规模不经济的情况下，需要完全竞争市场结构，而在规模经济条件下，需要寡头垄断市场。否则，就会出现市场结构错位或匹配扭曲，不利于产业的健康发展。

综上所述，没有交易成本或机会主义行为，沉淀成本不会单独地产生无效率现象，因为投资者拥有完全信息，他总是可以从收益的排序中选择收益率最大的投资项目。同样，没有沉淀成本，交易成本也不会单独地产生无效率现象。因为任何不确定性冲击或机会主义行为，都不会给投资者带来投资损失，资源可以轻松地重新进行优化配置，只有当沉淀成本与交易成本共同作用，才会产生市场失灵问题。进一步说，如果我们生活在一个按照完全竞争或可竞争方式运行的世界里，那就很少需要政府对私营企业进行监管和国有企业了。然而，现实很少会符合新古典经济学中的理想化状态，如果对市场经济不加控制，在规模经济条件下会给大企业招来极大的灾难，因而政府监管的范围非常广泛，而且监管方式也随着情况的变化而变化。事实上，我们只是对新古典经济学的适用范围和应用程度提出了质疑。关键问题是，一旦将新古典经济学运用到经济活动的所有范畴时，其结果就会高估市场经济的稳定性，为政策提供误导性判断。为此，从规模经济、沉淀成本与交易成本之间组合的角度，呈现出了市场与政府监管之间的关系复杂性。由于交易成本的困扰，在达到监管目标的道路上，不是带来好处，就是带来坏处，就好像在刃锋上那样狭窄，很难做到最优，从而产生政府监管"刃锋"（knife's edge）问题。

总之，如果忽略了沉淀成本，就会忽略生产要素流动的有限性，自由市场的成本则会被系统地低估；如果忽略了交易成本，就会低估激励与产权的重要性；更为重要的是，如果忽略了自然垄断或规模经济问题，就会导致"小企业是好的"的结论，从而直接忽略现代工业经济中大量固定资本或沉淀成本投资的特征。在建立有效的要素市场和产品市场这个过程中，需要处理好市场机制与政府监管结构之间的关系，放松监管并不是取消政府的作用，而是意味着政府职能的转变，使政府退出其不能发挥作用的领域，集中做他应该做的事情。尤其需要理性地权衡市场竞争、政府对私营企业监管和国有企业之间"三位一体"的格局，具体分析所采取的某些政策是否会实际增进市场绩效并最大可能地增进社会福利。其中，完善市场结构、治理结构、激励与产权制度等对于深化我国国有企业跨国投资改革具有重大的理论意义。而且，我国国有企业改革并没有实行简单的私有化，而是走上了一条市场导向的国有企业重组之路，这恰恰是规模经济、沉淀成本与交易成本相互作用的一种理性反应，也是"走出去"的坚实基础。同时，这些经济变量也成为理解市场结构、治理结构和政府监管的关键所在。

第四节　交易成本、沉淀成本与跨国投资优化分析

传统的自由贸易理论是以完全竞争市场为基础的比较优势理论，其隐含的假设条件是生产要素在国际间具有充分流动性，最终会出现斯托尔珀—萨谬尔森定理——生产要素等价现象。也正是由于这一假设，在完全竞争市场上可以实现零利润条件。然而，生产要素沉淀成本的存在却使企业不能自由（无成本）地进出某一产业。在产业组织理论上，从贝恩到萨顿等大部分的学者都研究了沉淀成本对市场组织的影响，证明了沉淀成本的存在形式和承诺价值。所有这些进展都表明，无成本地进出某一产业的经济模型过度简化，可将其视为一种特例，而应将有沉淀成本的经济模型视为一种扩展或常态。最近兴起的新贸易理论也探讨了狭窄的保护带问题，隐含地引入了不完全竞争市场模型。因此将产业组织理论上的沉淀成本分析方法应用到自由贸易中会更有理论与现实意义，从而摆脱了经济学家和非经济学家之间在自由贸易和保护主义这一问题上的分歧。

生产要素沉淀成本之所以会影响自由贸易，其原因如下：第一，沉

淀投资是企业或产业专用的，企业退出市场其资产对其他企业或产业来说没有其他用途；第二，通过沉淀支出，在位出口企业可以留在市场上。由于沉淀生产要素没有再生产的机会和价值，只要沉淀资产有正的准租金，企业就会保留在市场上而不退出，不论可补偿资产的市场收益率为多少。沉淀投资决策的不可逆性导致了产业结构的刚性效应：一方面，企业不能自由地退出市场，往往导致投资过度和产业刚性，产业退出极为困难，预测的经济效率和福利特征不会出现；另一方面，因沉淀成本构成潜在企业进入壁垒，往往会带来投资不足和供给短缺；第三，一旦投资成本无法得到补偿，会给企业财务带来困境，甚至破产，严重影响企业下一轮生产。生产成本的补偿，是企业维持简单再生产的起码条件和进行扩大再生产过程中耗费资金的一种补偿，只有不断从产品销售收入中得到补偿，才有可能不中断地购入新的生产过程所需要的材料，才有可能不中断地支付职工劳动报酬和其他生产成本，才有可能逐步积累固定资产更新改造准备金，才有可能取得一定的盈利并从中提取企业基金，从而保证企业再生产的顺利进行。如果企业在生产过程中，所获得收入无法补偿物化劳动和活劳动的耗费，企业的产品生产就会受阻，下一轮生产过程就没有办法继续进行下去。这是从单个企业而言的，但即使从一个行业、一个部门，以及一个地区或一个国家，也同样存在这样的问题。因此，成本补偿是企业再生产补偿的基础，漏计成本会波及产品价格构成，产品成本及价格构成因素会因此失去准确性和真实性。

因而，在发生沉淀成本的情况下，保护主义基本原则在于尽量减少或补偿企业进入与退出时发生的沉淀成本。

一、国际贸易与投资中沉淀成本生成条件

在新古典经济学和管理会计中，机会成本对决策极为重要，而沉淀成本根本不重要。然而，投资者一般将投资成本看作价格，尽管是沉淀成本，也希望能够得到补偿，不至于影响企业财务状况。所以说，沉淀

成本具有重要的收入再分配效应，不能忽略它。沉淀成本是从事后角度看，是指投资承诺之后不可回收，并且其再生产机会价值为零的那些投资成本，一旦投资者转产或退出市场，这部分成本就变成了投资者的一种纯收入损失。

沉淀成本与可避免成本或可补偿成本概念相对。在国际贸易和国际投资中产生沉淀成本条件，主要有如下几种原因：

一是有形资产沉淀成本。投资资产往往是企业或产业专用的。所谓的专用性是指专门为支持某一特定目的而进行的持久性投资，并且一旦形成，再改作他用，其价值大跌。由于许多生产性活动经常需要专业化的资产，而这些专业化的或者专用性很强的资产可能不容易被用于其他生产性活动中，因此，这些资产一旦投入并承诺了专用用途后便不能转为他用。威廉姆森（Williamson，1985）将资产专用性划分为设厂位置专用性、物质资本专用性、人力资本专用性和特定用途的资产。因而，我们可以区分出劳动、物质资本、人力资本以及自然资源等有形资产沉淀成本。

二是无形资产沉淀成本。由于企业先进的生产技术、掌握信息的能力、知名度（声誉）、公众关系、市场经验等都是无形资产也具有专用性特征，无法通过技术转让、管理契约等形式出售。不仅因为自身交易成本大，而且还因为这些无形资产一旦退出市场将变得毫无价值，从而带来显著的沉淀成本。

三是交易成本。它也是沉淀成本的最重要来源，它影响投资成本支出和打捞价值。即使企业投资不具有企业或产业专用性，生产要素的再出售价格也会下降。"柠檬市场"的存在也会产生沉淀成本（Akerlof，1970）。例如，企业设备、计算机等都不是企业或产业专用性的，但是将其转手过程中因信息、运输等带来的相关的交易成本即是一种沉淀成本。应该说，交易成本本身更容易产生沉淀成本。

四是折旧率。由于有形资产与无形资产的账面价值往往与折旧有关，所以，折旧率也会影响资产沉淀成本的数量。例如，固定资产的账面价值因技术进步或产品更新带来贬值产生了不可补偿成本，也被称为沉淀成本，如企业设备、计算机等，即便它们是新的，但购买之后再出售的价格一定会小于购买价格。此时，沉淀成本与资产有形和无形的磨损程度有关。

五是契约性沉淀成本，政府规制或制度安排的存在也会产生沉淀成本。例如，事前契约规定的医疗保险，一旦中止契约，事后就没有这部分利益，这一损失就是沉淀成本。购买的资本品价格是1万元，如果政府规定不允许买卖，则这1万元就变成了沉淀成本。

总之，由于资产专用性、市场交易成本、无形磨损和有形磨损等原因，使沉淀成本存在十分普遍。其典型特征是指，在一定条件下，企业投资成本无法通过资产市场再出售价值得以补偿的那些成本，这部分成本严重影响企业财务状况和再生产过程，因而尽量避免沉淀成本是企业理性选择的结果。

当我们定义了沉淀成本和可补偿成本之后，我们得知，在没有沉淀成本时，追求利润最大化的企业，一旦其利润为负，企业就会因资产通用性瞬时退出市场或产业而停业或转产；如果有沉淀成本，利润为负就不是企业停产或转产的必要条件了，此时沉淀资产的收益即准租金的大小是补偿沉淀成本的关键条件，直到准租金为零或负，无法补偿沉淀成本时，此时因沉淀成本没有得到完全补偿而造成企业财务状况恶化，严重影响企业再生产，企业才会退出市场。同时，潜在企业在进入市场前也需要考虑沉淀成本产生的数量，从而也会在一定程度上阻碍其进入。所以，为了突出沉淀成本效应，下面我们将分别从有、无沉淀成本这两方面来进行分析。

正如林毅夫（2013）所说，这些调整成本是可以纳入主流经济学模型中的。但问题是：如果调整成本是重要的，那么为什么在实践中它们被主流经济学家如此忽视？他们一直在推荐自由贸易，即使关注调整成本，也只是敷衍了事，仅仅是说调整成本可以被纳入主流经济学中是不够的。主流经济学的学术领袖，应该鼓励人们先做这些事情，再将分析结果充分运用到设计贸易政策改革中去。虽然专用性资产因可以转移到另一个国家而不会完全失去价值。但是，这些物质资产的适用范围极为有限，并非所有的互补性资产和技能都可以运往国外。此外，有特定技能的工人或人力资本也不会顺利地被转移到其他行业中，从而对于国际贸易与国际投资产生重要影响。

二、零沉淀成本与自由进入、退出市场经济模型

我们令 I_t 是经济主体在时间 t 的投资数量，$I_t = I_t^+ + I_t^-$，其中，$I_t^+ \geqslant 0$，$-(1-a)K_{t-1} \leqslant I_t^- \leqslant 0$。它有助于增加经济主体控制的资本数量，如式（2-1）所示：

$$K_t = (1-a)K_{t-1} + I_t \qquad (2-1)$$

其中，K_t 是在时间 t 的资本数量，a 是资本折旧率。当我们理解经济主体的投资行为，我们便可以理解其进入与退出行为。

在时间 t，经济主体的利润函数为 $\pi_t = R(K_t) - C(I_t)$，其中，$R(K_t)$ 为总收益，$C(I_t)$ 为总成本。将等式（2-1）放到成本函数中会产生 $\pi_t = R(K_t) - C[K_t - (1-a)K_{t-1}]$。经济主体的利润约束为：

$$\pi_t = R(K_t) - C[K_t - (1-a)K_{t-1}] \qquad (2-2)$$

此时可以考虑 I_t 投资行为的符号：当经济主体进行投资时，它可能为正（$I_t^+ > 0$）；当经济主体在资本市场上不融资时，它可能为零（$I_t = 0$）；当经济主体负投资时，或者它可能为负 $[-(1-a)K_{t-1} \leqslant I_t^- \leqslant 0]$。可以进行下面的有关边际成本的假设分析。正如前面所述，投资的边际成本总是等于负投资的边际成本，即获得资本的成本总是等于废弃的价值。

当企业追求利润最大化，根据边际收益等于边际成本，其最优原则是：

$$P \times MPI = MCI \qquad (2-3)$$

其中，P 是产出的价格，取决于产品市场的供求关系。MPI 是物质投资品的边际产品，$P \times MPI$ 为物质投资品的边际产品价值，同时代表对物质资本的需求曲线。MCI 是物质投资品的边际成本。由于假设没有沉淀成本，购买价格与出售价值相等，这是标准的新古典竞争结论。

当物质资本投资没有沉淀成本时，这一决策规则有什么意义？在没有沉淀成本情况下，等式（2-3）依赖资本的边际产品价值以及沉淀成本产生了四种可能的投资行为，如图2-1所示。在图2-1中，投资的边际成本等于单位购买价格$S(I_t^+ > 0)$，而负投资等于其打捞价格$s(I_t^- < 0)$。由于没有沉淀成本，所以$S = s$。在第一种情况，资本的边际产品价值较高（D_1），与投资的边际成本曲线（SS）相交于正投资区域，这表明经济主体处于投资行为；在第二种情况下，资本的边际产品价值（D_2）处于S，这一点与s点重合，此时经济主体没有任何滞后现象。在这个资产固定区域，经济主体易受外部经济环境的影响，这恰恰是因为没有沉淀成本的存在；在第三种情况下，资本的边际产品价值（D_3）较小，与出售价值曲线（ss）相交，经济主体进行部分负投资；最后第四种情况，当资本的边际产品价值极小（D_4）时，导致总投资完全负投资或退出。

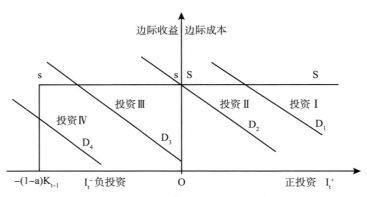

图2-1　物质资本无沉淀成本与投资行为

由于没有沉淀成本，所以$S = s$。一旦有利可图，投资者会立刻进入（投资）；一旦亏损，经济主体会立刻退出（负投资），这是标准的新古典竞争模型所阐述的内容。

由于物质资本没有沉淀成本，即具有通用性，可以自由地进出某一产业以实现物质资本的最优配置。此时，亏损的企业退出市场有如下两种方式：（1）直接在物质资本市场上出售，获得资本收入，即改变资本品所有权；（2）不改变资本所有权，将物质资本投资于有利可图的其他产品或产业上，其再生产的机会成本没有改变，可以重新生产以追求利润最大化，转产并没有改变资本所有权。因此，由于没有沉淀成本，无须担心投资失败。

需要指出，如果将生产函数扩展为包括所有者的人力资本和自然资源、工人或经理的劳动、人力资本等生产要素，得到的结论与上述完全相同。只要企业亏损，企业参与者就会瞬时退出市场而寻求其他有利可图的活动，毫无损失地退出市场（负投资）成为解决亏损问题的唯一方式，此时依靠市场制度成为解决企业困境的唯一方式。

综上所述，在完全竞争条件下，企业没有生产要素沉淀成本时，产品价格的变化直接促使企业进行理性的正或负投资，引导生产要素充分流动，最终实现最优配置。亚当·斯密"看不见的手"定理完全成立，无须任何政府干预，包括在开放条件下实施保护主义政策。

三、正沉淀成本与进入、退出市场经济模型

从无生产要素沉淀成本（完全通用性）角度重新审视完全竞争市场，可以为研究理想化的进入、退出市场经济模型确立参照系和基准，以便分析正沉淀成本对企业进入、退出市场行为的影响。可以得出这样的结论，即在其他条件不变的情况下，正沉淀成本不仅会阻碍企业进入，而且还影响企业退出市场，从而无法达到生产要素最优配置。此时不仅需要非市场制度，而且还需要政府保护主义，避免出现因沉淀成本带来的投资不足和供给短缺问题，以及因沉淀成本带来退出壁垒而导致投资、竞争过度和产业刚性等问题。

放松生产要素充分流动性这一假设，将正生产要素沉淀成本引入，就会发现：沉淀投资的企业或产业专用性使得当企业退出市场时，其他企业或产业不能利用它们而使其机会成本为零。在这种情况下，不论可补偿资产的市场收益率是多少，只要企业能从沉淀资产中获得正的准租

金，它都会滞留在市场上而不会立即退出，其具体分析的过程如下。

借助于上面的经济模型，进一步假设沉淀成本的存在。即正投资的边际成本（S）总是大于负投资的边际成本（s），即 S > s。换言之，获得资本的成本总是大于废弃的处置价值，二者之间的差额便是沉淀成本。此时，因沉淀成本的存在，使 MCI 的物质投资品的边际成本出现四种可能的情况。这些与标准的新古典竞争结论不同，如图 2 - 2 所示。

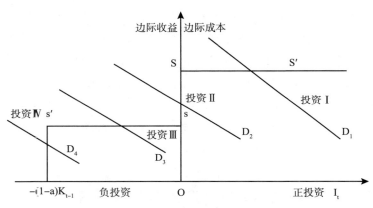

图 2 - 2　物质资本有沉淀成本与投资行为

当物质资本投资至少部分沉淀时，这一决策规则又会有什么意义？在发生沉淀成本的情况下，等式（2 - 3）依赖资本的边际产品价值以及沉淀成本产生了四种可能的投资行为，这些都被证明在图 2 - 2 中。在图 2 - 2 中，正投资的边际成本等于单位购买价格 $S(I_t^+ > 0)$，而负投资等于其打捞价格 $s(I_t^- < 0)$。

然而，如前所述，由于出现沉淀成本是常态，所以，S > s。根据最优条件，我们发现，在第一种情况，资本的边际产品价值较高（D_1），与投资的边际成本曲线（SS′）相交于正投资区域，这表明经济主体处于正投资行为；在第二种情况下，资本的边际产品价值（D_2）处于 S 和 s 之间，比时经济主体有滞后效应。在这个资产固定区域，经济主体不易受外部经济环境的影响，这恰恰是因为沉淀成本的存在，既不进行正投资也不进行负投资；在第三种情况下，资本的边际产品价值（D_3）较小，与出售价值曲线（ss'）相交，经济主体进行部分负投资；在第四种情况下，当资本的边际产品价值极小（D_4）时，导致总投资完全负投资或退出。

如果没有沉淀成本，投资者会因外部条件变化瞬时调整自身行为，自由进入和自由退出市场，这是标准的新古典竞争模型。然而，由于 $S > s$，至少发生部分沉淀，一旦投资者投资失败，有可能会等待退出市场，也会阻碍进入，这不是标准的新古典结论。

（1）在 Ss 之间，沉淀成本使经济主体没有任何激励参与资本市场。例如在投资Ⅱ，他既不进行投资，也不进行负投资，此时处于零投资局面。

（2）沉淀成本可以产生不可逆行为和滞后效应。滞后效应以不可逆效应为特征。例如，考虑经济主体在时间 t 处于投资Ⅱ，在时间 t+1 处于投资Ⅰ，在时间 t+2 返回投资Ⅱ。这个经济主体在时间 t+1 进行投资，在时间 t+2 不会进行负投资，尽管其知道在时间 t+1 需要返回时间 t+2。

（3）沉淀成本和不确定性对投资的逆向影响。企业投资或进入决策取决于投资情况下必须支付购买价格的高低。当必须支付沉淀成本的概率越大，或者沉淀成本越大，越阻碍投资。反之，当必须支付沉淀成本的概率越小，或者沉淀成本越小，越不阻碍投资。因此，在有沉淀成本情况下，这意味着在后来的负投资时需要支付购买价格越高，沉淀成本发生可能性越大，投资的激励越弱。同时这也意味着不确定性和沉淀成本阻碍投资。在这种情况下，往往会造成投资不足。

（4）退出壁垒和负投资。考虑该投资者，他不仅可以负投资（退出），而且还有重新投资或重新进入的可能性，即资产出售价格的高低。在有沉淀成本的情况下，经济主体将面对后来的再投资或重新进入的出售价格：出售价格越低，沉淀成本可能性越大，负投资（退出）的激励越小；反之，出售价格越高，面对的沉淀成本可能性越小，负投资（退出）的激励越大。因此，沉淀成本与不确定性阻碍退出，这表明不确定性和沉淀成本减少企业负投资和退出的激励。在这种情况下，往往会造成投资过度。

接下来考虑均衡点的变动，假设其他条件不变：一是 S 越大，沉淀成本越大，越不容易退出与进入，反之亦然；二是 s 越小，沉淀成本越大，越不容易退出与进入，反之亦然；三是不确定性越大，等待的机会成本越大，退出与进入激励越弱，反之亦然；四是资本存量 K_{t-1} 越大，退出与进入市场效应越小，反之亦然；五是对产品的需求越大，价格越大，对生产要素的需求越大，退出效应越小，进入效应越大，反之亦然；六是折旧率 a 越大，退出与进入市场效应越大，反之亦然；等等。

因为物质资本有沉淀成本，物质资本品依靠市场出售或者转产严重受阻：第一，物质资本所有者改变所有权的过程受阻，不能依靠市场获得初始投资成本；第二，不改变资本的所有权，物质资本的专用性使得企业无法生产其他有利可图的产品。当准租金为正时，企业会选择继续生产不退出市场，当准租金为零或负时，企业所有者才会退出市场，从而造成一种退出市场的滞后效应（hysteresis effect）。

当我们将生产函数扩展至自然资源、工人或经理的劳动和人力资本等生产要素时，不管是完全沉淀还是部分沉淀都会得到同样的结论。

由此可见，在有沉淀成本情况下，产品价格信号并不能确保市场要素最优配置，不能创造自由进入和自由退出。因此，政府干预就显得十分必要了。换言之，在有沉淀成本的情况下，企业不能自由进入和自由退出，从而发现，如何降低沉淀成本成为制度创新或政策创新主要手段，不仅需要企业国内联合和国际联合，以及企业间建立长期契约、垂直一体化等非市场制度，还需要政府采取及时的保护主义政策，促进正投资和负投资，其最终目标都是降低沉淀成本，例如，降低交易成本和不确定性、税收减免和加速折旧等，避免因沉淀成本存在导致投资不足和投资刚性。

沉淀成本在现实国际贸易条件下很容易发生，而且其作为进入壁垒和退出壁垒严重影响资源配置效率，更有甚者，严重影响企业财务状况和再生产过程，因而政府保护主义政策成为补偿或减少沉淀成本，进而矫正资源配置扭曲的关键手段。出口企业投资生产要素的沉淀成本，影响了其在贸易利益上的分配格局，使其所属国无法摆脱受另一个贸易国控制的局面。生产要素沉淀成本的存在使对方中止协议的威胁成为可信的，之所以如此是因为生产要素在其他产业生产的机会成本较低，难以退出该产业或市场。当两个国家签订协议时，拥有沉淀成本的投资国在谈判中处于劣势，降低了讨价还价力量，不能或者很难摆脱受另一国的控制局面，使自己处于两难境地：一旦投资了大量的生产要素，沉淀成本使其再生产的机会成本很小，难以退出市场，不退出市场又会受到别国的"敲竹杠"，使自己在贸易利益分配上处于不利地位，进而使保护主义成为必然。此时政府的保护主义有可能使自己支持出口导向，但要注意避免带来投资过度，特别是对国外投资给予过度保险投资。我们再把沉淀成本作为进入壁垒来考虑，除了采取非市场制度外，政府还可以对投资实施保险，刺激出口。潜在出口企业在进行投资决策前也需要考虑沉淀成本数量，此时沉淀成本作为潜在企业的进入壁垒，会导致其人力资本、劳动等要素投资不足，并带来供给短缺。所以，保护主义政策也应着眼于减少潜在出口企业的进入壁垒，促进企业出口以增强其在国际市场上的竞争力，不是简单地直接参与投资，而是确立良好的内部与外部预期环境，为尽量减少沉淀成本提供信息服务。

在中国国有企业跨国投资过程中，特别是 2001 年 12 月加入世界贸易组织之后，需要制定一些监管制度以降低沉淀成本和交易成本。为此，首先，要大力完善和发展要素市场制度和产品市场制度降低沉淀成本，例如繁荣二手市场，建立良好的资产转移和流动机制、界定产权，尊重契约自由、保护财产权，降低市场交易成本；其次，对于依靠资产市场制度本身不能解决的并且其沉淀成本较高的各企业之间需要采取非市场制度，如采取垂直或水平一体化、长期契约、所有权调整等方式，目的是通过降低交易成本来提高企业运行效率，提高企业回收沉淀成本的能力；再次，需要开展多边贸易，开拓更多的市场，为生产要素市场或产品市场创造更多可供选择的市场机会以摆脱沉淀成本对我国出口企业的控制；最后，政府的出口导向政策应着眼于帮助减少或承担企业出口时所面临的沉淀成本，例如提供市场信息、发展出口基础设施，以及建立稳定预期的宏观经济环境。具体一则可通过对公共基础设施进行投资以减少出口企业投资面临的沉淀成本；二则可通过进行教育、培训、研发和市场信息投资，降低交易成本。因为一般来说企业为获得相关信息而进行的努力对其来说有极大的沉淀成本和不确定性，所以研发与信息搜集方面的沉淀成本非常普遍，政府通过对出口企业生产信息的分享和协调可以减少投资的沉淀成本和不确定性，从而刺激投资和提高劳动生产力；三则政府应该降低税率和加速折旧等，尽可能增加出口企业投资的利润，避免出现沉淀成本。

第五节　沉淀成本与国有企业跨国投资

间接投资是一种投资者以资本购买公司债券、金融债券或公司股票等各种有价证券，以期获取一定收益的投资。由于该投资形式主要是通过购买各种各样的有价证券来体现，因此也被称为证券投资。与直接投资相比，间接投资的投资者除股票投资外，一般只享有定期获得一定收益的权利，而无权干预被投资对象对这部分投资的具体运用情况及其经营管理决策。间接投资的资本运用比较灵活，可以随时调用或转卖现有资产，更换投资对象以谋求更大的收益；可以减少承担因政治经济形势变化而带来的投资风险；也可以作为中央银行为平衡银根松紧而采取公开市场业务时收买或抛售的筹码等。

直接投资与间接投资同属于一种投资者对预期能带来收益的资产的购买行为，但二者有着实质性的区别：直接投资是资金所有者和资金使用者合一，资产所有权和资产经营权统一，一般发生在生产事业，会形成实物资产；而间接投资是资金所有者和资金使用者的分解，是一种资产所有权和资产经营权的分离形式，投资者对企业资产及经营没有直接的所有权和控制权，其目的只是为了取得其资本收益或保值。

除了有区别，直接投资和间接投资还有着非常密切的联系：间接投资者通过间接投资，可以为直接投资者筹集到所需资本，并监督、促进直接投资的管理。随着现代经济的发展，生产规模急速扩大，仅靠一般的个别资本已很难进行技术高、规模大的项目的投资，而以购买及交易证券为典型形式的间接投资使社会小额闲散资金得以集中并成为企业所需要的长期的较为稳定的巨额投资资金，着实解决了投资需求的矛盾，亦是一种动员和再分配资金的重要渠道。因此可以说，间接投资已逐渐成为了主要和基本的投资方式。简单地说，直接投资的进行必须依赖于间接投资的发展；而直接投资对间接投资有重大且直接的影响，因为企业生产能力的变化会直接影响投资者对该企业发行的证券前景的预期，从而间接投资水平亦会相应地发生波动。

通过沉淀成本与企业投资模型分析表明：一是沉淀成本将使经济主体没有任何激励参与资本市场；二是沉淀成本可以产生不可逆行为和滞后效应；三是在沉淀成本情况下，不确定性对投资有不利影响。有沉淀成本即意味着经济主体在负投资时可能需要支付沉淀成本，即可能遭受净收入损失；沉淀成本越大，投资的负激励越强。同时这也意味着不确定性和沉淀成本相互作用影响投资激励；四是沉淀成本和风险一样，在一般情况下亦会构成进入壁垒；五是在有沉淀成本情况下，经济主体将面对后来重新投资或重新进入的沉淀成本。一般来说，沉淀成本越大，面对的沉淀成本可能性越大，负投资（退出）的激励越小。这表明沉淀成本和不确定性对企业负投资和退出有负面激励，构成了退出壁垒。由此可以看出，沉淀成本约束了企业的投资行为。

在完全竞争市场条件下，由于经济主体信息完全，产品市场和生产要素市场处于一般均衡，因而不会发生任何投资成本沉淀，此时企业可以自由进出市场或产业。然而，因经济主体信息不完全，以及面临着交易成本和不确定性，很容易发生沉淀成本。特别是考虑到产权不清晰、产业结构扭曲、高度不确定性等因素的存在，投资成本无法得到相应的补偿而更容易出现沉淀成本，所以，国有企业跨国投资决策时往往会考虑沉淀成本的存在。

关于中国国有企业跨国投资问题，国家为了鼓励国有企业"走出去", 尽快提升核心竞争力, 对其投入了大规模的创新资金进行扶持。另外, 跨国企业对创新能力的重视程度不断加深, R&D 项目支出不断加大, 其创新能力尤其是自主创新能力得到了巨大提升, 出现了一大批新技术与新产品, 其中一些技术已经处于世界领先水平。但是, 从整体上说, 跨国国有企业创新能力还不是很强, 尤其是自主创新能力与国外大型跨国公司相比还有很大的差距, 这成为国有企业跨国投资的一大突出问题, 严重影响了国有企业"走出去"的范围和质量。按照已有相关理论, 这与国有企业软预算约束有密切的关系, 主要存在以下几个方面:

一、境外国有资产流失

境外国有资产流失的原因是复杂的, 虽然软预算约束不是唯一原因, 但是软预算约束加重了境外国有资产流失问题的严重性。国有企业跨国投资的预算约束是一种约束机制, 对境外人员及企业投资的行为起着监管约束作用。外部软预算约束的存在, 会使投资决策人认为再融资的获取是低成本的, 即使企业陷入投资失败的困境, 国家和母公司也不会袖手旁观, 在此预期下, 投资决策者可能忽视风险做出错误的投资判断而进行盲目投资, 或者故意制造亏损以满足私利, 给境外国有资产的安全带来极大隐患。内部软预算约束的存在, 使企业决策者得以牢牢地控制企业的跨国投资方向及数量, 甚至为了私利对坏项目进行再投资, 造成恶性承诺升级。

如果外部预算约束是硬的, 也就是无论如何, 项目都不会获得政府、国有商业银行及母公司的救助, 那么国有企业跨国投资决策者就会认识到, 如果出现严重亏损的话, 在没有再融资的情况下, 企业将陷入极大的困境, 例如股票下跌、利润下降、负债增加等, 这对自身声誉、政绩及仕途将产生极其负面的影响。考虑到这一点, 决策者就会主动地去理性思考投资决策及规范自身行为。如果企业内部预算约束是硬的, 投资的决策者就会受到内部的严格监管, 投资的方向、数量及资金的使用都必须经过科学的论证以符合相关利益者的利益, 这就可从内部制度上杜绝贪污、挥霍、壕沟等不利于国有资产保值增值的投资行为。

二、政府与国有企业跨国投资

中国国有企业的所有权属于政府，政府对于国有企业有双重职能。国有企业跨国投资行为更多的是政府推动的结果，政府对跨国投资领域及效率具有极大的影响。政府对国有企业跨国投资的影响主要体现在制定"走出去"的发展规划、制定相应的境外投资制度及进行各种形式的政府转移支付等。这些都有助于国有企业降低跨国投资成本，规范跨国投资行为，抑制机会主义行为，防控跨国投资风险。不仅是中国，美英等发达国家政府对跨国公司的大力扶持也是其发展的重要因素。美国作为世界最大的跨国投资国，对外直接投资额约占全球的25%，这与美国政府对跨国投资财税政策的重视息息相关。一方面，美国与世界许多国家签订了双边协议避免双重征税，既给予在协议签订国投资的美国企业以税收减免，同时亦不再收抵补税的优惠。除此之外，在境内，美国政府对公司跨国投资收入税率等方面也给予了不同程度的税收优惠；另一方面，美国政府还通过设立政府性基金等财政措施来激励企业进行跨国投资，例如美国的贸易发展署（trade and development agency，TDA）的"TDA基金"。这些措施均有助于美国公司寻求跨国投资良机，有效地提升了美国跨国企业的海外竞争力。法国支持本国的财税政策主要包括：本国跨国投资企业在开办前四年如出现亏损可以从应税收入中免税提取准备金，之后只需在十年内把准备金按比例逐年纳入应税收入中；跨国公司可采用财务合并制将全球投资损益合并计入财务报表；依照延期纳税制度，所有企业经批准后可分别按照境外股本投资总额的50%与100%，五年内减少其母公司在国内纳税的税基，从第六年开始逐年增加相应的税基，向国家补税。除此之外，法国政府还给予跨国投资企业大量的财政扶持。例如，对符合条件的中小企业平均无偿资助8000～10000欧元的国际市场开拓资金（刘耘，2005）。

虽然政府为企业提供良好的跨国投资环境无可厚非，亦正是弥补市场调节不足的表现，但是过多的扶持会造成政府失灵，诱发企业惰性和机会主义行为，产生恶性软预算约束的后果。例如，发达国家虽然也存在政府补贴等促进本国公司跨国投资的政策，但与转轨国家相比，两者在表现、产生机理方面存在着很大的差异，发达国家政策更多的是市场失灵的表现，而转轨国家的政策则跟原有的旧体制机制密切相关。

三、风险、交易成本与国有企业跨国投资

首先，有必要先区分一下风险与不确定性。很多人认为，风险属于不确定性的一种特殊形式，如果决策者能够知道各种决策产生的结果，并且知道各种结果发生的概率，那么这种不确定性就称为风险。在现实中，很多人都将风险等同于不确定性。但是奈特（Knight，1921）在其《风险、不确定性与利润》一书中提出，真正的不确定性是不同于风险的，风险能够预测到未来的所有情况并知道概率值，而真正的不确定性则是虽然能够知道未来的各种情况，但却无法知道相应的概率值，与凯恩斯（Keynes，1936）在《就业利息和货币通论》一书中强调的风险与不确定性区别一样，都突出了对未来的预期是不可能完全被掌控的，从而构成宏观经济学和交易成本经济学的基础。我们认为，风险这一概念虽然表面上看来是信息不对称，但是从内核上看仍是新古典范式，即没有承认人认知能力的有限性和不确定性。而实际上，依托于"有限理性"的不确定性才是现实经济生活中最为常见的。但是，考虑到人们对于风险一词的使用习惯，我们在分析国有企业跨国投资面临的各种不确定性时，仍使用风险一词，但其实质内涵仍主要是难以预测概率值的根本不确定性，根源于猜测和直接判断。

投资往往与风险相随，跨国投资高回报与高风险并存。风险高低直接关系到国有企业是否进行跨国投资，在哪个领域和区域投资等决策。如果一个行业风险过高，那么即使有利可图，企业往往也不敢进入。在当前复杂的国际经济环境下，国有企业跨国投资大规模扩张，掀起了海外并购的高热潮。在这个过程中，面临着众多不确定性及各种高风险，

已广泛地涉及经济、政治、法律、文化等多个范畴，风险的表现形式多样，而且通常并不是只有单个风险独立存在，往往是各种风险相互交叉，呈现出综合性、复杂性、客观性与主观性并存的特点，给国有企业跨国投资造成了巨大的困扰。具体来说表现如下：

第一，经济性风险。主要是指跨国企业在跨国投资的生产经营过程中，由于主客观经济因素的影响使企业未获得预期收益甚至有亏损的风险。产生该风险的原因可以分为两类。一类风险是因外部的不可抗力因素而产生的，不以企业意志为转移的客观性风险。如由于国际市场供求关系波动、自然灾害等企业难以驾驭的因素，造成产品价格下跌或原材料价格上涨，导致企业利润减少的风险。汇率风险是这种风险的典型代表，在国际经济贸易中，货币汇率的波动会对跨国企业以外币计价的产品的价值造成损失。当汇率发生变动时，跨国企业既可能从中受益，又可能从中受损。近年来，人民币的强势升值使我国国有企业拥有了更多的跨国投资优势，亦是其在危机后跨国投资规模扩大的原因之一。但是，出于发展稳定性的考虑，汇率风险应当成为跨国企业风险管理的重要组成部分。当前我国国有企业跨国投资就面临着一定的汇率风险，由于在很多发展中国家进行投资，而其中有些国家正面临着严重的通货膨胀，货币贬值严重，造成了国有企业跨国投资的贬值；此外，由于时差，国际交易过程中以外币结算的投资、债务以及外汇买卖，皆会因汇率的变动产生收益或损失。这其中表现为很多国有企业对国际外汇市场不熟悉，对汇率波动缺乏有效预期与敏感度，经常出现对货币汇率的判断失误，过于低估美元或过于高估人民币，导致其难以正确地使用计价结算货币及远期结售汇，加之对外汇类衍生品的不当使用等，给自身造成了巨大的汇兑损失。尤其是当国际货币汇率不稳定时，这一损失尤为突出；再者，汇率波动会广泛地影响国际商品市场及资本市场，对国有企业海外经营造成一定程度的冲击。另一类是源于企业自身的经济性风险。这类风险内生于企业自身，是因企业自身体制机制存在问题而导致的风险，突出表现为委托—代理风险，即在跨国代理中，代理人凭借信息不对称及不确定性，以牺牲委托人利益为代价最大限度地满足自身利益。委托—代理风险直接表现为代理成本过高。不过，跨国代理成本虽要高于国内代理成本，但并不能因此否认其存在的必要性，只要能带来足够的收益，这一组织形式就是有效率的。

第二，法律风险。跨国投资的法律风险是指企业在跨国投资的过程中，由于本国或东道国投资法律制度的不完善，或两国相关法律存在制度冲突，或投资者行为与东道国相关法律制度有冲突等而产生的对投资者不利的风险，包括跨国投资的方式以及经营过程中的风险，如因知识产权、劳工纠纷、环保问题等引发的风险，主要表现为四个方面。

一是本国的相关投资法律制度不健全。由于跨国经营风险很大，企业的跨国投资需要母国给予完善的法律保障与规范。我国虽然对企业跨国投资进行了相关立法，但是仍存在着很多问题，监管缺乏持续性，事后监管不力。

二是东道国相关投资法律制度不健全。如果东道国缺乏完善的外商投资法律制度，那么当企业与东道国利益发生冲突时，其跨国投资利益将难以得到切实有效的保障。尤其广大发展中国家，普遍存在立法不完善，政令不稳定等弊端，对外商权益的保障难以完全实现，这对于在发展中国家有巨大投资利益的中国国有企业来说，是一个不可忽视的风险。

三是母国与东道国相关法律制度的冲突。由于历史、文化、教育、社会体制、宗教信仰等各个方面的差异，不同国家之间关于跨国投资的相关法律制度很难实现耦合。一旦出现了利益冲突，在缺乏协调或协调未果的情况下，很容易导致国与国之间的经济法律冲突，那么跨国投资企业则不可避免地会受到冲击。这虽然可以通过国家间谈判或国际法执行的方式来协调解决，但是需要耗费高昂的交易成本。

四是投资企业行为与东道国相关法律制度的冲突。企业的跨国经营行为需要在东道国的法律制度框架内进行，如果不能掌握充足的信息，那么极易产生与东道国相关法律制度如劳动保障、环境保护、垄断等方面的冲突，给企业造成严重的损失。当前，国有企业在熟悉东道国相关法律制度上就存在着很大的不足，甚至思想意识还没有与国际惯例接轨，对东道国的政治、法治环境及相应的风险缺乏充分的可行性研究，给企业造成了实质性的经济损失。

第三，政治风险。在国际竞争与合作中，政治与经济是密不可分的，政治对经济的影响是显著的，世界各国经济竞争与合作稳定发展的前提是有一个稳定的政治环境。一旦东道国发生战争或政权更迭等动荡及政策发生较大变动，将很有可能对投资企业造成严重损失。政治风险具有特殊性，跨国企业为此付出的经济和社会成本很难量化。虽然说，一旦发生政治风险，可以通过国际法、外交协商及保险等方式来规避风险，但过程将十分复杂和漫长，最终往往不了了之。在中国，国有企业不仅承担着一般意义上开拓海外市场以弥补国内市场不足的职责，更承担着在海外维护国家利益的重任。其跨国投资的领域多集中在能源、通讯及基础设施建设等方面。基于此，由政府主导，国有企业广泛地投资资源丰富的第三世界国家，进行了石油、铁路、通信等能源及基础设施建设投资。但其中有相当一部分的国家是中东地区以及非洲落后国家，各国因为宗教信仰、利益冲突、地区战争等因素，其政局十分不稳定，政府信用有限，一旦发生严重的政治动荡，将对中国国有企业跨国投资造成巨大损失。近几年来，国际政治经济形势持续动荡，敏感地区的局势十分紧张，而国有企业跨国投资重点涉及的资源行业又是政治风险最突出的行业，因此在相当长的一段时期内企业将面临着巨大的风险。此外，因利益纷争所产生的贸易保护主义不断抬头，由此可能驱动政治暴力风险，也就是东道国可能利用政治手段强行干预企业的跨国投资。更糟糕的是，在全球经济不景气的背景下，这种政治暴力风险有愈演愈烈的趋势。

第四，文化差异风险。文化差异风险是指跨国企业及人员与东道国政府、企业、员工、当地居民等在交往过程中因文化上的差异带来高昂的交易成本。不同国家及地区人们的价值观、消费观、行为习惯等都依赖于本国或地区特有的文化背景，文化差异是客观存在的。文化广泛地涉及语言、宗教信仰、价值观、审美等多个方面，随着社会经济的发展，文化也处于动态变化之中，是一个复杂的有机体。因此，要认识并适应一种新文化不可避免地会产生一定的交易成本。文化差异往往带来管理理念和行为方式的不同，有时会导致不必要的文化误解与摩擦，带给境外国资企业巨大的学习成本，甚至影响到跨国投资项目的运行及目标实现。国有企业跨国投资的范围遍布世界各地，有些国家与中国在宗教信仰、价值观、语言等方面存在很大差异，这种文化差异经常造成在经营管理、生活习惯、企业惯例、礼节、沟通等方面的摩擦，成为海外业务拓展的重要障碍之一。德国贝旭科的首席代表贝克·潘瑞克就认为，文化差异是中国企业成功投资海外的最大障碍（陈俊龙，2014）。

新古典经济学完全信息、完全理性的美好假设在现实世界中并不存在，市场中充斥着信息不对称与机会主义行为是客观存在的。另外，随着国有企业参与国际市场深度与广度的不断加大，信息成本只会愈加高昂。与在国内经营企业相比，跨国企业由于经营环境的异质性和多元性，会面临一系列特殊风险如政治风险、汇率风险和文化风险等，其投资风险大大增加。因此，对进入国外市场模式的选择也会产生不同的影响，如表 2 - 1 所示。

表 2 - 1　　　　　对进入国外市场模式选择产生影响的因素

模式	控制程度	资源投入水平	传播成本风险的水平
贸易	低	低	低
缔约	低	低	高
投资——合资企业	中	中	中
投资——并购或绿地投资	高	高	低

资料来源：肯尼思·A. 赖纳特. 国际经济学原理［M］. 郎金焕译，中国人民大学出版社，2015：139.

可以说，跨国投资中存在风险是符合市场规律的，正是市场不足的体现。我们不可能完全消除风险，但可以通过适当的防范机制来对投资风险进行有效规避和控制。由于人是有限理性的，不同的经济主体受到各自所在环境及知识结构、文化等各不相同因素的影响，风险防范的能力无法做到一致与完美。因此我们要一分为二地对待和防范国有企业跨国投资过程中遇到的风险，有些风险受制于人的有限理性与市场机制的固有缺陷而难以被正确认识与防范，或者说相应的成本过高，不应当成为风险防范的重点；而大部分风险则完全可以通过制度改革与创新，通过对经济主体进行激励与约束机制的更完善的设计，尽可能地做到缓解并减少信息不对称而产生的机会主义给跨国投资带来的风险及损失，这部分风险应成为风险防范机制的重点。

第六节　国有企业跨国投资均衡分析

在全球经济一体化的时代背景下，企业不可能在孤立、封闭的条件下求发展。国有企业有必要解放思想，充分利用国内国际两个市场、两种资源拓展自身的成长空间，为企业发展提供持久可靠的市场和资源保障。但是，跨国投资会产生大量的生产与交易成本，突出表现为沉淀成本。这就需要研究国有企业跨国投资的均衡问题。

在开放条件下，国有企业跨国投资不可避免地会遇到贸易壁垒，包括关税壁垒与非关税壁垒，例如财政关税、保护关税、进口配额制、苛刻的技术标准等。一方面，为了克服关税壁垒，企业需要投入大量不可挽回的资金；另一方面，为了克服一些非关税壁垒，需要在技术、法律协调、制度设计、谈判等方面付出大量的生产及交易成本。这些成本的特点便是极易沉淀，即会产生大量的沉淀成本。可竞争市场理论指出，无论市场结构是竞争还是垄断，哪怕是包括自然垄断在内的高集中度的市场结构，只要能保证企业能够自由进入与退出，也就是不存在沉淀成本，那么市场就是有效率的。由此可知，企业退出自由对于市场绩效而言是至关重要的。这同样适用于世界市场，贸易壁垒的存在极易产生沉淀成本，即影响市场效率。银行一旦对企业的跨国经营进行了融资，那么遇到贸易壁垒时不可避免地会有一部分成本沉淀产生。

假设国有企业总投资数量是一定的，面临着国内投资（横轴）及"走出去"跨国投资（纵轴）两种选择，同样数量的生产要素配置到跨国投资要比国内产生更大的效用，这样假设主要是为了突出在当前中国对外投资滞后于经济发展水平的条件下"走出去"的好处及必要性，这就决定了无差异曲线的形状比较平缓。此外，配置到海外及国内的成本，即投入到相应领域的价格是既定的，且前者成本要高于后者，这是因为进行跨国投资需要面临贸易壁垒、政治性风险、文化风险等诸多障碍，沉淀成本较高。L_1 为当前国有企业投资所遇到的预算线，也就是对已有资本进行配置的约束线。U_1、U_2、U_3、U_4 均是社会效用的无差异曲线，是能够给社会带来同样效用的配置组合，离原点 O 越远，效用越大。在进入海外及国内的成本不变的假设条件下，通过市场机制，即便资源的配置结构未处于 C 点，那么也会沿着预算线最终到达 C 点，见图 2－3。C 点就是均衡点，所对应的跨国投资数量与国内投资数量是均衡数量。

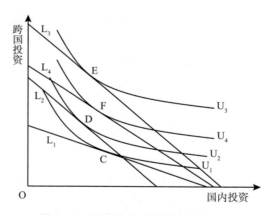

图 2－3　国有企业跨国投资均衡分析

上面的分析其假设前提是配置到国内与海外的成本是既定的，前者远低于后者，其经济含义便是投资到海外领域存在着极大的沉淀成本，这是制约国有企业"走出去"的因素之一。现在放松该假设，如果采取各种措施降低跨国投资的成本。例如，跨国横向一体化可以扩大生产规模，提高技术能力，带来边际成本的降低，实现规模经济；跨国纵向一体化可以防范机会主义行为，缓解信息不对称，降低交易中的道德风险等。如此，可以扩大国有企业规模并且能够控制和减少配置到国外领域的成本，使其较国内获得更大幅度的降低。如此一来，L_1 变为了 L_2，斜率变大，在纵轴上的截距增加，与 U_2 相切与 D 点，跨国投资的规模越大，社会福利就越高。当相关政策措施，例如政府补贴乃至软预算约束效果越好，纵轴截距就越大，效应就越高，由 D 向更优点，例如 E 点移动，社会福利就获得了进一步的增加。此时，均衡的跨国投资数量也将不断上升。

　　上面的分析并没有考虑政策的实施成本，因此现实中这一假设是不成立的。如果处理不当，实施成本过高，将极大地影响相关措施的有效性，很难达到 E 点甚至更优点的社会效用，这也是制约当前国有企业跨国投资的主要原因。这些实施成本会增加配置到国内与国外领域，尤其是后者的成本特别是沉淀成本，进而影响到预算线的斜率及截距。具体来说，这将使预算线变为 L_4，斜率将小于 L_3，截距变小，与无差异曲线 U_4 相交于 F，与 E 相比，效用降低。并且成本愈高，斜率与截距愈小，效用也将愈低，如果相关政策措施实施成本高到一定程度，甚至会达不到 C 点的效用，也就是说如果实施成本过于高昂，企业选择国内投资才是理性的。因此，采取何种降低跨国投资成本尤其是沉淀成本的策略，对于国有企业是选择国内投资还是跨国投资是极其关键的。

　　可见，国有企业跨国投资的均衡取决于国有企业的投资总量，国内与国外投资的成本，政府相关措施的实施效果及实施成本等各种因素的作用下实现的均衡。

　　综上所述，我们发现，这些理论基础都有一个重要因素没有考虑，或者说即使考虑，也并没有被清楚地提炼出来，那就是沉淀成本。一方面，从产业组织理论上说，沉淀成本构成垄断；另一方面，沉淀成本或资产专用性又构成内部化的来源。同样，沉淀成本也是产生风险的重要因素，从而影响制度安排或治理结构，甚至所有权配置。

　　令人困惑的是，为什么需要政府监管？也就是说，从福利经济学基本定理和科斯定理出发，我们通过引入沉淀成本概念，从而发现跨国投资的基本理论及其衍生问题的解决办法，为我们政府监管提供理论指导。在这种意义上说，在国有企业国有产权不变的情况下，沉淀成本对于国有企业同样是重要的。同时，国有企业的治理结构也是产生沉淀成本的重要来源。

国有企业比较优势和比较劣势有哪些，其决定了国有企业跨国投资的价值所在。目前，我们现有的一切研究都是基于私有企业为研究对象，国有企业还是有其特殊性：一是国有企业产权属于国家，剩余价值的索取权和控制权是国家的，但国家需要委托代理人——经理来管理国有企业；二是个人成本与收益不相关及一致，很容易产生外部性，因风险导致损失；三是代理人不仅不承担成本，沉淀成本也不用承担，从而造成自由进入和自由退出，代理人不负责任现象严重，所以需要加强国有企业治理结构与进行政府监管创新。尽管这些是国内国有企业的缺陷或劣势，但是在跨国公司条件下，也会显得十分突出。也就是说，国内的国有企业劣势，在国际市场上也十分突出。从国内到国际市场这一转变是如何实现的？如何才能产生良好的效果呢？为什么又会出现问题？以及为什么最终还是需要加强政府监管，确立良好的治理框架与制度创新，接下来我们将继续探讨。

第三章

中国国有企业跨国投资的
历史进程及演变

本章主要阐述在计划经济体制向市场经济体制转轨背景下，通过政府一系列政策改革对国有企业跨国投资的历程及现状进行剖析，对其发展规律有客观、明晰的认识，即可理解国有企业跨国投资的发生时间和方式以及为什么会发生，目的在于为国有企业跨国投资与政府监管之间的相关问题提供历史及现实依据，进一步理解国有企业跨国投资的理论基础，以及国有企业跨国投资的条件是什么，如何提高政府监管质量等。

第一节　中国国有企业跨国投资的历史进程

一、中国国有企业产生的背景

新中国成立以后，我国政府通过没收官僚资本、对农业、手工业和资本主义工商业进行社会主义改造等措施，实现了生产资料从私有制到公有制的转变。同时，为响应社会主义工业化的号召，我国开始大规模的经济建设，在此过程中，国有经济迅速成为我国经济建设的中坚力量。自此，国有经济主体地位初步形成，与此同时，我国中央集权的计划经济体制地位也得以确立。国有经济是集中计划经济体制形成与运转的微观经济基础；集中计划经济体制是国有企业赖以生存和发展的宏观环境（马建堂和刘海泉，2000）。

1949 年新中国成立时，国民总收入 358 亿元，人均 66 元。国民收入中工业的比重只占 12.6%。在工业总产值中，重工业只占 26.4%。而从当时国际上的情况看，发达工业化国家工业值占国内生产总值的比重一般都在 50% 左右。例如，联邦德国（1950 年）为 55% ~60%，美国（1953 年）为 48.4%，加拿大（1951 ~1955 年）为 49.6%，瑞典（1951 ~1955 年）为 54% ~58%。1949 年中国的钢产量只有 15.8 万吨，而 1950 年美国的钢产量达 8785 万吨、苏联为 2733 万吨、日本为 484 万吨。由此可见，我国在初期经济基础极其薄弱，经济结构严重畸形，这也决定了我国套用资本主义几百年来自然形成的发展模式来指导我国经济的做法是行不通的，初始经济基础的已使我国失去了早期资本主义发展的历史前提和条件，而且作为后发展国家，沿着资本主义国家相同的道路来发展本国经济也似乎和世界经济发展趋势不合拍。因此，面对落后的经济基础和不利的国际环境，如何快速发展国内经济、调整落后的经济结构、在短时间内缩小与西方资本主义国家的差距就成为头等大事，也成为我国采用苏联模式的中央集权的计划经济体制的动因之一。

认识到上述问题的存在，我国政府选择了优先发展重工业的发展战略，旨在通过提高重工业在工业结构中的比重来带动我国的工业化进程，提高工业化水平。而优先发展重工业战略，导致了高度集权经济体制的生成（林毅夫等，1997）。重工业作为资本密集型产业具有建设周期长、投资回收慢、初始投资规模大、资金需求量大等特点。新中国成立初期，大部分生产设备国内无法生产，需要大量外汇从国外进口。而除此之外，当时我国的经济发展水平也根本无法满足重工业发展所需的条件，这就使得优先发展重工业的战略无法依靠市场力量来实现。因此，我国作出了一系列制度安排来克服上述困难保证优先发展重工业战略的实施。首先，通过对产业和生产要素价格的严格控制和计划，人为地压低重工业发展的成本，压低资本、外汇、能源、原材料、农产品价格和劳动力价格，以降低重工业资本形成的门槛，为实施重工业优先发展的战略提供适宜的宏观政策环境。其次，为了保证被压低价格的要素和产品的流向，保证经济中剩余的积累有利于重工业的优先发展，应运而生的制度安排就是对经济资源实行集中计划配置和管理，并实行工商业的国有化和农业的人民公社化，以及一系列剥夺企业自主权的微观经营机制。由此可见，由于我国选择了优先发展重工业的战略，从逻辑上来说就不再允许私人经济和市场机制的存在，因而内生出了与这一战略相适应的集中的资源计划配置制度和毫无自主权的微观经营机制（马建堂和刘海泉，2000）。

在计划经济体制下，国家的物资和资金都要经过中央政府的统一管理和配置。为实现对能源、原材料等重要物资的集中计划配置，国家对全国范围内的重要物资实行统一分配的制度，由国家计划委员会进行统一编制和下达分配计划。而对资金的统一计划管理则是通过实现银行业的国有化，建立了以中国人民银行为中心的金融体系。1953 年，中国人民银行在所属各级银行建立了信贷计划管理机构，编制和实施综合信贷计划。银行内部则相应实行"统收统支"的信贷资金管理制度，即基层行吸收的存款全部上交总行，贷款由总行统一核定计划指标，逐级下达。存款和贷款利率由中国人民银行统一制定。此外，我国的外贸外汇也由中央政府统一管理。

作为集中计划经济体制的微观体制基础，国家通过没收官僚资本、改造民族资本和大规模经济建设，逐步形成了在国民经济中占主体地位的国营企业制度。国营企业没有独立的经营决策权和发展目标，而是作为一个单纯的生产单位隶属于其主管部门。企业的厂长是国家干部，由上级行政部门任命。企业的各项经济活动过程和结果完全受国家控制，企业所有的生产和经营活动，包括要素投入、产品生产和销售、人事调整和发展计划等生产经营行为，都是通过接受国家或上级主管部门所下达的各项计划指令来实施的。企业生产所需要的资金、物资由国家统一计划调拨，所需要的劳动力由国家计划配给，企业生产出的产品由国家收购。企业的任务就是执行国家的计划指令，完成国家下达的各项计划任务，实行类似于重商主义管理政策。但随着经济的发展，计划经济体制最终难以为继，于是开始了改革开放。

二、中国国有企业的演变

（一）改革开放以前国有企业状态

改革开放以前，我国实行的是计划经济体制。当时我国的国有企业普遍采取国营的集权模式，完全按照国家的行政指令进行生产经营。由于企业的产权全部归国家所有，企业没有独立的自主权。这种照搬苏联模式的传统的国有企业产权制度也决定了当时我国国有企业公司治理结构是单一的，在当时的产权结构下，这种企业治理结构是有其存在意义的，它能够适应当时产权体制的需要，而且由于所有权和控制权都掌握在国家手中，便没有因两权分离而产生的委托—代理问题。然而，单一的治理结构是无法满足企业的进一步发展需要的，没有完善的治理结构，企业难以充分调动各部门的积极性，无法对企业管理人员进行有效的激励和约束，也无法实现利益相关者的利益最大化，不利于企业的长远发展。与此同时，权力的过度集中，缺乏权力制衡机制，也容易导致内部人控制问题，腐败和任人唯亲现象十分普遍。

（二）改革开放以后国有企业的演变

1978年改革开放以后，我国将国有企业改革作为我国经济体制改革的中心环节，国有企业改革向着建立"产权明晰、权责明确、政企分开、管理科学"的现代企业制度的方向迈进，逐步由传统单一的治理结构向多元化的治理结构转变，由依靠国家行政指令进行生产经营的"车间"向具有独立法人资格的自主经营、自负盈亏的现代公司制企业转变。大体来说，国有企业公司治理结构的变迁经历了以下三个阶段。

1. 放权让利阶段（1978～1984 年）

1978 年末，我国开始对国有企业进行"放权让利"改革。在这一阶段，我国相继颁布了一系列扩大企业自主权的法规政策，目的是通过给予企业一部分新增收益的支配权以及减少企业的上缴利润，以激励企业经营者和职工努力工作，提高资源利用效率，从而增加财政收入、企业留成和职工工资。然而，这一阶段政府并没有将国有企业视为一个真正独立的商品生产者，因此，即使强调"放权让利"，国有企业的自主经营权和经济利益也难以落实。

虽然"放权让利"并没有从根本上解决国有企业生产经营效率低下的问题，但在这一阶段，国有企业公司治理结构已出现变化。一方面，国家在国有企业中推行厂长（经理）负责制，逐步确立了厂长（经理）在企业中的重要地位；另一方面，由于企业自主经营权的初步落实，厂长（经理）开始作为国有资产的受托人，委托—代理关系初见雏形，国有企业职工代表大会纷纷建立，约束机制开始引入企业。

2. 承包经营责任制（1984～1992 年）

1986 年 12 月 5 日，国务院颁布了《关于深化企业改革增强企业活力的若干规定》，提出国有大中型企业要推行多种形式的经营责任制，选择少数有条件的进行股份制试点。从企业治理结构的角度来看，承包经营责任制实质上是政府与企业之间签订的一项契约，契约规定将企业部分剩余索取权和控制权分配给承包经营者，以此来激励企业经营者努力工作。可见，在激励企业经营者方面，承包经营责任制阶段与"放权让利"阶段相比有了一定的进步。1988 年 4 月，第七届全国人民代表大会又通过了《中华人民共和国全民所有制工业企业法》，从法律角度首次确定了国有企业的法人地位和所有权及经营权"两权分离"的经营原则，从而使国有企业获得了部分产权，国有企业开始由依靠政府行政指令进行生产的"车间"向独立的商品生产者转变。

在承包经营责任制下，政府对企业经营者给予了一定的激励，但却缺乏对经营者行为的监督和约束，导致了经营者利用权力寻租的机会主义行为，对企业经营负赢不负亏，使国有资产大量流失。同时，由于国有企业经营者与政府间的契约大多为短期，即在承包经营责任制中经营者与政府之间属于一次性博弈，在一次性博弈中，任何长期激励和隐形激励都不能发挥作用，经营者最关心的是短期绩效，他们希望能够在契约执行时间内获得利益最大化，而忽视企业的长期发展。

3. 现代企业治理结构（1993 年至今）

在经历放权让利、承包经营责任制阶段后，从 1993 年开始，我国将逐渐建立适应市场经济和社会化大生产要求的现代企业制度作为国有企业改革的基本目标。1993 年 12 月，第八届全国人民代表大会通过了《中华人民共和国公司法》（简称《公司法》），规定了公司制企业法人治理结构的基本框架。公司制企业按照《公司法》的要求进行公司制改造，开始建立股东大会，使国家成为了企业的股东，国有企业公司治理结构中开始存在非公有经济成分。此外，设立了董事会，董事会成员由股东大会选举产生。同时，经理人员由董事会提名和任命，由监事会监督董事会和经理人员的经营活动。至此，基于委托—代理关系，以激励、监督、约束为核心内容，所有制、经营者和其他利益相关者三者分权制衡的企业法人治理结构的基本框架在大多数转制国有企业中初步形成，如图 3 - 1 所示。

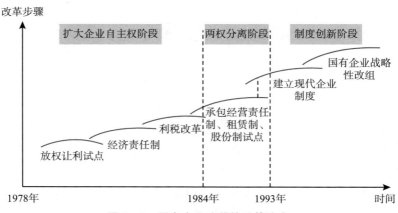

图 3 - 1　国有企业改革的政策演变

　　但即使国有企业经历了股份制改造，企业的治理结构仍然存在国家行政干预以及内部人控制问题。例如，企业经营者由政府行政任命，监事会职能流于形式等，这样一来，企业内部缺乏有效的制衡机制，从而与原来的厂长（经理）负责制并没有本质区别（汤吉军和年海石，2013），因此造成国有企业改革的基本演变，这样做本身具有一定的逻辑性，如表 3 - 1 所示。

表 3 -1　　　　　　　　　　1980 ~ 2005 年国有企业改革历程

年份	国有企业改革演变
1980	实行财政"分灶吃饭"
1982	实行价格、税收、信贷的改革试点
1983	金融管理体制改革和劳动工资制度改革
1985	实行工效挂钩的工资改革、实行新的财政管理体制
1986	劳动用工制度改革
1988	改革价格体制
1991	流通体制和价格改革、社会保障制度和住房制度改革
1992	实施价格改革的两项重大措施
1994	建立最低工资保障制度、计划体制改革、财税体制改革、金融体制改革、外汇和外贸体制改革
1997	继续推进社会保障制度建设
1998	银行管理体制改革、养老保险制度改革、医疗保障制度改革、住房制度改革
1999	社会保障制度改革、住房制度改革
2003	就业和社会保障体制改革
2004	就业和社会保障体制改革
2005	就业、收入分配和社会保障体制改革继续深化

第二节　中国国有企业跨国投资的演变

　　虽然经历了不断的改革和实践，但我国国有企业的改革尚未完全到位。目前，我国国有企业还依然分布于各行各业，特别是在一些重要领域，行政垄断和自然垄断交织在一起，行业进入壁垒很高，根本无法引入竞争机制。2011 年，我国 500 强企业总利润中，国有企业利润占81.88%。我国利润最高的十家企业全部都是国有企业，其中包括中石化、中石油、中海油以及五大国有银行，这八家企业的净利润之和超过"中国企业 500 强"企业中所有 184 家民营企业净利润的两倍。图 3 - 2为我国 2011 年"500 强"企业总利润分布。可见，我国国有企业的改革还有很长的路要走，如何让国有企业从竞争领域中快速有序地退出、如何在垄断行业中引入竞争机制、如何消除我国的行政垄断都是我们今后要逐步解决的问题。

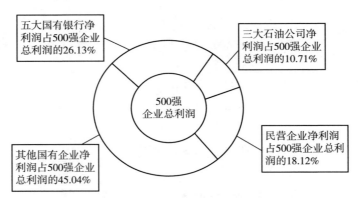

图 3 - 2　2011 年中国 500 强企业总利润分布

资料来源：《2011 年中国 500 强企业发展报告》。

　　1978 年改革开放以来，通过国家的扶持及自身的努力，国有企业跨国投资取得了长足的进步，现已经形成了相对的规模与水平。以对外直接投资流量为例，由于国有企业作为跨国投资的主力军，在流量方面占据着绝对主体地位，因此从中国对外直接投资流量的动态考察可以基本反映出国有企业跨国投资流量的变动，见表3-2。

表3-2　　　　1982~2010年中国对外直接投资流量表　　单位：百万美元

年份	对外投资流量	年份	对外投资流量	年份	对外投资流量	年份	对外投资流量
1982	44	1990	830.00	1998	2633.81	2006	21160.00
1983	93	1991	913.00	1999	1774.31	2007	26506.09
1984	134	1992	4000.00	2000	915.78	2008	55907.17
1985	629	1993	4400.00	2001	6885.40	2009	56528.99
1986	450	1994	2000.00	2002	2518.41	2010	68811.31
1987	645	1995	2000.00	2003	2854.65		
1988	850	1996	2114.00	2004	5497.99		
1989	780	1997	2562.49	2005	12261.17		

注：2003~2005年为非金融类对外直接投资的数据，从2006年起，统计的为全行业对外直接投资数据。

资料来源：1982~2002年的数据来源于UNCTAD：FDI数据 http://unctad.org/en/Pages/Statistics.aspx；2003~2010年的数据来源于2003~2010年各年度中国对外直接投资统计公报。

一、改革开放后的初步发展时期（1979~1985年）

中国1979~1996年外向FDI能够在蔡（Cai，1999）的研究中找到，每年的外向FDI从1979年刚刚开始实行改革开放的几乎为零，到1985年达到6.28亿美元、1991年达到9.13亿美元、1992年直接达到40亿美元，而到1996年底，中国内地总外向FDI存量超过180亿美元，超过了韩国（138亿美元）和巴西（74亿美元），在发展中国家排名第4位，落后于中国香港（1120亿美元）、新加坡（370亿美元）和中国台湾（270亿美元）。1979~1993年，中国FDI的2/3在亚洲，其中61%在中国香港和澳门地区，其他地区降序排列是南美洲（15%）、大洋洲（8%）、中欧和东欧（5%）、非洲（2%）、拉丁美洲（2%）和西欧（2%）（Cai，1999）。余下的 FDI 主要集中在自然资源（25%）和制造业（15%），后者主要是纺织品和服装业及其他劳动密集型产业，主要在非洲和亚太地区。

党的十一届三中全会之后，中国经济逐步打破传统计划经济体制的束缚，开始了对内改革、对外开放的进程，中国企业（主要是国有企业）开始逐步地放眼于过去陌生的世界市场。1979 年 11 月东京"京和股份有限公司"的成立拉开了中国企业跨国投资的序幕，之后一些具备一定国际贸易知识与经验的国有企业及合资公司成为了最初走出去的企业。例如，1980 年，中国船舶工业总公司、中国租船公司与中国香港环球航运集团合资成立了"国际船舶投资公司"，成为了当时中国投资数额最大的跨国投资项目。但是，当时改革开放刚刚开始，企业实力及政策环境上存在很大的缺陷，国有企业亦缺乏积极进行跨国投资的意愿和能力，而且由于各项政策限制尚未完全放开，加之缺乏经验，如何发展跨国投资是摆在国家和企业面前的崭新课题，政府和国有企业只能"摸着石头过河"。因此，该阶段国有企业跨国投资的规模很小，投资领域有限，在海外开办的非贸易性企业主要以中国香港及澳门为主，对外直接投资以亚洲尤其是东南亚为主，国际经济技术合作公司则以中东及非洲为主要投资区域，发展速度不是很快，经济效益也不高，但是在投资过程中积累了宝贵的经验。虽然中国对外直接投资在该阶段增长速度很快。但总体规模很小，处于对外投资十分初级的阶段。

总体来说，该时期国有企业跨国投资具有以下特点。一是绝对主体地位。由于私营经济发展程度很低，不具备跨国投资的能力，因此国有企业是中国跨国投资的绝对主体，例如中国国际信托投资公司、中国银行、中国冶金总公司等大型国有企业和对外工程公司等。二是政府推动。当时由于尚未进行深刻的体制改革，国有企业仍然受到政府政策的很大影响，其跨国投资也往往是政府意愿的体现而并非企业自发的市场行为，主要是为满足政府拓展对外经济贸易的需要。三是投资水平低。由于长时期和国际市场脱轨，加之自身能力的有限及政策的限制，当时国有企业跨国投资的主要方式是在国外设立分支机构及代办处，业务量非常小，涉及领域有限，远远没有达到成熟跨国公司的跨国投资水平（陈俊龙，2014）。

二、稳步发展期 （1986～1990 年）

该时期，经济体制改革已经取得了一定的成果，国有企业的自主权得到了加强，政府对于国有企业的行政性控制减弱，还出台了一系列促进企业跨国投资的政策。1985 年，为了更好地落实国家对外开放政策，促进海外非贸易性合资经营企业的发展，对外经济贸易部发布了《关于在国外开设非贸易性合资经营企业审批程序和管理办法》的通知，提出了有助于简化手续、缩短审批时间的规定，例如下放审批权。1988 年，国务院正式批准了中国化工进出口总公司为跨国经营的试点。这些规定放宽了跨国投资的政策限制，极大地降低了企业的交易成本，有效地提高了国有企业跨国投资的积极性与效率。加之多年来的改革使得国有企业的实力有了一定幅度的增强，从此前的投资行为中也得以积累了一定的经验。

值得强调的是，当时中国的市场经济体制尚未建立，仍然存在着严重的计划经济色彩，如价格双轨制，因此不论是私企还是国企，在发展理念和实践上都存在着很大的困惑。并且，私营企业的发展环境仍不够优化，成长质量低，从整体上说根本就不具备跨国投资的能力，该时期中国跨国投资的主体仍然是国有企业。该阶段国有企业跨国投资呈现出快速发展的态势，突出表现在境外兴办的企业数与直接投资额均增长快速，同时跨国投资的国家范围与行业领域也扩展迅速，由最初的港澳地区及东南亚国家快速向发达国家及其他发展中国家延伸。在海外企业数量方面，1986 年中国兴办的非贸易性海外企业数目为 92 家，1987 年上升到了 124 家，1988 年更是达到了 169 家。虽然在 1989 年由于受到国内外政治因素的不利影响，海外企业的数量降低到 119 家，但是在第二年又快速回升到 154 家，1991 年更是达到了历史最高的 204 家（曹红玉，2007）；而在投资额度及签约国家方面，该时期始终保持着稳步的发展态势。由表 3 - 2 及图 3 - 2 可知，该阶段中国对外直接投资从整体上保持着稳步发展的趋势，对外直接投资流量基本上处于稳步增长的状态，这也在很大程度上反映出该时期国有企业跨国投资的发展状况。

三、波动发展阶段（1992~2001 年）

在十多年改革的实践与经验总结基础上，中国经济体制改革进入了新的时期。1992 年，邓小平发表了重要的"南方谈话"，要求坚持"一个中心、两个基本点"的基本路线，走有中国特色的社会主义道路，提出了"三个有利于"的标准，并强调在改革开放中要有尝试与冒险精神，"胆子要大一些，敢于试验，看准了的，就大胆地试，大胆地闯"。党的十四大提出，中国经济体制的改革目标是建立社会主义市场经济体制。党的十五大提出要"努力提高对外开放水平""鼓励能够发挥我国有比较优势的对外投资，更好地利用国内国外两个市场、两种资源"，首次提出了"走出去"战略。这些都在理论上和思想上很大程度地缓解了东欧剧变、苏联解体及国内政治形势带来的思想混乱与困惑，为改革开放提出了目标与方向，极大地推动了社会主义市场经济的发展。

在此背景下，国有企业跨国投资也实现了一定程度的发展，投资主体逐步多元化，投资水平稳步提高，投资的范围和区域都有进一步扩展，但从总体上来看，跨国投资水平仍旧不高，尚未成为经济发展的潮流。另外，越来越多的私营企业涉及跨国投资业务，例如海外研发投资业务，比较有代表性的有华为、创维与华立，其投资规模不断扩大，呈现出良好的发展态势。不过与国有企业相比，私营企业在跨国投资的各个层面都处于劣势，总量所占比例很小，国有企业在中国跨国投资中仍居主体地位。

此外，该阶段的跨国投资发展呈现出了波动性的特点，由前面表 3 - 2 及图 3 - 2 可知，1992~1993 年的对外直接投资流量取得了跨越式发展，但之后又有了大幅度的下降，1995~1998 年是稳步增长的，但 1999 年与 2000 年这两年又有了大幅度下降，而 2001 年又有了大幅度提升。因此，该阶段中国对外直接投资流量呈现出波动式增长的特点，而国有企业跨国投资也具备相同的特点。究其原因，这在很大程度上与国内外复杂的政治经济环境有关。2001 年，由于国家宏观调控的努力，中国有效地克服了金融危机带来的负面影响，而且基本实现了国有企业"三年脱困"的目标，加之 2000 年"走出去"战略的提出，中国企业尤其是国有企业跨国投资状况明显地得到了改观，对外直接投资流量达到了史无前例的 6885.398 百万美元（陈俊龙，2014）。

该时期，国家规范企业跨国投资主要的政策依据是 1991 年国家计划委员会颁布的《国家计划委员会关于加强跨国投资项目管理的意见》，《意见》指出对外投资项目有利有弊，有些项目面临着一定的风险，可能会给国家造成经济及政治损失，有必要加强监管。同时该《意见》还强调了中国企业尚不具备大规模跨国投资的能力，跨国投资办企业要符合中国的需要。由此可以看出，该时期国家已经意识到跨国投资风险防范及跨国投资符合国情的重要性。

四、加入世界贸易组织后的发展阶段（2002 年至今）

2001 年 12 月 11 日，中国经过长期艰苦卓绝的谈判和努力，终于加入了世贸组织，成为其第 143 个成员方，由此中国经济加快了融入世界市场的进程。此外，随着"走出去"战略的不断落实，国家出台了一系列旨在推动企业跨国投资的政策，例如，2004 年《国务院关于投资体制改革的决定》及相关配套政策，进一步放宽了企业跨国投资限制，宏观政策不断优化。这些都为国有企业跨国投资提供了极其难得的发展机遇。此外，经过持续不断的国有企业改革，国有经济布局与结构不断优化，现代企业制度逐步建立健全，法人治理结构尤其是董事会制度不断健全，企业重组效果显著，国有资产管理体制持续完善，股份制改革卓有成效，国有企业在资产总量、利润、营业额、主营业务税收等指标上均取得了长足的进步，经济实力显著增强，具备了进一步开拓跨国投资市场的能力。

在良好的政策环境与经济环境下，国有企业尤其是中央企业纷纷跨出国门，开始利用"两种资源""两个市场"，不断促进资源配置效率的提升。在这个过程中，跨国投资日益成为中国国有企业跨国资源配置的重要形式，而且国有企业尤其是大型中央企业跨国投资进程明显加快，投资规模呈现跨越式发展，涉及的国家和行业领域范围达到了前所未有的高度，投资效益大幅度提高，投资类型日益多元化，海外兼并与收购成为跨国投资的重要形式。例如，国家电网于 2007 年成功赢得了菲律宾国家输电网 25 年的特许经营权，并于 2010 年成功地收购了巴西7 家输电公司，国际影响力与日俱增，充分显示了国有企业的显著成长与国际竞争力的提升。

该时期，随着现代企业制度的不断建立健全，政企分开得到了很大程度上的推行，国有企业的自主性得到了空前加强。因此，此时国有企业的跨国投资行为很大程度上是基于市场竞争的自发行为，目的在于开拓海外市场，获取高额利润，符合市场经济原则。而政府则逐步摒弃了直接干预的手段，更多的是通过宏观经济手段为企业创建更优化的跨国投资环境，从战略上引导国有企业的跨国投资方向，同时通过国资委等部门加强境外国有资产的管理，并出台各种政策法规，防范可能导致境外国有资产损失与流失的各种风险。尤其是随着国有企业跨国投资规模的急剧扩大，如何防范跨国投资风险成为政府政策关注的重点。

由此可知，自改革开放以来，伴随着国有企业改革的深化及国家相关政策环境的优化，国有企业跨国投资经历了由少变多、由弱变强的过程，经过了 20 世纪 80 年代的初步发展与 90 年代的波动发展后，在 21世纪迎来了其快速发展期，当前已经形成了相当的规模与水平，在跨国投资市场中的国际影响力与日俱增，成为中国参与国际经济竞争的主导力量。回顾其发展历程，可以将其快速发展看作社会主义市场经济体制改革尤其是国有企业改革的一大成果，正是坚持不懈的改革才使国有企业具备跨国投资的能力与受益于外在政策环境的机遇。此外，国有企业跨国投资历程中也遇到了很多波折，例如 1989～1990

年与1997~2000年这两个时期，而这与当时国内外政治经济形势的动荡密切相关，这充分说明了企业跨国投资的健康发展需要一个稳定的国内外政治经济环境。

第三节　小　　结

本章主要将国有企业跨国投资的历程划分为四个阶段，从其对外直接投资规模的增长趋势来看，中国国有企业跨国投资经历了由基本空白到有、到慢速稳步中有波动的发展、再到迅速发展的过程。尤其是近几年来，国有企业跨国投资呈现了跨越式的大发展，逐步摆脱了对外直接投资严重落后的历史，为中国对外投资发展做出了不可磨灭的卓越贡献，其自身演变过程正是不断适应市场经济发展需要的结果。此外，我们还看到，国有企业跨国投资不仅仅是纯粹的经济与企业行为，还会受到国际与国内政治经济形势、国家政策变动、社会环境的深刻影响，因此国有企业在"走出去"过程中一定要首先认清国内外形势，审时度势，抓住机遇，应对挑战，切实提升"走出去"的水平。

同时，本章还从国有企业对外投资绩效、国际竞争力、领域、投资方式等若干视角，较为全面地分析了国有企业跨国投资的发展状况。由于受统计数据及口径的限制，该部分更多的是通过中国对外直接投资的相关数据来反映国有企业跨国投资的状况。由于国有企业在中国企业跨国投资中的主体地位，采用该数据分析方式还是能够从某种程度上客观地反映国有企业跨国投资的现实情况。

通过分析，我们发现目前国有企业投资的领域和范围呈现出分布广泛、相对集中的特点，投资方式不断优化，国有企业海外并购发展也十分迅速，进行跨国投资的国有企业在规模水平上已经到达一定高度，且在各项经济指标上取得了不小的发展，已有大批的跨国国有企业入选了"世界500强"，但是从企业、品牌等核心竞争力方面，又存在着明显的不足，与国际大型跨国公司相比仍存在很大的差距。因此，国有企业跨国投资不仅需要适应市场经济的发展需要，还需要满足 WTO 框架下的国际化发展需要，随着"一带一路"建设深入推进，国有企业要发挥更加积极的作用，通过参与互联互通建设，提升国际合作水平，为国家相关的现代化建设做出贡献，就显得更为重要了。

第四章

中国国有企业跨国投资的现状

　　中国国有企业跨国投资的发展，与计划经济体制向市场经济体制转型是分不开的。1978年改革开放以来，通过国家的扶持及自身的努力，国有企业跨国投资取得了长足的进步，现已经有了一定的规模与水平，实现了高质量发展，在国际跨国投资中占据了一席之地。以对外直接投资流量为例，国有企业作为跨国投资的主力军，在流量方面占据着绝对主体地位。基于国有企业跨国投资在我国跨国投资总量中占绝对主导地位的实际情况，从第三章提及的中国对外直接投资流量的动态考察即可以基本反映出国有企业跨国投资流量的变动，见表4-1。

表4-1　　　　　　　　1982~2011年中国对外直接投资流量　　　　单位：百万美元

年份	对外投资流量	年份	对外投资流量	年份	对外投资流量	年份	对外投资流量
1982	44	1990	830.00	1998	2633.81	2006	21160.00
1983	93	1991	913.00	1999	1774.31	2007	26506.09
1984	134	1992	4000.00	2000	915.78	2008	55907.17
1985	629	1993	4400.00	2001	6885.40	2009	56528.99
1986	450	1994	2000.00	2002	2518.41	2010	68811.31
1987	645	1995	2000.00	2003	2854.65	2011	74650.00
1988	850	1996	2114.00	2004	5497.99		
1989	780	1997	2562.49	2005	12261.17		

　　注：2003~2005年为非金融类对外直接投资的数据，从2006年起，统计的为全行业对外直接投资数据。

　　资料来源：1982~2002年的数据来源于UNCTAD：FDI数据http：//unctad.org/en/Pages/Statistics.aspx；2003~2011年的数据来源于2003~2011年历年中国对外直接投资统计公报。

伴随着国有企业改革的深化及国家相关政策环境的优化，国有企业跨国投资由少变多、由弱变强，经过 20 世纪 80 年代的初步发展与 90 年代的波动发展，其在 21 世纪初迎来了快速发展期，如图 4-1 所示。当前，国有企业跨国投资已经具有了相当的规模与水平，在国际跨国投资市场中的影响力与日俱增，成为中国参与国际经济竞争的主导。回顾其发展历程，可以将其快速发展看作是社会主义市场经济体制改革，尤其是国有企业改革和发展的一大成果，正是坚持不懈地持续改革才使国有企业具备了跨国投资的能力，这也是市场经济和全球化发展的必然结果，进而使国际投资有了鲜明的中国特色。

图 4-1 1982~2011 年中国对外直接投资流量变化

资料来源：1982~2002 年的数据来源于 UNCTAD：FDI 数据 http：//unctad. org/en/Pages/Statistics. aspx；2003~2011 年的数据来源于 2003~2011 年历年中国对外直接投资统计公报。

第一节 中国国有企业跨国投资绩效及国际影响力

一、国有企业跨国投资绩效

由于难以获取国有企业跨国投资绩效的相关数据，但企业跨国投资绩效的提升会直接给企业带来财务绩效相关指标的增长，因此通过考察国有企业营业额、利润、上缴税金等财务指标可以从某种程度上考核其跨国投资绩效，见表 4-2。

表 4－2　1998～2011 年国有及国有控股工业企业主要指标

年份	企业单位数（家）	工业总产值（亿元）	资产总计（亿元）	负债合计（亿元）	所有者权益合计（亿元）	主营业务收入（亿元）	主营业务成本（亿元）	主营业务税金及附加（亿元）	利润总额（亿元）	全部从业人员年平均人数（万人）
1998	64737	33621.04	74916.27	35648.27	26759.22	33566.11	27092.45	993.53	525.14	3747.78
1999	61301	35571.18	80471.69	49877.69	30566.88	35950.70	28919.13	1062.21	997.86	3394.58
2000	53489	40554.37	84014.94	51239.61	32714.81	42203.12	33473.62	1150.28	2408.33	2995.25
2001	46767	42408.49	87901.54	52025.60	35741.27	44443.52	35522.47	1250.18	2388.56	2675.11
2002	41125	45178.96	89094.60	52837.08	36139.17	47844.21	38048.00	1401.82	2632.94	2423.63
2003	34280	53407.90	94519.79	55990.53	38381.02	58027.15	45987.63	1589.87	3836.20	2162.87
2004	35597	70228.99	109708.25	62005.79	47479.25	71430.99	57187.96	1921.90	5453.10	1973.20
2005	27477	83749.92	117629.61	66653.58	50625.00	85574.18	69302.41	2121.74	6519.75	1874.85
2006	24961	98910.45	135153.35	76012.52	58656.37	101404.62	81957.80	2612.74	8485.46	1804.00
2007	20680	119685.65	158187.87	89372.34	68568.59	122617.13	98515.08	3242.18	10795.19	1742.99
2008	21313	143950.02	188811.37	111374.72	77388.89	147507.90	122504.18	3882.05	9063.59	1794.10
2009	20510	146630.00	215742.01	130098.87	85186.57	151700.55	124590.48	6199.11	9287.03	1803.37
2010	20253	185861.00	247759.90	149432.10	98085.57	194339.70	158727.40	8016.31	14737.65	1836.34
2011	17052	221036.25	281673.87	172289.91	109233.21	228900.13	187783.79	9053.12	16457.57	1811.98

资料来源：《2012 年中国统计年鉴》。

由 4 - 2 表可知，1998 ~ 2011 年国有及国有控股企业在工业总产值、资产总额、利润、净利润、主营业务税金及附加等营业及盈利指标都保持着较高速度的增长，尤其是在后几年显示了强劲的发展势头。例如，2011 年的主营业务收入达到了 228900. 13 亿元，比上年增长高达17. 78% ；利润总额为 16457. 57 亿元，较上年增长高达 11. 67% 。这充分体现了该年度国有企业在营业额和盈利水平上的巨大提升。

具体到海外经营部分，以中央企业为例，截至 2009 年底，中央企业境外资产总额已突破 4 万亿元，同比增长了 27. 1% ，接近其总资产的20% ，但境外单位却为中央企业带来了其总利润的约 25% ；同时，中央企业境外资产的报酬率为 9. 1% ，高出平均总资产报酬率 3. 8 个百分点，有的中央企业的境外项目利润甚至占公司利润的 50% 。这充分说明中央企业境外单位的经营情况要好于境内单位，也说明了国有企业进行跨国投资的正确性与必要性（王时锋，2010）。

虽然国有企业跨国投资取得了显著的经济效益，但是有些国有企业跨国投资项目也存在着亏损问题，这严重影响了跨国投资的总绩效。近些年来，随着国有企业跨国投资规模的不断扩大，所涉足区域和行业领域不断扩展与深化，关于国有企业跨国投资巨亏的报道亦屡见报端，具代表性的有 2008 年东方航空期货投资惨败，航油套期保值浮亏 62 亿元人民币；2009年 9 月，中国中铁在波兰 A2 高速公路项目亏损合同总额 4. 47 亿美元；2009年年底，中国石化集团在跨国投资的 3 个油气田项目累计亏损 1526. 62 万美元；2010 年中铁建沙特轻轨项目净亏逾 41 亿元等。这些均引起了人们对国有企业跨国投资效率的极大争议。因此，如何控制盲目投资带来的亏损是未来国有企业跨国投资绩效管理体制改进所要解决的重大课题。

二、国际影响力分析[①]

随着经济全球化不断深入，国有企业生产经营的国际化程度不断加

---

① 采用的评价指标（各种排名）参照了李桂芳所主编的《中央企业对外直接投资报告2011》一书中中央企业海外经营绩效概述中的国际排名的分析方法与指标。

深，在国际市场上打出了自己的品牌，极大地提升了国际影响力，已得
到了国际社会的广泛认可。此外，国有企业在跨国投资实践中积极履行
社会责任，为东道国的生态环保、就业、法律、文化、社会经济发展等
做出了突出贡献，极大地提高了自身在国际社会中的美誉度，树立了良
好的国际形象。美国《财富》杂志的"世界500强"是世界上最权威
的公司实力排名，进入该名单的绝大多数都是大型的跨国企业，而我国
入选该名单的国有企业也基本都涉及海外业务。因此，通过国有企业入
选"世界500强"的情况，也可以从规模视角审视国有企业跨国投资的
国际影响力，见表4-3。

表4-3　　　　2012年"世界500强"的国有及国有控股企业

公司名称	营业收入 （百万美元）	总部	排名
中国石油化工集团公司	375214.0	北京	5
中国石油天然气集团公司	352338.0	北京	6
国家电网公司	259141.8	北京	7
中国工商银行	109039.6	北京	54
中国建设银行	89648.2	北京	77
中国移动通信集团公司	87543.7	北京	81
中国农业银行	84802.7	北京	84
中国银行	80230.4	北京	93
中国建筑工程总公司	76023.6	北京	100
中国海洋石油总公司	75513.8	北京	101
中国铁道建筑总公司	71443.4	北京	111
中国中铁股份有限公司	71263.4	北京	112
中国中化集团公司	70990.1	北京	113
中国人寿保险（集团）公司	67274.0	北京	129
上海汽车集团股份有限公司	67254.8	上海	130
东风汽车集团	62910.8	武汉	142

续表

公司名称	营业收入（百万美元）	总部	排名
中国南方电网有限责任公司	60538.3	广州	152
中国第一汽车集团公司	57002.9	长春	165
中国五矿集团公司	54509.1	北京	169
中国中信集团有限公司	49338.7	北京	194
宝钢集团有限公司	48916.3	上海	197
中国兵器工业集团公司	48153.9	北京	205
中国交通建设股份有限公司	45958.7	北京	216
中国电信集团公司	45169.8	北京	221
中国华润总公司	43439.5	香港	233
神华集团	43355.9	北京	234
中国南方工业集团公司	43159.5	北京	238
中国华能集团公司	41480.6	北京	246
中国航空工业集团公司	40834.9	北京	250
中国邮政集团公司	40023.3	北京	258
河北钢铁集团	38722.4	石家庄	269
中国冶金科工集团有限公司	37612.6	北京	280
中国人民保险集团股份有限公司	36549.1	北京	292
首钢集团	36117.1	北京	295
中国铝业公司	35839.2	北京	298
中国航空油料集团公司	34352.4	北京	318
武汉钢铁（集团）公司	34259.5	武汉	321
交通银行	33871.6	上海	326
冀中能源集团	33660.8	邢台	330
中国联合网络通信股份有限公司	33336.1	上海	333
中国国电集团公司	32580.0	北京	341
中国铁路物资股份有限公司	31991.1	北京	349

续表

公司名称	营业收入 （百万美元）	总部	排名
中国建筑材料集团有限公司	30021.9	北京	365
中国机械工业集团有限公司	29846.3	北京	367
中国大唐集团公司	29603.2	北京	369
中国远洋运输（集团）总公司	28796.5	北京	384
中国电力建设集团有限公司	28288.6	北京	390
中粮集团有限公司	28189.7	北京	393
河南煤业化工集团有限责任公司	27919.2	郑州	397
中国化工集团公司	27706.7	北京	402
天津市物资集团总公司	26410.9	天津	416
中国电子信息产业集团有限公司	26022.5	北京	425
浙江物产集团	25833.1	杭州	426
中国华电集团公司	25270.0	北京	433
中国船舶重工集团公司	25144.5	北京	434
山西煤炭运销集团有限公司	24533.4	太原	447
中国太平洋保险（集团）股份有限公司	24429.0	上海	450
中国电力投资集团公司	24399.8	北京	451
山东能源集团有限公司	24131.3	济南	460
鞍钢集团公司	24089.0	鞍山	462
绿地控股集团有限公司	22872.9	上海	483
新兴际华集团	22832.3	北京	484
开滦集团	22519.3	唐山	490
招商银行	22093.8	深圳	498

资料来源：2012 年《财富》杂志"世界 500 强"排行榜。

在 2012 年"世界 500 强"排行榜中，中国（含港、台）有 79 家公司，该数据已经超过日本，仅次于美国，达到历史最高水平。其中需要指出的是，中国上榜的企业中，国有及国有控股企业达到了 64 个。但是"世界 500 强"只能从规模这一个角度来分析国有企业跨国投资的国际影响力，具有一定的侧面性，因为规模大并不意味着国际影响力就一定高，还有必要从品牌、国际形象等更多方面进行多角度的分析，如表 4 - 4、表 4 - 5、表 4 - 6 所示。"世界品牌 500 强""世界品牌价值500 强""全球最受赞赏的企业排名"是国际上通行的企业品牌影响力及声誉方面的权威性排名。除了"世界 500 强"排名，再综合国有企业在这两类报告中的排名情况，便可以较准确地观察国有企业跨国投资的国际影响力。

表 4 - 4   2011 年"世界品牌 500 强"中的国有及国有控股企业

排名	品牌名称	年龄（年）	行业
65	中国移动	11	电信
82	国家电网	9	能源
215	中国银行	99	银行
240	中国建设银行	57	银行
264	中国人寿	62	保险
298	长虹	53	数码与家电
335	中国石油	23	石油
345	中国国际航空	23	航空服务
356	中国石化	11	石油
390	青岛啤酒	108	食品与饮料
397	中国中化	61	化工
402	中国联通	17	电信
416	中国电信	9	电信

资料来源：世界品牌实验室发布。

表 4 – 5　　　　　　2011 ~ 2012 年 "全球品牌价值 500 强" 的
国有及国有控股企业

公司	品牌价值（亿美元）	2011 年排名	2012 年排名
中国移动通信	179. 19	25	34
中国建设银行	154. 64	37	48
中国工商银行	151. 64	35	54
中国银行	128. 57	59	67
中国石油	104. 91	114	81
中国农业银行	99. 29	99	84
中国人寿	86. 00	101	104
中国石化	81. 27	130	114
中国联通	79. 44	154	118
中国电信	73. 57	129	127
交通银行	56. 30	183	169
中国建筑	53. 75	193	177
上海石化	37. 29	260	284
中冶科工	32. 68		348
太平洋保险	31. 15		364
东风汽车	30. 83		368
南方航空	27. 65	436	417
中国人保	27. 63	457	418
中国交建	26. 00		454
中国国际航空	23. 95		493
中国远洋	23. 90	449	496

　　资料来源：2012 年 3 月英国品牌价值及战略咨询公司 Brand Finance 发布 "全球品牌价值 500 强"。

表4-6　　　　　　　2010～2011年"全球最受赞赏企业排名"的
国有及国有控股企业

年份	企业名称	行业	行业排名
2010	中国铁建股份有限公司	工程和建设	8
	宝钢集团	金属	7
2011	中国海洋石油总公司	采矿、原油生产	6
	宝钢集团	金属	8

资料来源:《财务杂志》2010～2011年世界最受赞赏公司排行榜。

与大量入选"世界500强"不同,入选2011年"世界品牌500强"的国有及国有控股企业很少,只有13家(未统计CCTV与人民日报);入选2012年"全球品牌价值500强"的只有21家;2010～2011年入选"全球最受赞赏企业排名"的企业只有3家,而且作为第二大经济体的中国没有一家企业入选"世界品牌500强"的前50强。这充分说明,国有企业的国际品牌影响力还很有限,获得的国际声誉与其经济实力不相符,与同行业国际大型跨国公司如苹果、谷歌、本田等相比,国际影响力相差甚远。这反映出中国国有企业跨国投资还没有达到国际一流水平,国际影响力还十分有限,国有企业跨国投资之路还有很漫长的路要走,需要尽快地优化自身的跨国投资行为,改善国际形象。

第二节　中国国有企业跨国投资领域及方式

一、国有企业跨国投资区域及行业分析

国有企业是中国企业跨国投资的主体,其跨国投资的区域特点在很大程度上影响了中国企业整体跨国投资的区域特点。在相关统计资料缺失的条件下,本小节通过对中国企业整体跨国投资区域特点的分

析，可以较为准确地估计出国有企业跨国投资的区域特点。经过多年来跨国投资的实践，当前中国跨国投资的区域范围已经十分广泛，涉及广大发达国家与发展中国家，且覆盖率持续上升，还呈现出多元化及相对集中化的特点。以 2010 年末中国对外直接投资的相关数据为基础，详情如表 4 - 7、图 4 - 2、表 4 - 8 及表 4 - 9 所示。

表 4 - 7　　　　　　2010 年末中国对外直接投资企业海外分布情况

地区	2010 年末国家或地区总数（个）	中国将为企业覆盖的国家数量（个）	投资覆盖率（%）
亚洲	49	44	90
非洲	59	50	85
欧洲	59	42	71
拉丁美洲	49	28	57
北美洲	4	3	75
大洋洲	25	11	44
总计	245	178	72.4

资料来源：《2010 年中国对外直接投资统计公报》。

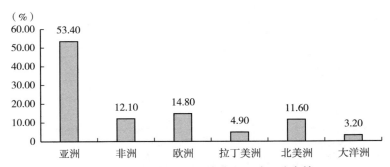

图 4 - 2　2010 年年末中国境外企业地区分布情况

资料来源：《2010 年中国对外直接投资统计公报》。

表 4 – 8   2010 年中国对外直接投资流量情况

地区	亚洲	非洲	欧洲	拉丁美洲	北美洲	大洋洲
对外投资流量（万元）	4489046	211199	676019	1053827	262144	188896
比重（%）	65.24	3.07	9.82	15.31	3.81	2.75

资料来源：《2010 年中国对外直接投资统计公报》。

表 4 – 9   2006 ~ 2010 年中国对外直接投资
流量前 10 位的国家和地区   单位：亿美元

排名	2006 年	2007 年	2008 年	2009 年	2010 年
1	开曼群岛 （78.3）	中国香港 （137.32）	中国香港 （1158.45）	中国香港 （356.01）	中国香港 （385.05）
2	中国香港 （69.3）	开曼群岛 （26.02）	开曼群岛 （203.27）	开曼群岛 （53.66）	英属维尔京群岛 （61.20）
3	英属维尔京群岛 （5.38）	英属维尔京群岛 （18.76）	英属维尔京群岛 （104.77）	澳大利亚 （24.36）	开曼群岛 （34.96）
4	俄罗斯 （4.52）	加拿大 （10.33）	澳大利亚 （33.55）	卢森堡 （22.70）	卢森堡 （32.07）
5	美国 （1.98）	巴基斯坦 （9.11）	新加坡 （33.35）	英属维尔京群岛 （16.12）	澳大利亚 （17.02）
6	新加坡 （1.32）	英国 （5.67）	南非 （30.48）	新加坡 （14.14）	瑞典 （13.67）
7	沙特阿拉伯 （1.17）	澳大利亚 （5.32）	美国 （23.9）	美国 （9.09）	美国 （13.08）
8	阿尔及利亚 （0.99）	俄罗斯 （4.78）	俄罗斯 （18.38）	加拿大 （6.13）	加拿大 （11.42）
9	澳大利亚 （0.88）	南非 （4.54）	中国澳门 （15.61）	中国澳门 （4.56）	新加坡 （11.19）
10	蒙古国 （0.87）	新加坡 （3.98）	哈萨克斯坦 （14.02）	缅甸 （3.77）	缅甸 （8.76）

资料来源：2006 ~ 2010 年历年中国对外直接投资统计公报。

　　由表4－7可知，中国企业跨国投资的区域覆盖率已经到达一个较高的水平，在亚洲、非洲、欧洲和北美洲的覆盖率都达到了71%以上，这在某种程度上反映了国有企业跨国投资在全球的覆盖程度。此外，由2010年末中国境外企业地区分布情况图可知，亚洲是中国设立境外企业最多的地区，其次是欧洲和非洲；由表4－8可知，亚洲是中国对外投资最为集中的地区，其次是拉丁美洲与欧洲，由此亦可以推断，亚洲是国有企业投资最为集中的区域。从整体上说，国有企业跨国投资范围呈现出多元化的发展趋势，在巩固和发展亚洲传统市场的基础上，也不断扩大向欧美发达国家以及拉丁美洲和非洲的投资。其在企业分布及资金流量上呈现出相对集中化的趋势，主要是在亚洲，尚未形成平衡发展的态势。此外，通过对近2006～2010年中国对外直接投资流量前十个国家的考察，我们发现中国香港、英属维尔京群岛、开曼群岛是中国企业跨国投资最为集中的区域，尤其是中国香港连续四年来始终排名第一，这种排名与这三个地区都是著名的避税地有密切关系，这也说明了避税地是国有企业跨境投资的重要区域。此外，新加坡、澳大利亚、加拿大、美国等发达国家和地区也是中国企业（包括国有企业）的重要投资区域，而且在发达国家或地区的投资在前十中的比重越来越高，这侧面体现了国有企业跨国投资水平的提升。

　　在跨国投资行业分布方面，国有企业跨国投资与中国企业整体跨国投资行业的分布特点大体一致，其行业分布十分广泛，几乎所有的行业类别都有所涉及，呈现出行业分布多元化的格局，同时又具有相对集中化的特点，主要分布于金融业、租赁和商务服务业、采矿业、批发零售业、交通运输业及仓储和邮政业、制造业等。在资本流量方面，2010年，中国对外直接投资流向租赁和商务服务业302.8亿美元，同比增长47.9%；金融业86.3亿美元，同比下降1.1%；批发零售业67.3亿美元，同比增长9.6%；采矿业57.1亿美元，同比下降57.2%；交通运输业、仓储和邮政业56.6亿美元，同比增长173.8%；制造业46.6亿美元，同比增长108.2%，该六大行业累计投资流量占中国对外直接投资流量总额的93.5%，同比上升了0.3个百分点。在资本存量方面，

2010 年末，中国对外直接投资分布在租赁和商务服务业 972.5 亿美元，金融业为 552.5 亿美元，批发零售业 446.6 亿美元，采矿业 420.1 亿美元，交通运输业、仓储和邮政业 231.9 亿美元，制造业 178 亿美元，该六大行业累计投资存量 2801.6 亿美元，占中国对外直接投资存量总额的 88.3%①。下面以 2010 年国有企业在该六大行业的投资行为来作进一步的说明，见表 4 - 10。

表 4 - 10　　　　2010 年国有企业在六大行业的跨国投资相关案例

行业类型	案例
租赁和商务服务业	2010 年 7 月，招商局集团有限公司完成对澳大利亚路凯（Loscam）公司的收购，成为其绝对股东
批发零售业	2010 年，国家开发投资公司的全资子公司中国成套设备进出口总公司所属的中成国际糖业股份有限公司收购了牙买加的三个国有糖厂；2010 年 9 月，中粮集团收购了智利的一家酒厂及其附近的葡萄园，是中粮集团打造葡萄酒产业链的首次海外并购
采矿业	2010 年，中国海油以 21.6 亿美元投资美国第二大天然气生产公司切萨皮克（Chesapeake），并于同年 12 月投资 5000 万澳元获得澳大利亚能源公司煤层气项目探矿权；2010 年 7 月，中国铝业公司控股的中国铝业股份有限公司与澳大利亚力拓集团签署协议，联合开发几内亚西芒杜铁矿项目；2010 年，中国煤炭地质总局新增国外探矿权 21 个
金融业	2010 年，中国工商银行并购了泰国亚洲商业银行（ACL）（全资）与加拿大东亚银行（70% 股权）
交通运输业、仓储和邮政业	2010 年 1 月，中铁物资与非洲矿业有限公司签署了投资入股框架协议，成为其第二大股东；2010 年 2 月，国航与香港国泰有限公司签署了就成立共同拥有货运航空公司的框架协议
制造业	2010 年 3 月，中国机械工业集团有限公司（国机集团）所属中国机械设备进出口总公司（CMEC）签订了总承包塞尔维亚科斯托拉茨热电站改扩建工程项目的初步合同；2010 年 3 月，一汽集团进出口公司与中非发展基金签订了一项非洲项目的合作协议，是当时中国汽车公司在非洲最大的投资项目

資料来源：李桂芳. 中央企业对外直接投资报告 2011 ［M］. 北京：中国经济出版社，2011：59 - 60，207，214 - 215，259 - 261；中国工商银行网站。

———————————

①　参见《2010 年中国对外直接投资统计公报》。

　　上述数据及案例说明，国有企业对外直接投资主要集中于六大行业，其中制造业所占比重最低，与发达国家对外直接投资中制造业占很大比重的情况形成了鲜明的对比，这有技术层面的因素，更主要地还在于制度不完善。

　　国有企业对外投资过分集中于资源密集型和劳动密集型产业，而对信息传输、计算机和技术服务、国际股票市场、国际证券市场、国际期货市场等技术及资金密集型行业的投入却相对有限。与之相比，美国作为世界高新技术产业和金融业最为发达的国家，其高新技术企业及金融机构在对外投资主体中的占比很高，苹果、谷歌、微软、高盛、摩根大通等都是世界上的著名品牌，都入选了"全球最受赞赏企业排名50强"，其中苹果、谷歌更是占据了前两位。但该名单中一家中国国有企业都没有，这不但与中国的国际政治经济地位严重不符，更由此可知两国企业在海外高新技术产业及金融领域的投入及重视程度的差异。

　　中国已经迈入加快经济发展方式转变和经济高质量发展时期，国有企业作为国民经济的主导，在跨国投资过程中应当切实注重经济发展方式的转变。目前，国有企业在技术密集型等有助于转变经济发展方式的行业领域的跨国投资严重不足，致使国有企业对外投资质量难以得到质的飞跃。以低碳经济为例，其是以低能耗、低污染、低排放、高效能、高效率、高效益为特征的经济发展方式；它以可持续发展理念为指导思想，强调对碳开发与使用的约束，以企业的技术革新、制度创新、观念转变、产业结构调整、新能源开发与利用等为手段，尽可能地降低煤炭、石油等高碳能源的消耗，减少温室气体排放，实现资源节约与环境友好的目的，最终促进经济社会与生态环境保护的协调发展。从世界范围看，为了应对全球气候恶化与能源枯竭的危机，各国纷纷出台相关的政策措施，大力发展新型经济形态——低碳经济。同时，低碳经济的发展也呈现出跨国特点，跨国低碳投资在世界经济中已经形成了一定规模（白瑞华，2013）。根据联合国贸易和发展组织（又称联合国贸易与发展会议，UNCTAD）发布的《2010年世界投资报告：投资低碳经济》所显示数据，2009年流入可再生能源、循环再利用及与环保技术有关的产品制造三个主要的低碳领域的对外直接投资高达 900 亿美元。随着世界低碳经济的持续快速发展，低碳产业日益成为对外投资的一个重要领域。而中国国有企业的低碳经济发展还十分滞后，在国内尚未形成有效规模，跨国低碳经济投资的规模和水平都处于十分初级的阶段，投资严重不足，滞后于加快经济发展方式转变的需要。

二、跨国投资方式分析

跨国投资可以分为国际直接投资与国际间接投资。国际直接投资（FDI）是指一国的投资者到国外直接开办或经营企业，也就是将资本直接投放到境外的生产经营活动中，分为股权参与和非股权参与两种形式。国际直接投资的股权参与可分为独资经营、合资经营、合作经营和合作开发等形式，非股权参与的主要形式有国际工程承包、国际租赁、补偿贸易、国际加工装配贸易、许可证合同、管理合同、技术援助或技术咨询协议、销售协议、特许营销等。国际间接投资（foreign indirect investment，FII）主要是指国际证券投资以及以提供国际中长期信贷、经济开发援助等形式进行的资本外投活动，可以分为股权类证券投资和债权类投资。直接投资与间接投资最根本的区别在于投资者是否有对企业的有效控制权。直接投资一般都需要拥有直接控制权，按照国际惯例，超过企业 10% 股权的外资则可认定为直接投资（任淮秀和王昌云，2005）。中国制定的《对外直接投资统计制度》规定："对外直接投资是指我国国内投资者以现金、实物、无形资产等方式在国外及港澳台地区设立、购买国（境）外企业，拥有该企业 10% 或以上的股权，并以控制企业的经营管理权为核心的经济活动。"

国有企业海外间接投资发展十分迅速，主要集中于购买国外各类债券和股票的投资，并逐步地与直接投资相融合，共同促进了跨国投资水平的提升。当前，对外间接投资的国有企业主要是国有金融部门，例如中国投资有限责任公司、中国银行等，主要投资方式有合格境内机构投资者（qualified domestic institutional investors，QDII）制度、主权财富基金（sovereign wealth funds，SWFs）、社会保障基金、保险机构对外投资等。

对外直接投资是国有企业跨国投资的主要形式。进入 21 世纪以来，随着跨国投资能力的不断提升，中国企业突破了原先单一的绿地投资方式（包括建立国际独资企业与国际合资企业），跨国并购逐步成为了跨国投资的重要形式，成为中国积极谋求国际资源重新分配的重要手段之一。在这个过程中，国有企业尤其是中央企业是绝对的主力军，具有代表性的国有企业有中石油、中石化、中海油、中国移动、中国网通、鞍钢等。而这既与国有企业的做大做强有密切关系，也跟国家政策及国有金融部门的大力支持密切相关。国有企业跨国并购主要集中于资源类产业、银行业和电信服务业等行业，尤其是石油、天然气、贵金属与矿石等不可再生资源行业，制造业则不多，这与中国当前的产业结构、经济发展水平及国家战略密切相关。在国家政策的大力支持下，中国企业以海外并购方式进行对外直接投资的比例稳步提升，在此以 2006～2010 年五年的相关数据进行说明，如表 4－11 所示。

表 4－11　　2006～2010 年中国企业通过并购实现的对外直接投资情况

年份	并购实现的直接投资 （亿美元）	比上年的增幅 （%）	占当年流量的比重 （%）
2006	82.5	26.9	39.0
2007	63.0	－23.6	23.8
2008	302.0	379.0	54.0
2009	192.0	－36.4	34.0
2010	297.0	54.7	43.2

资料来源：2006～2010 年《中国对外直接投资统计公报》。

由表 4－11 可知，2006～2010 年中国企业通过兼并及收购方式实现的直接投资金额年均增速高达 37.74%，交易金额占直接投资总流量的比例也保持着高水平，最低的 2007 年也在 23.8%，2008 年最高，达到了 54%。由于受全球经济危机、政策调整等因素的影响，2007 年与 2009 年的并购受到了一定程度的冲击，但得力于国家有效的宏观经济政策加之企业自身的努力，中国企业海外并购很快回到快速发展的轨道。下面，我们将列举 2010 年中央企业海外并购的十大事件来反映国有企业海外并购的情况，见表 4 – 12。

表 4 – 12 2010 年中央企业海外并购十大事件

序号	事件
1	中国石化以 46.5 亿美元的价格收购了加拿大油砂项目，开创了海外油气并购规模的新纪录
2	中国石油首次进军澳大利亚煤层气市场，以 35 亿美元联合壳牌收购箭牌（Arrow）100% 的股权
3	武钢投资 4 亿美元认购巴西矿业公司（MMX）21.52% 的股份
4	中海油完成公司改组，旗下企业收购阿根廷第二大油气商
5	中国交通建设股份有限公司收购 F&G（Friede Goldman United）公司，成功实现战略发展
6	中铁物资入股非洲矿业公司，开创世界铁矿石供应新格局
7	中化集团入股巴西油田，加快布局能源上游
8	国家电网首次巴西试水，努力发展国际化经营
9	中投注资加拿大畔西公司，加速海外资源市场进军步伐
10	中国化工以 14 亿美元收购了以色列农药巨头马克西姆公司

资料来源：李桂芳. 中央企业对外直接投资报告 2011 ［M］. 北京：中国经济出版社，2011：275 – 299.

第三节 中国国有企业跨国投资规模

随着多种所有制经济的快速发展，跨国投资呈现出投资主体多元化的特征。国有企业这一注册类型不再是跨国投资的绝对主体，占境内跨国投资主体数量的比重逐年下降，而与此同时有限责任公司、股份有限公司、私营企业及其他所有制企业跨国投资却都取得了长足的进步。以2003～2010年的相关数据为例，见表4-13。

表4-13　　　　　各类型企业占境内投资主体数量的比重　　　　单位：%

年份	国有企业	有限责任公司	股份有限公司	私营企业	其他
2003	43	11	11	10	25
2004	35	30	10	12	13
2005	29	32	12	13	14
2006	26	33	11	12	18
2007	19.7	43.3	10.2	11	15.8
2008	16.1	50.2	8.8	9.4	15.5
2009	13.4	57.7	7.2	7.5	14.2
2010	10.2	57.1	7	8.2	17.5

资料来源：2003～2010年各年度中国对外直接投资统计公报。

由表4-13可看出，境内跨国投资的国有企业数量占总体的比重逐年下降，由2003年的43%下降到2010年的10.2%，而有限责任公司的比重却激增，并在2005年超过了国有企业成为了比重最高的企业类型，2009年与2010年的比重都在57%以上。虽然跨国投资的企业中国有企业在数量上已经不再居主体地位，但是包括国有及国有控股企业在内的国有经济成分在跨国投资规模、资本存量、国际影响力上仍处于主导地位，是该阶段推动中国跨国投资快速发展最主要的贡献力量。因此，既然国有经济成分是中国跨国投资的主体，那么用中国企业对外直接投资总量来间接反映国有企业跨国投资总量是可行的。

长久以来，包括国有企业在内的中国企业对外直接投资严重滞后于中国经济的总体发展。在这里，运用联合国贸发会议观测一国或地区对外直接投资发展与经济总体发展平衡程度的三个重要指标——对外直接投资年末存量与当年GDP之比、对外直接投资外向流量与当年固定资产总值及当年 GDP 之比，来衡量当前中国企业对外直接投资发展水平是否存在滞后问题（陈俊龙，2014）。

首先，将 2001~2010 年中国、发展中国家及发达国家及世界的对外直接投资流量与当年固定资本形成总值之比进行了比较，借此反映出与加大国内固定资产投资相比，中国对外投资的发展状况。由图 4 - 3 可知，中国对外直接投资存量占当年固定资产形成总值的比重虽然不断上升，但始终处于 3% 之下，远低于同期的发达国家及世界水平，甚至与发展中国家水平相比也有相当的差距。近年来，受金融危机的影响，全球经济萎靡，发展中国家、发达国家及全世界在该比率上都有了大幅度下降，例如世界水平由 2007 年的 17.45% 下降到 2009 年的 9.31%，但中国在该比率上稳步上升，不过最高的 2008 年也仅为 2.83%，与世界水平差距依旧很大，处于十分低的水平。

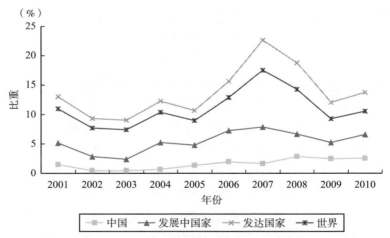

图 4 - 3　2001~2010 年中国、发展中国家、发达国家及世界的对外
直接投资流量与当年固定资产形成总值之比

资料来源：UNCTAD：FDI 数据库 . http：//unctad. org/en/Pages/Statistics. aspx。

此外，我们可再通过比较 2001~2011 年期间中国、发展中国家、发达国家及世界的对外直接投资流量与当年 GDP 之比来反映中国对外直接投资相对于其经济总量的发展程度。由图 4 - 4 可知，2007 年之前，中国与发展中国家、发达国家及世界的水平都有着很大的差距。2007 年中国在该比重上的值为 0.64%，远落后于世界 3.94%、发达国家 4.7%、发展中国家 2.11% 的水平。2007 年之后，对比于世界经济不振，中国却有强势的大规模对外投资，中国在该比重上有了持续上升，并已经接近了发展中国家水平，与世界及发达国家水平的差距也不断缩小，但仍然存在着不小的差距。

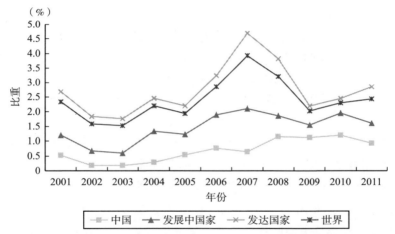

图 4 - 4　2001 ~ 2011 年中国、发展中国家、发达国家及世界的对外
直接投资流量与当年 GDP 之比

资料来源：UNCTAD：FDI 数据库 . http：//unctad. org/en/Pages/Statistics. aspx。

同样，我们还可以通过比较 2001 ~ 2011 年中国、发展中国家、发达国家及世界的对外直接投资资本存量与当年 GDP 之比，来反映与国内经济增长相比，中国对外投资的发展程度。由图 4 - 5 可知，中国在该比重上的值非常小，与世界、发达国家、发展中国家的水平差距较大，最高的也仅为 2010 年的 5.2%，而同期世界在该比重上的值为 33.42%，发达国家为 42.43%，发展中国家也达到了 16.59%。这充分说明，中国对外投资资本存量严重不足，严重滞后于中国总体经济的发展水平。

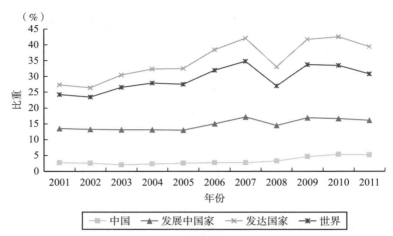

图 4 - 5　2001 ~ 2011 年中国、发展中国家、发达国家及世界的对外直接投资资本存量与当年 GDP 之比

资料来源：UNCTAD：FDI 数据库 . http：//unctad. org/en/Pages/Statistics. aspx。

　　由以上分析可以得出，虽然中国企业跨国投资规模已经到了前所未有的扩张程度，但是在投资总量上仍存在着投资不足的问题。鉴于国有企业在中国企业对外直接投资流量及存量上处于主体地位的情况，例如在流量方面，2010 年，中央企业和单位对外投资流量占总量的70.25%；在存量方面同样也是居主体地位，此处以 2010 年中国非金融类的对外直接投资存量为例，见图 4 - 6。我们可推断，中国对外投资水平滞后于经济发展很大程度上正是国有企业跨国投资滞后带来的问题，也就是投资不足所致。

　　一般来讲，经济发达地区的对外投资流量要大于吸收外资量，而欠发达地区则反之，可以说经济发展水平越低，流入量就越大于流出量。经过多年来"走出去"战略的实施，中国对外投资量与吸收外资量之间的差距在不断缩小，但是仍有差距。《2011 年世界投资报告》显示，2010 年全球外国直接投资达到 1.24 万亿美元，中国大陆 2010 年吸收的FDI 达到 1060 亿美元，成为发展中国家吸收外商直接投资额最多的国家，并在全球排名第二，仅次于美国。中国对外投资也有较大增长，达

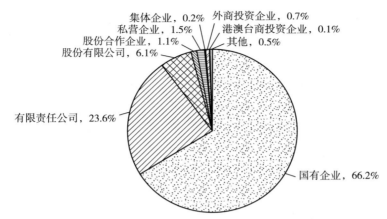

图 4-6 2010 年年末中国非金融类的对外直接投资

存量按境内投资者注册类型分布情况

资料来源：《2010 年中国对外直接投资统计公报》。

到 680 亿美元，排名世界第五位。这说明与吸收外国对外直接投资相比，中国的对外直接投资还有一定的差距，中国对外投资尤其是国有企业跨国投资水平还需要加以提升。

总之，经过 40 多年的改革开放，中国经济发展水平获得了飞速提升，经济规模与资金实力显著提升，可用于跨国投资的预算资金也越来越多，但是从整体上说，中国企业包括国有企业跨国投资还略显不足。正如党的十八届三中全会指出，适应经济全球化新形势，必须推动对内对外开放相互促进、"引进来"和"走出去"更好结合，促进国际、国内要素有序自由流动、资源高效配置、市场深度融合，加快培育参与和引领国际经济合作竞争新优势，以开放促改革。要放宽投资准入，加快自由贸易区建设，扩大内陆沿边开放。

第四节 中国跨国国有企业境外国有资产流失状况

国有企业跨国投资所使用的资产大多为国有资产，在海外生产经营中应当以国有资产的保值增值为主要经济目标,实现国有资产跨国的优化配置。近些年来,国有企业"走出去"步伐逐步加快,形成了规模不小的境外国有产权。随着国有企业跨国投资规模的不断扩大,针对境外国有资产流失问题的披露与抨击的报道越来越多,"为创造政绩""营造自己的王国""打造知名度""情况不明决心大"成为国有企业在跨国投资过程中普遍存在的严重问题。除少数企业外,大多数国有企业的境外资产安全和保值增值都存在隐忧①。同时,境外国有资产管理体制不完善。随着国有资产管理体制的不断健全,国内国有资产管理已经较为成熟,但境外国有资产管理体制在经验和能力上难以满足有效监管的需要,监管效率低下,加大了境外国有资产流失的隐患。再者,随着中国对外投资水平的不断提升及国有企业的做大做强,国有企业"走出去"是大势所趋,可以预见在未来的一段时期内对外投资仍会保持快速增长,越来越多的国有资产会投入到国际市场,如果不尽快提升境外国有资产管理水平,那么境外国有资产流失将可能成为国有资产流失的主要方式(杨瑞龙等,2012),如表 4 – 14 所示。

表 4 – 14　　　　　　　　　　国有企业对外直接投资案例

案例	主要内容
中铝收购力拓	中铝注资力拓的计划一直是国际财经圈关注的焦点,这是迄今为止中国企业最大规模的海外投资。经过三个多月的拉锯战,原计划 2009 年中国铝业以 195 亿美元注资力拓并打算将在力拓的持股增加至 19% 的计划最终以分手告终
平安投资富通	2008 年 11 月,中国平安宣布斥资约 18.1 亿欧元(折合人民币 238.7 亿元)购买以经营银行及保险业务为主的国际金融服务提供商富通集团 9501 万股份,约占其总股本的 4.18%,成为其最大的单一股东。但就在平安收购富通后不久,富通集团轰然倒塌。中国平安的投资富通的资产最少的时候仅剩下原值的 30%

---

① 《央企 4 万亿海外资产被指流失严重》,21 世纪经济报道,2010 – 12 – 09;http://news. sina. com. cn/c/2010 – 12 – 09/035221606522. shtml。

续表

案例	主要内容
中海油并购优尼科	2005 年 6 月 23 日，中海油宣布以要约价 185 亿美元收购美国老牌石油企业优尼科石油公司，但最终还是以失败告终。单笔投资额较大是国有企业跨国并购的一大特点，中海油拥有比较好的金融支持甚至是政府支持，但这也是中海油并购优尼科失败的重要原因
民生银行收购美国联合银行	民生银行此前投资 1.29 亿美元购得美国联合银行的 9.9% 股份，在 2008 年 3 月提出收购要约，将股份提至 19.9%，以保护其初始投资，并扩大在美国市场的份额。但根据当地法律，并购方无论怎么增持，都无法取得控制权
上汽控股双龙	2004 年上汽集团出资 5 亿美元控股韩国双龙汽车公司，然而上汽对韩国国内复杂的法律环境、劳资纠纷预估不足，又缺乏管理韩国企业的国际性人才，结果导致当初设想中的技术合作、技术引进毫无踪影，"韩国公司中国化"的计划化为泡影
中化国际收购韩泰炼油公司	2003 年 10 月，泰国国家石油公司曾承诺向中化集团转让泰国最大、利润最高的石油精炼厂 35% 的股份，但最终泰国方面没有履行诺言，于是中化集团将目光从泰国转向韩国。2004 年 6 月和韩国仁川炼油公司签署了一份排他性谅解备忘录，2005 年国务院原则同意，但最后却遭到了仁川炼油厂的最大债权人——花旗银行海外资产管理公司的反对
中投公司投资黑石	2007 年 3 月才开始筹建的中投公司在同年 5 月就斥资 30 亿美元的外汇储备以 29.605 美元/股的价格参股美国私募巨头黑石集团 10% 的 IPO。黑石集团上市后股价连续下跌，也造成了中投公司这笔投资的大幅缩水

　　资料来源：杨瑞龙等．中国模式与中国企业国际化［M］．北京：中国人民大学出版社，2012：162－163．

　　中国国有企业跨国投资过程中的国有资产流失情况可以分为几类：

　　第一类是国有企业境外人员高额的职务消费。国有企业海外工作人员因工作需要而远赴他国，获得较高的生活待遇及补贴是理所应当的，但是过度的职务、生活消费则是对国有资产的严重浪费。当前，跨国国有企业境外人员在生活日常支出、办公支出及业务支出方面存在严重的浪费及挥霍现象，远远高于当地平均的生活水平及办公需要，例如某国有企业在非洲的境外工作人员住别墅，甚至还配套游泳池，并存在严重的贪污问题，造成了大量不必要的开支，浪费了大量有限的国有资产。

第二类是企业违规违法行为所造成的国有资产流失。一些国有企业在未经国家有关部门批准的情况下，为了获取可能的短期的高额利润，违规进行高风险的投机经营，给境外国有资产造成了巨额损失。此外，一些内部人违规将国有资产以个人名义进行海外注册，造成了产权关系模糊，给境外国有资产带来了巨大的隐患。虽然有时候受东道国法律制度的限制，境外国有资产以个人名义注册是不得已而为之，但是很多企业并没有按照有关法律法规的规定进行明确的产权归属界定，很可能会诱发境外人员侵吞国有资产的机会主义行为。再者，一些境外人员在生产经营活动中因有意或无意而违反了当地的法律制度，因此受到了相应的惩治，亦会造成国有资产的流失。

第三类是投资失误造成的国有资产流失。跨国国有企业管理者专业素质欠缺，缺乏对东道国法律制度、文化、经济环境的全面了解，在企业境外投资过程中，主观臆断倾向问题严重，缺乏科学的投资论证和风险分析，导致决策失误，事后又缺乏完善的危机处理机制，难以采取积极有效的措施去弥补损失，进而造成境外国有资产流失。此外，还有一些境外企业人员为了私利，会利用投资活动隐匿、侵占、转移、挪用、私分国有资产，甚至故意炮制投资失败为自身牟利，恶意造成国有资产流失。

第四类是无形资产的流失。国有企业在跨国投资过程中过于重视规模扩张，忽视企业信誉、专利技术等无形资产，导致境外无形国有资产大量流失。

以中铁建设集团沙特铁路项目巨亏为例①。中国铁建股份有限公司（以下简称"中国铁建"）继承中国铁道建筑总公司的主要资产，成立于 2007 年，是国资委管理的特大型建筑央企，下属企业有中国土木工程集团、中铁建设集团（以下简称"中铁建"）、中铁建电气化局集团、

---

① 海外并购九大失败案例，中国矿业网，http://app.chinamining.com.cn/newspaper/。

中铁轨道系统集团等。中国铁建是中国乃至全球最具实力、最具规模的特大型综合建设集团之一，是"世界500强企业"及"全球225家最大承包商"之一。虽然中铁建成立时间较短，但是其凭借其前身雄厚的基础及国家的大力扶持，业务范围涉及很广，发展速度很快，其中海外市场是其生产经营的重要领域。但是，中铁建在沙特轻轨铁路项目上发生了巨亏。此案不仅引发了人们对央企跨国投资中境外国有资产流失问题严重性关注，还深刻地反映了当前境外国有资产流失问题的严重性。

2009年2月10日，中铁建与沙特阿拉伯王国城乡事务部签署了《沙特麦加萨法至穆戈达莎轻轨合同》，约定采用EPC+O/M总承包模式（即设计、采购、施工加运营、维护总承包模式）来完成沙特麦加轻轨铁路项目。根据合同，中国铁建从2010年11月13日起负责该项目为期三年的运营和维护。2010年10月25日，中铁建忽然发布公告宣称，其承建的沙特麦加轻轨项目预计亏损达41.53亿元。在此影响下，中铁建的股票（A股与H股）连续两日下跌。截至2010年10月31日，按照总承包合同金额66.5亿沙特里亚尔，即合同签订时的116.375亿元，预计总收入为人民币120.51亿元，预计总成本为人民币160.45亿元，另发生财务成本人民币1.54亿元，项目预计净亏损人民币41.48亿元，其中已完工部分累计净亏损人民币34.62亿元，未完工部分计提的合同预计损失为人民币6.86亿元。事件发生后，中铁建组成了专门的项目组赴沙特商讨有关轻轨项目补偿及索赔事宜。2011年1月21日，中国铁建与中铁建集团总公司签署《关于沙特麦加轻轨项目相关事项安排的协议》，约定自2010年10月31日后，中铁建总公司行使及履行中国铁建在该项目总承包合同项下及因总承包合同产生的所有权利和义务，中国铁建直接获母公司赔偿补助，金额约人民币20.77亿元。同时，中国铁建将不再承担或享有该项目于2010年10月31日后发生的亏损或盈利①。

针对境外国有资产的严重流失，为了规范对4万亿元庞大中央企业

---

① 中铁建跨国投资亏损近42亿国家埋单，http://news.xinhuanet.com/fortune/。

海外资产的监管，国资委自 2009 年起对中央企业境外资产进行了一系列的严格排查，并出台了《关于中央企业清理规范境外投资中个人代持产权有关问题的通知》及《关于开展中央企业对外并购事项专项检查的通知》，旨在规范中央企业的跨国投资行为，防止国有资产流失。2011 年，国资委颁布了《中央企业境外国有资产监督管理暂行办法》与《中央企业境外国有产权管理暂行办法》，对中央企业跨国投资行为进行有效规范。2012 年 4 月 10 日，国资委发布了《中央企业境外投资监督管理暂行办法》，该办法界定了国资委、中央企业在境外投资监管及管理上的职能与责任；指出了境外投资活动应当遵守五个方面的原则；提出了中央企业境外投资管理制度的主要内容，并指出应将其报国资委备案；要求中央企业按相关要求编制年度境外投资计划并报送；对中央企业主业与非主业境外投资项目相关问题进行了规定；提出了有助于提高境外投资决策质量和防范境外投资风险的若干要求。该办法的出台，是国资委依法履行出资人职责的体现，有助于完善国有资产保值增值责任体系，及时掌握境外国有产权的动态情况，推动中央企业跨国投资水平的提升。

第五节　中国跨国国有企业自主创新水平

创新是一个企业长久不衰的动力。一个企业要想在市场竞争中谋得一席之地，不断做大做强，必须要有持续不断的创新动力及成果。创新可以分为模仿创新及自主创新两种，模仿创新能够节省大量的研发成本，有助于迅速缩小与技术领先者之间的差距，但是坚持此种创新模式的话很难成为技术领导者，该模式更适合中小型企业；自主创新是自我创造，需要耗费大量的研发资金，并且还会面临较大的风险，但是一旦形成完善的自主创新体系及能力，就会构成强有力的核心竞争力，从而有能力处于技术竞争的领先地位，因此自主创新模式适合立志于做大做强的大型企业。当前世界著名的大型跨国公司，虽然涉及的市场领域各不相同，但都具有一个显著的共同点，那就是拥有很强的自主创新能力。苹果公司作为一家电子产品公司，是世界上市值最高的公司，其推出的 iPhone 手机开启了智能手机的时代，iPad 电脑开启了平板电脑的时代，它的一系列产品从根本上改变了人与人之间通讯联络、获取信息以及娱乐的方式，赢得了极高的市场份额及声誉，创造了从濒临破产到惊人跨越式发展的奇迹。回顾其并不长的发展历程，能取得今天如此高的市场地位及声誉的关键就在于它拥有极强的创新能力尤其是自主创新能力。

　　企业创新的一大必要条件是资金，创新人才的培养吸收、技术的研发都需要大量的资金注入，没有足够的资金支持，创新尤其是自主创新便无从谈起，这也是中小型企业自主创新难的一大原因。进行跨国投资的国有企业主要以国有企业、有限责任及股份有限三种注册类型为主。因此，要认清跨国国有企业的自主创新能力，就有必要从国有企业、有限责任与股份有限三种注册类型入手。此外，由于难以获得专门针对跨国国有企业的创新数据，因此我们以大中型国有工业企业的相关创新数据来间接说明。再者，R&D 活动代表着一个企业的自主创新能力，以 R&D 活动的相关指标来剖析跨国国有企业的自主创新能力。企业 R&D 活动数据的一个重要来源是历年的《中国科技统计年鉴》，比如《2011中国科技统计年鉴》按注册类型对不同类型企业 R&D 活动进行分析，将有限责任公司分为国有独资有限责任和其他有限责任，而其他有限责任中的国有控股的数据没有涉及；股份有限公司也没有相应地划分出国有控股的相关数据。因此，我们仅选取国有企业、国有独资公司的相关数据来间接分析跨国国有企业的自主创新能力。

一、创新结构与自主创新能力

　　从创新结构的角度来分析（跨国）国有企业自主创新能力。从整体上来说，国有企业的自主创新能力还很不足，大多仍处于模仿创新的阶段。例如，在自主创新与模仿创新方面，此处就用 R&D 经费内部支出与技术获取和技术改造成本（包括技术改造经费、技术引进经费、消化吸收经费、购买国内技术经费）之比来表示，见表 4 - 15。

表 4 - 15 　　　　　2010 年不同类型大中型工业企业 R&D 经费
内部支出与技术获取和改造成本之比

企业类型	技术获取和技术改造成本（万元）	R&D 经费内部支出（万元）	比例（%）
国有企业	6560509	3922823	1. 672
国有独资公司	6341324	3696351	1. 716
私营企业	4118821	4124654	0. 999
港澳台投资企业	2140658	3574987	0. 599
外资企业	5104912	6907815	0. 7399

资料来源：《2011 中国科技统计年鉴》。

由表 4 - 15 可知，国有企业与国有独资公司在用于技术获取和技术改造方面的成本（模仿创新）与 R&D 经费内部支出（自主创新）之比都在 1.6 以上，明显地高于比值皆低于 1 的其他注册类型企业。这说明，与模仿创新相比，国有企业对自主创新的重视程度还不高，更多的资源投入模仿创新中，当前的创新结构亦不优化，自主创新的投入水平仍需进一步提升。

20 世纪 80 年代以来，为努力构建及优化其全球 R&D 网络，进一步提升 R&D 水平，世界跨国公司 R&D 全球化趋势明显，对 R&D 的资金投入范围越来越广，强度越来越高。具体到跨国国有企业，当前走出国门的大型国有企业，如中国石化、中国一汽等大型央企，其创新投入及能力在国内处于领先地位，代表着中国国有企业最高的创新水平。但是与国际大型跨国公司相比，其技术创新仍处于模仿阶段，自主创新能力严重不足，成为其核心竞争力提升上的"瓶颈"，例如中国机械行业就存在原始创新基础薄弱，集成创新能力不足的问题，超过一半的核心技术和关键设备都依赖于引进。

二、创新资金与自主创新能力

当前（跨国）国有企业内部自主创新的动力显著加强，自主创新已由过去的主要由政府推动逐步向现在的企业自发过渡，企业自筹资金占据主要地位。在 R&D 经费来源方面，由表 4－16 可知，国有企业及国有独资公司绝大多数的资金来源于企业自身，国外与其他渠道资金比重极小，都不足 1%。来源于政府资金的比重不高，国有企业为7.51%，国有独资公司为 5.61%，但是都明显高于私营企业的 2.93%、港澳台企业的 2.02% 与外资企业的 1.96%。这充分说明，国有企业已经成为自主创新的主体，有较强的自主创新动力。但是鉴于国有企业的特殊性，虽然其自主创新资金主要来源于企业自身，但是有很大一部分的企业资金来源有赖于国家特殊政策的支持、市场垄断地位及较少的利润上缴，存在着隐性的软预算约束。此外，这也说明政府对国有企业自主创新的扶持力度相对较高，即国有企业自主创新依赖于政府资金的程度依旧比较高，由于事后筛选机制缺失及事前选择的不确定性（Qian & Xu，1998），这部分政府资金可能会产生软预算约束，数额越大，对创新可能性的负面效应就越大。再者，来源于企业自身资金的比例过高，而来源于国外与其他资金方的比例极低，亦说明了国有企业在 R&D 项目投资上主要选择的是拥有全部所有权的融资形式，缺少与其他市场主体的合作，难以承诺做到对坏项目不再进行事后再融资，易产生软预算约束，进而导致（跨国）国有企业自主创新效率不高。

表 4－16　　2010 年不同类型大中型工业企业 R&D 经费内部支出来源

企业类型	政府资金（万元）	比重（%）	企业资金（万元）	比重（%）	国外资金（万元）	比重（%）	其他资金（万元）	比重（%）
国有企业	294586.9	7.51	3586115	91.42	6709.0	0.17	35412.8	0.90
国有独资公司	207499.5	5.61	3472792	93.95	1561.1	0.04	14497.9	0.39

续表

企业类型	政府资金（万元）	比重（%）	企业资金（万元）	比重（%）	国外资金（万元）	比重（%）	其他资金（万元）	比重（%）
私营企业	121049.6	2.93	3952458	95.83	11608.6	0.28	39537.6	0.96
港澳台投资企业	72088.3	2.02	3452527	96.57	33060.7	0.92	17310.2	0.48
外资企业	135135.6	1.96	6349567	91.92	355416.6	5.15	67696.4	0.98

资料来源：《2011 中国科技统计年鉴》。

　　囿于统计数据及口径的限制，本章更多地通过中国对外直接投资的相关数据来反映中国国有企业跨国投资的现状，由于国有企业在中国企业跨国投资中的主体地位，该分析方式还是能够从某种程度上客观地反映出国有企业跨国投资的现实情况。通过分析可以发现：一是进行跨国投资的国有企业在规模水平上已经达到一定高度，在各项经济指标上已取得了不小的发展，有大批的跨国国有企业入选了"世界 500 强"，但是从企业、品牌等核心竞争力方面，又存在着明显不足，与国际大型跨国公司存在很大的差距；二是国有企业跨国投资的领域和范围呈现出分布广泛、相对集中的特点，其投资方式不断优化，海外并购发展十分迅速，但其投资总量与增值速度还不够，且面临着各种高风险；三是国有企业的自主创新能力已取得不小进步，但相对不足。

第五章

中国国有企业跨国投资
存在的主要问题

经济全球化推动着跨国投资的发展并促使其占据着经济发展的重要地位。近年来，世界 GDP 总量的 40% 以上、国际贸易总额的 60% 以上、技术贸易的 70% 左右和对外投资的 90% 左右，都是依靠跨国投资来实现的。发达国家的对外直接投资迅速发展，其增长速度远远超过 GDP、国内投资和国际贸易的增长速度。所以，不仅发达国家把跨国公司进行跨国经营作为"经济增长的引擎"，许多发展中国家也充分认识到一国拥有众多跨国公司的重大意义，积极开展跨国经营，培养世界级的跨国公司，促使其到国际市场中竞争，取得了显著的成效。

中国改革开放以来，已经有一大批国有企业"走出去"开展跨国经营、跨国投资，不但为我国与世界各国的经贸合作注入了新的内容，拓宽了合作的领域，还为我国国有企业带来了新的发展空间，而且在利用国外资源、资金、技术，信息与管理经验方面取得了积极的成果，以及在提升中国在国际经济中的地位和形象的同时，也为世界经济的发展做出积极的贡献。然而，由于中国的经济体制正处于转轨过程中，我们的市场经济与企业制度之间还存在着许多缺陷与不规范的地方。国有企业跨国投资所面临的问题复杂且不尽相同，一方面，国有产权委托—代理问题带来的经营者道德风险，导致国有资产大量流失；另一方面，也有来自诡谲多变的国际大市场的外部干扰，或者还面临着企业自身的经营决策及管理失灵等问题。所以，中国国有企业的对外投资与经营活动中存在着许多亟待研究和解决的问题。

第一节　国有企业公司治理结构失灵

私有制企业与国有企业的经营者们所面临的委托—代理问题并无二致（斯蒂格利茨，2013）。从技术层面上来讲，新古典一般均衡模型是制度中性的，但是在大多数文献中，这些模型是在一个完全竞争资本主义体制的背景下来讨论的。因而，满足帕累托最优所有条件的经济最优结构是与理想的资本主义制度有关，但是这种关系并不必然存在。换言之，在经济学教科书中，实际上已假设了完全私有化的任何可能性因素，特别是兰格（Lange）将新古典经济学与马克思经济学相结合的兰格模型，由此提出了市场社会主义，试图将马克思的生产资料集体所有制、斯密的竞争市场和凯恩斯对竞争性市场所产生的经济周期的政府管理结合起来。但是通过新制度经济学分析可知，由于交易成本的存在，产权并非是中性的，我们只能看到不完美的私有企业和不完美的国有企业。同时兰格模型也受到奥地利学派米塞斯和哈耶克等的挑战，开启了20世纪30年代社会主义经济计算大辩论，其影响直至今日，并受到德索托等的广泛关注（德索托，2010）。由此可以看到，国有化与私有化之间也存在很多共同点。

（1）国有化与私有化都存在委托—代理问题。委托—代理问题是指由于代理人的目标函数与委托人的目标函数不一致，加上存在不确定性和信息不对称，代理人有可能偏离委托人目标函数而委托人难以观察和监督，从而出现代理人损害委托人利益的现象。其直接原因则是所有权和控制权的分离，究其本质原因在于信息的不对称。

从委托人方面来看，第一，股东或者因为缺乏有关的知识和经验，以至于没有能力来监控经营者；或者因为其主要从事的工作太繁忙，以至于没有时间、精力来监控经营者。第二，对于众多中小股东来说，由股东监控带来的经营业绩改善是一种公共物品。对致力于公司监控的任何一个股东来说，他要独自承担监控经营者所带来的成本，如因收集信息、说服其他股东、重组企业而产生的开支等，监控公司所带来的收益却由全部股东享受，而监控者却只能按他所持有的股票份额享受收益。这对于他本人来说得不偿失，因此股东们都想坐享其成。在这种情况下，即使加强监控有利于公司绩效和总剩余的增加，即社会收益大于社会成本，但只要每个股东在进行私人决策时，发现其行为的私人收益小于私人成本，他就不会有动力实施这种行为。从代理人方面来看，第一，代理人有着不同于委托人的利益和目标，所以他们的效用函数和委托人的效用函数不同。第二，代理人对自己所做出的努力不拥有全部收益，导致有些代理人会不惜损害委托人的利益来谋求自身利益的最大化，即产生机会主义行为。因此，现代公司所有权与控制权的分离，股东与经理人员之间委托—代理关系的产生，会造成一种危险：公司经理可能以损害股东利益为代价而追求个人目标。经理们可能会给他们自己支付过多的报酬，享受更高的在职消费，可能实施没有收益但可以增强自身权利的投资，还可能寻求使自己地位牢固的目标，他们会不愿意解雇不再有生产能力的工人，或者他们相信自己是管理公司最合适的人选（邵祥林，2004）。

（2）国有化与私有化都存在"免费搭车"问题。"免费搭车"是指在一个有成千上万的人组成的社会的条件下，人们可能在不付出任何代价的情况下，享受通过其他人提供的公共物品或服务而获益。"免费搭车"理论最早由美国经济学家曼瑟·奥尔森于1965年发表的《集体行动的逻辑：公共产品和集体理论》一书中提出，其基本含义是不付成本而坐享他人之利。"免费搭车"问题发生在国有企业身上，它是指国有企业所有者（全体公民）没有激励去监督经理，自己承担成本，好处却由其他人所享有，与私有企业一样，导致企业效率低下。其结果是，这对任何人来说都是一种理性选择行为。

（3）国有化与私有化都存在软预算约束问题。软预算约束是指即使企业的收益小于成本，它仍然可以存活下去，因为有政府财政资金的支持，这是匈牙利经济学家科尔纳所提出来的。软预算约束对应的是硬预算约束。所谓硬预算约束就是我们平常说的优胜劣汰的市场机制，即经济组织的一切活动都以自身拥有的资源约束为限。不论是国有企业还是私有企业，如果收不抵支产生亏损，在没有外部救助的情况下就不能继续存在[①]，从而造成产权性质与软硬预算约束不同组合，如表 5 - 1 所示。

表 5 - 1 产权与预算软硬组合

项目	私有企业	国有企业
软预算约束	A	B
硬预算约束	C	D

由此可见，不仅国有企业有软预算约束（B），私有企业也有软预算约束（A）；同样，不仅私有企业有硬预算约束（C），国有企业也有硬预算约束（D）。这样，就会发现，即使是在以私有制经济为主的美国，处于 2008 年这样的金融危机中，也有表现出对大型国有银行的援助，从而造成"大而不倒"现象。事实上，由于突破科斯定理，我们可以看到国有跨国企业的特殊性（汤吉军，2018），从而区别于私有跨国企业。具体来说：

（1）在治理结构上国有跨国公司面临三重委托—代理。通常来说，私有企业是单一委托—代理关系，国有企业则是双重委托—代理关系。国有企业缺乏索取剩余利润的股东。这些股东强调财政目标，并通过管理达成效率绩效，但由于国有企业缺乏这样的股东，因而经济效率难以

---

① 实际上，我们可以区分事后自然性沉淀成本（natural sunk cost），就像完全竞争市场出现的那种，在自由市场竞争过程中产生的，因市场公平竞争而使企业投资出现沉淀成本，体现愿赌服输，由此可以忽略不计。但是还有一种是事后人为沉淀成本（artificial sunk cost），是由市场不完全或机会主义等产生的意想不到的沉淀成本，所以必须加以治理和问责。不应该在现实经济生活中混淆二者之间的差别，从而造成理论模型与经济现实之间脱节，而后者则是我们研究真实世界的重点尽量避免人为沉淀成本的产生。

得到保证。当资产是国有的，国有企业管理者很少有动力减少成本或者改进质量或创新，因为他作为非所有者，仅仅能得到收益的一部分。在私有企业中，股东有权利出售投票或者投票选出管理层，从而使管理者服务于所有者利益。国有企业的分散、不可转让的股份减少了这些激励。控制企业的那些人很少关注纳税股东，而更多是将关注点集中于利益集团，例如供给者、消费者和雇员等。因此，就国有跨国公司而言，存在三重委托—代理关系。例如，一个国有跨国公司的所有者（一国全体公民作为委托人），作为国有企业所有者的代理人（第一重委托—代理关系）；同时，国有跨国公司的政府官员作为委托人，聘任经理作为代理人（第二重委托—代理关系）；再者，经理作为委托人，与国有企业的子公司经理作为代理人（第三重委托—代理关系）。这样就会导致三个目标之间的冲突：全体公民对本国的发展状况感兴趣，政府官员对于现有权力感兴趣，经理对自己的职业感兴趣。此时国有跨国公司的经理必须将这三个目标统一起来，以便于自己的职业发展和独立决策相一致。在这种情况下，代理模型就需要考虑这些代理人和委托人之间的目标，特别是委托人的目标不仅仅是经济目标时。甚至，在某些国有跨国公司，经理享有自主权，政府官员可能面临干预约束，从而使国有企业的代理问题十分复杂。在这种情况下，国有跨国公司收益可能会低于私有企业项目的收益。由于公民、政府官员和国有企业经理之间的目标冲突，更容易在政府完全独资和没有公开上市公司情况下发生。相对于私有跨国企业，国有跨国公司没有遭受资本市场、劳动市场以及破产约束，所以可以投资无利可图的项目。

（2）在对外直接投资上国有跨国公司忽视所有者面临的交易成本和风险。交易成本经济学可以解释私有跨国企业的存在，从而需要将交易成本或者风险内部化，以便提高经济效率。由于交易成本来自资产专用性、信息不完全和契约不完全，很容易发生机会主义行为，所以，只有私有跨国企业实现内部化，才能降低交易成本，从而提高私有跨国公司的经济效率。

然而，国有跨国公司面临的交易成本和风险不同于私有跨国公司所面临的交易成本和风险。其中缘由并不是因为政府比私有企业更少采取机会主义行为，而是因为政府比私有企业有更大的容忍度，政府有更多的预算和资源，可以冒更大的投资风险，而且政府还对法律和管制有控制权，可督促它们执行契约以减少风险。因此，与私有跨国公司相比，国有跨国公司更愿意从事风险投资，甚至不管东道国的法治环境好坏和资产没收率的高低。自然资源和能源行业一直都是国有企业跨国并购的重点，在数量和金额上都领先其他领域，这主要是由于国有企业忽视行业风险所致。根据产权理论，私有企业所有者有激励花费监督成本去监督管理者的行动。因为私有企业所有权股份可能被集中，所有权专业化可能发生，所以所有者愿意花费监督成本监督管理者。集中所有权使监督和管理更加经济，完美监督导致管理者追求私人所有者财富最大化。而国有企业所有者很少有激励花费监督成本，因为新增财富将被所有者稀释，"免费搭车"行为盛行。因而，国有企业管理者不会追求所有者财富最大化，他们比私有企业有更大的随机权将资源朝向自身利益最大化，因此可以认为，所有者控制的企业将比管理者控制的企业（例如国有企业）更加有效率，当测量指标以盈利增长、利润变动和支出方面为考虑时更是如此。

（3）国有跨国公司面临国家所有权优势与劣势困境。依据资源基础理论，企业如何发展和使用能力去服务客户，从而保持企业的竞争优势。由资源基础理论可知，国有跨国公司拥有国家所有权的优势，此时国家所有权作为一种二元因素影响跨国企业的竞争优势。一方面，国家所有权支持国有企业跨国运行，从而给出许多优惠政策。更为重要的是，国家运用外交关系为国有跨国公司投资提供便利，从而支持特定的国有企业发展。另一方面，国家所有权也有劣势，因为东道国或者国外消费者对国外政府有偏见，这是因为政府或者消费者都有国籍偏好。这种偏见不是因为它们是跨国企业，而是因为它们是国有企业。事实上，由于国有企业与本国政府有关，国有跨国公司可能被东道国感受到国家安全的威胁。除此之外，国有跨国公司也会导致敌意，从而需要投资溢出以便补偿国家所有权带来的劣势。在这种情况下，国有跨国公司更偏好绿地投资（greenfield）而不是直接并购，从而减少外国政府对国有企业的歧视。因此，国有企业享受的优势一旦走向国外便变成劣势，需要在东道国进行绿地投资，需要创造出更多的就业机会和促进地区经济发展而不是将现有设施转移到外国。印度、俄罗斯等国家的国有企业法律制度及实践相似，国有企业基本经济社会职能和发展目标趋同。基于"一带一路"沿线国家共识，坚持所有制中性、强调国有企业社会责任、促进包容性增长和可持续发展，是构建与完善"一带一路"国家国有企业法律制度的重要原则。

第二节　政企不分与所有者主体缺位越位

"所有者缺位"和"内部人控制"实际上是从不同角度揭示的同一问题，即对海外国有资产缺乏控制力的问题。与之相对应的是，对海外资产的过度控制而出现了"所有者越位"问题，如控制海外企业必要的境外融资权、自由外汇使用权、出国人员派遣权等。在我国大多数国有企业的跨国经营中，"所有者缺位"和"所有者越位"这两个问题又常常同时出现，呈现出"政府行政干预下的内部人控制"这一两难的公司治理特征，加大了国有企业跨国经营的难度。

导致"所有者越位"的根本原因是混淆了出资人所有权和法人财产权的差别，出现了国内母公司的越权行为。一方面，国有企业的海外公司通常是采取有限责任公司的形式设立，企业的股东一般只有中外两家投资公司或国有独资，股东数目较少，董事会无法通过股东大会产生，因此董事会的构成一般由国内的母公司所主导。同时，公司的总经理由母公司指派，甚至直接任命关键部门的经理，造成母子公司的委托—代理关系模糊不清。母公司对董事会和经理层的直接调节和干预，并以公司内的行政行为代替市场行为，其结果就是对海外企业的过度控制。另一方面，国有企业在进行跨国经营时的多头审批管理问题客观上也助长了"所有者越位"。

　　国有企业改革历来是我国经济体制改革过程中的重点与难点，其关键问题就是"政企不分"与"所有者缺位"。应该说，国有企业的资产为国家所有，国家与国有企业的经营者之间是委托—代理关系，这在产权制度上是相对明晰的。但问题就在于企业经营者可以具体到个人，因而相关的责、权、利承担主体划分较为简单；而对于国有资产的所有者来说，问题则要复杂得多。无论是国资委还是财政部充其量也只能还是国有资产的一个代理人而已，而相应的委托人——即国有资产的所有者方面仍然处于缺位的状况之中。这种所有者缺位问题在国有企业对外投资活动中的主要表现就是对海外企业经营情况的监管不力，其主要体现在相关的财务管理与资产考核等方面。正是由于没有所有权激励，因此我国国有企业的企业制度中要建立一套完善的财务制度相当困难。每个人都只是一个国有资产的代理者，而谁都不会认为企业的资产与自己的正常收益之间存在实际而直接的联系，进而对国有资产的保值增值也不感兴趣（蔡明聚，2006）。

　　我国国有企业海外经营中的第二类问题主要是与企业的内部自身所存在的缺陷与不足相关。这其中企业产权制度不明晰，海外企业缺乏有效的激励与约束机制是主要原因。一方面，它与我国企业制度的发展在客观上的不成熟有关；另一方面，作为海外经营主体的国有企业，其现代企业制度建设缓慢，产权关系不清，企业改制与政企分开等改革过程中拖泥带水、藕断丝连等现象频频出现，使得我国国有企业的海外经营显得后劲不足、步履维艰。而由于从计划经济脱胎而来，我国国有企业问题显得更为严重，管理弊端更加突出，其相关的经验教训也更具典型意义。

第三节　国有企业内部人控制与国有资产流失

　　"内部人控制"和"所有者缺位"是相辅相成的两个问题。"所有者缺位"的直接后果就是"内部人控制"，失去所有权约束的海外公司将成为风险偏好者。独资企业可能背离母公司在全球范围内的策略安排，经营不善，合资、合营企业可能丧失部分或全部企业控制权。

所谓"内部人控制"（internal person control）就是在国有企业的经营管理中，由于外部人员（股东、债权人和主管部门）的监督不力，使企业的内部人员（厂长、经理）在公司重大决策上过分追求内部人自身利益的最大化，从而损害出资人（国家和银行）的利益。根据现代企业理论，企业是一系列不完全契约的有机组合，是人与人之间交易产权的组织机构，企业行为是全体成员博弈的结果。由于契约的不完全性，所以拥有在契约规定之外的决策权是尤为重要的。因此，"内部人控制"问题本质上是企业产权制度构建上的问题。一方面，海外公司的股权结构不合理。我国国有企业是以不能流通的国家股和法人股为主体，而能流通的个人股只占一小部分，对公司治理影响甚微。这种一股独大的股权结构使公司经理层既感受不到争夺代理权的内在压力，也感受不到来自市场竞争的外在压力，失去压力则公司内部权力范围必然形成。另一方面，国有资产委托人对国外企业代理人的激励和约束手段也不尽合理。人事任免权仍是我国国有企业上下委托—代理关系中一种重要的体现方式，以行政手段为主的激励和约束机制，使得代理人的经营目标通常是行政升级和职工评价而不是股东利益最大化，其结果就是追求短期利益的经营和管理行为（如放弃研发投入而转向商业投机）。加上经营者业绩的市场评价机制不完善，公司业绩在市场上的扭曲反映，最终使得母公司对海外企业的监控难度加大。严格地讲，"内部人控制"逻辑上并不直接等于企业的经营不善（如民营企业一样可以创造出良好的企业业绩），但是这需要国有企业严格具备某些前提条件才可以实现，例如：经营者严格自律；公司的经营活动完全按照市场的游戏规则运行，直接参与生产要素竞争；公司认真履行偿还义务等。但是国有企业改革的实践经验告诉我们，"内部人控制"直接导致发生代价大、风险高的低水平投资决策、工资过度提高、国有银行的不良债务等问题。跨国经营中的"内部人控制"问题在削弱母公司监控能力的同时也削弱了公司集团在国际化经营中的国际竞争力，最终也将有损海外企业的经济利益。这一问题的解决有待于公司法人治理结构的构建（陆培华，2007）。

此外，激励与约束机制的不健全不仅存在于国内母公司，一些企业的境外子公司也沿袭了传统企业的经营机制。在该制度安排下资产所有者与经营者间的收益权与使用权划分没有得到合理且清晰的界定，进而导致了两方面的问题：一方面，由于企业的管理机制尚未根本改变，国内企业可能过于强调对海外公司的管理与控制，海外企业的经营自主权与决策权力被大量剥夺。经营活动中的"远程遥控"现象比较严重，大大束缚了海外企业的手脚，甚至使得许多良好商机因为报批和审核而被白白错过，而海外企业经营中的灵活性创造性则更是无从谈起。可以说，海外企业并未能按照当地的法律和社会习惯实行属地化管理，其仅仅成为"中国式企业"在国外的延伸。另一方面，有些海外企业却常常得不到国内总部的指导和管理，母公司对境外企业的经营活动不闻不问，放任自流，在获得境外投资批准和相关政策支持后就以为万事大吉。对于海外公司经营状况、财务状况与业务发展漠不关心，这也直接导致了许多海外企业缺乏国内母公司的相关支持而陷入孤军奋战，海外业务的拓展活动显得后劲不足。同时国内母公司的这种态度在产权制度不明晰的情况下极易造成境外企业管理中的"内部人控制"现象严重，甚至导致管理者设租、寻租与企业资产的流失。

产权制度的缺陷严重影响了中国企业"走出去"开展跨国投资和经营的目的、途径和效率。国有企业由于产权界定不清晰而普遍存在着所有者缺位现象，这就使国有企业的经营者虽然享有了国有资产的控制权，但并没有享有与其控制权相应的收益权，以致国有企业的经营者缺乏足够的激励去正确行使权利和履行相应的义务。国有企业经营者往往会为获取控制权收益而进行一系列短期行为，致使企业跨国投资和经营目的不是以市场为导向，而是受内部管理层或者代理人自身利益最大化的影响使企业跨国投资和经营出现明显的决策失误现象。另外，产权安排也决定着管理制度。由于国有企业产权制度对经营者缺乏有效的激励、监督和约束机制，无法使经营者合理地行使其权利，造成国有企业母公司本身管理制度上的缺陷，而境外子公司（机构）的治理机制实际上又是国内母公司治理机制的延伸，这就直接造成了一些中国境外公司（机构）内部管理混乱、内部人控制等严重问题，进而直接导致了这些国有企业跨国投资经营失利（钱明光，2006）。

　　按常理，境外企业的国有资产理应保值和增值，但从实际情况看，相当一部分境外企业的国有资产不仅没有增值，甚至连保值也未能做到。企业资产管理中存在漏洞，主要有：一些企业的国有资产以个人的名义在当地注册，造成产权关系不明确，带来国有资产流失的隐患。根据我国国有资产管理有关规定，境外国有资产不得以个人名义购置，银行存款不得以个人名义开户。如有必要使用个人名义，则必须办理具有当地法律效力的产权归属手续，明确表示虽然名义上以个人拥有，但实质上产权属于中国公司。有些东道国政府不允许外资以国家的名义开办，在这种条件下，以个人名义持有国有股权或拥有物业产权是可以的。但问题在于，相当一部分境外的国有企业没有按上述规定办理明确产权归属的法律手续，从而给不法分子侵吞国有资产以可乘之机，当然他们也就更不会有积极性去避免企业的资产被浪费或侵蚀。财务与资产管理上的这种问题直接带来了我国国有企业海外经营过程中所存在的大量海外国有资产被"化公为私"的问题。国有资产流失严重，甚至出现国有企业的利润分配也存在严重问题，从 1994 年关于上交红利予以暂停，直到 2007 年 9 月，国务院发布了《关于试行国有资本经营预算的意见》后才恢复过来。此后，国有企业上缴红利的数额和比例逐年增加。但即便如此，目前上缴红利的比例仍显过低。2010 年，中央企业实现净利润总额 8490 亿元，共上缴红利 788 亿元，尚不到净利润总额的 10%（胡家勇和武鹏，2013）。据国家审计署透露，2000 年政府对 1290 家国有及国有控股的大中型企业进行审计，查出国有资产流失 229 亿元人民币，占这些企业国有资产总额的 3.4%。另一个数据是，1997 ~ 1999 年，我国资本外逃达 530 亿美元，以国家外汇管理局有关官员的话说，中国资本外逃占同期国际收支总额的 3% 左右，占国际收支对外支付的 6% 左右（徐传谌和魏益华，2004）。

第四节　政府对跨国投资监管力度弱

尽管企业的跨国经营是微观行为，一个企业跨国经营的成败对一个国家的影响微乎其微，但从宏观上看，跨国公司规模及数量是决定一个国家国际竞争力的主要因素。因此，在规范本国企业对外投资过程中，除了要依靠市场机制外，政府的作用也不可忽视。纵观美、日、韩等国的跨国企业，其跨国经营都得到了政府在信息、资金等多方面的支持及规范的宏观管理。相比之下，我国虽然提出鼓励企业"走出去"进行跨国经营，但其在宏观管理方面仍缺乏力度。对对外投资企业缺乏宏观上的引导，造成对外投资的产业结构不合理，无法通过产业带动效应促进本国产业结构的调整和升级等。造成这种局面的主要原因是我国政府仍在一定程度上缺乏对跨国经营的宏观管理和规划。

同西方发达国家和新兴工业化国家相比，我国国有企业进行跨国经营，缺乏资金也是问题之一。目前，我国的国有企业多数面临着资金不足和高负债的境况，而中国金融保险业的发展还远远不能适应跨国投资的需要。主要表现在以下几个方面：

（1）海外企业获得的资金支持力度还不够。中国的国有企业由于长期低效率运行，基本不具备依靠自有资金发展进行对外直接投资的实力。而中国的金融体系还很不健全，资本市场不发达，庞大的国有银行体系并未能完全与国际接轨，相当长的时间内被巨额的不良资产问题所困扰。因此在中国发展对外直接投资的过程中，金融系统难以发挥有效的作用。

（2）对国际商业融资的控制，阻碍了我国国有企业利用国际资金市场。境内投资者如果使用国际商业贷款进行境外投资，属于中国外债管理的范畴，需要国家相关部门的审批。对境内投资者使用国际商业贷款进行境外投资的限制，实际上阻碍了我国国有企业对外部资金市场的利用。利用好外部资金市场，对我国国有企业降低成本、提高其国际竞争力大有帮助。

（3）信用担保已经成为阻碍我国国有企业开拓国际市场的重大因素之一。首先，由于国内银行没有能力对各类境外投资或其他经济技术合作项目进行风险评估，因此要求受保企业在担保银行存放同等数额的现金作为抵押，不仅增大了我国国有企业开拓市场的难度，同时丧失了"信用担保"的意义；其次，尽管国家进出口银行可根据国家最新政策降低担保抵押比例，但审批时间过长，手续烦琐，而且必须在北京审批，使企业成本加大，严重影响了我国国有企业的国际信誉和形象；最后，国内银行拒绝开具海外工程承包所需的备用信用证。当今国际工程承包市场要求承包商以各种方式协助业主进行融资，垫付工程款、参股、提供国际融资保函或全面协助业主融资等方式，都已成为国际工程承包市场的流行趋势和国际惯例。承包商应邀向融资财团出具类似于履约保函的备用信用证，成为大型工业工程项目的标准做法。但是，中国银行受国家外汇管理政策和银行业务习惯的限制，拒绝为中国企业提供这样的保函，而要求业主和融资财团接受中国习惯的出口信贷。

以上各种原因导致真正能得到对外投资资金扶持的企业很少，这也致使我国对外投资流量及存量与发达国家相比，差距依然很大。另一方面则与风险管控有关。例如，中海油制定了《风险管理手册》，其风险控制的基本结构是：实施交易员—风险控制委员会—审计部—CEO—董事会层层上报、交叉控制的方式，每名交易员亏损 20 万美元时上报风险控制委员会，亏损达到 37.5 万美元时向 CEO 报告，亏损 50 万美元时必须斩仓。然而，中海油新加坡公司的 CEO 在获知 2004 年第一季度亏损 580 万美元的账面亏损后，并没有向董事会汇报，而是决定继续赌下去。所谓的风险管理、监督机构无非是田地里的稻草人罢了（杨瑞龙等，2012）。

从而可以看出，国有企业跨国投资方面，行政色彩严重，政府对跨国投资的监管力度弱，与治理上的路径依赖密切相关。

第五节　国有企业自身经营与管理失灵

我国企业在财务管理、技术标准、产品质量标准、竞标经验以及法律程序适应性等方面都与国际惯例及水平有一定差距，风险管理与控制不足，也使自己在国外竞争中处于劣势。例如，在 2005 年 6 月竞购巴基斯坦电讯公司时，中国移动的报价比胜利方低出 48%，除去资金因素外，国际化竞标经验以及市场判断能力的缺乏是关键原因。2004 年年底，曾被中国企业捧为"走出去"战略棋盘上"过河尖兵"的中国航油（新加坡）股份有限公司（其 60% 的股权属于大型国有企业中国航油总公司），因总经理陈久霖在石油期权和期货投机中判断失误，累积超过 5.5 亿美元的亏损额，导致向新加坡高等法院申请破产保护。又如，联想并购 IBM 的个人 PC 业务涉险过关，最初也是因为并不了解美国法律程序上有以国家安全名义进行审查这一道关口而导致当时情形比较被动，险些搁浅①。以上种种主要集中表现为以下几点：

（一）企业核心技术垄断导致竞争力不足

国际上知名的跨国经营公司都具有核心垄断优势，这种优势包括技术创新、品牌管理、市场运作和人才优势等多个方面，其中，技术上的垄断优势是一项重要的内容，而这方面又恰恰是不少中国国有企业的软肋。创新能力弱，技术研发能力不强，很大程度上制约了国有企业国际竞争能力的提高。在中国非贸易性跨国投资企业中，行业分布大多集中在资源开发和初级加工业，而这些行业大多为低附加值、低技术含量的劳动密集型行业，国际市场容量有限且对这类产品的需求趋于饱和，其海外市场的开拓相当艰难。从总体上看，同发达国家相比，我国企业在技术、信息、无形资产以及技术诀窍上的优势并不明显，尤其是核心技

---

① 浅议我国国有企业的跨国经营现状与发展战略，http://www.studa.net/qiye/。

术优势相对不足。对于许多引进技术缺乏吸收消化，研发、创新不够。我国大中型工业企业的研发成本仅占产品销售收入比重的12%，而全球500强美国上榜企业是5%~20%。即使是我国当前较被看好的家电行业，其在能体现产品高端性能的核心技术配件如显示芯片上仍然主要依靠进口，如TCL、力帆集团等在向外投资中就受到了日、韩同行企业的激烈竞争与挤压（尹莹莹，2008）。

（二）企业缺乏具有国际化经营运作经验的高素质人才

我国国有企业进行跨国经营需要大批高素质的跨国人才。我国的国际化经营人才匮乏，企业对经营海外业务人才的培养不够重视，相关的管理、技术人员业务水平及相关经验和素质较低，缺少高素质的管理人才。举办海外企业需要大批懂外语、熟悉经贸业务、精通金融、财会、技术的高素质人才，而我国国有企业通晓跨国经营并具有丰富实践经验的人才却很少，这就很难适应大规模跨国经营的需要。我国国有企业由于从事跨国经营活动起步晚、发展快，因而对人才的培养跟不上企业发展的客观需求。在很多企业中，派出的人员往往不是根据跨国经营的实际需要，而是根据领导级别，有时甚至把派驻海外作为一种变相的福利。海外企业管理人员的待遇与当地雇员相比差距较大，因而必然影响职工的积极性，在利益分配上有"吃大锅饭"的现象，而且人员轮换频繁，也不利于保持生产经营的连续性。这些都给我国国有企业的跨国经营活动的开展带来了困难。

（三）企业管理绩效失灵

从表5-2可以看出我国企业管理绩效存在的主要问题：一是高级管理者能力不强，如中国高级管理者称职水平的得分是美国的43%，国际经验水平得分是荷兰的40%；二是管理中的激励约束不到位，这体现在股东行为是否得到有效管理上，其得分仅是芬兰的63%，这说明我国的企业管理还存在制度性缺陷；三是我国的管理也不能适应"灵活性"需求，如对市场变化的适应性、市场经营和公司创造这几个指标的得分分别是美国的 46%、55% 和 60%。这些都说明，我国在企业管理绩效上较弱，特别是缺乏具有国际管理经验的、称职的高级管理者，对市场变化的适应性和其市场经营能力仍然很差。而这些因素是制约企业跨国并购成长的重要因素，见表 5 - 2。

表 5 - 2　　　　　　企业管理绩效得分的国际比较分析　　　　　　单位：分

企业管理绩效	美国	新加坡	荷兰	芬兰	菲律宾	中国
高级管理者支持水平	8.43	7.19	7.47	7.25	7.97	3.39
高级管理者的国际经验水平	5.43	6.64	7.50	6.23	6.35	3.01
股东行为是否得到营销管理	7.44	7.02	7.25	7.64	5.05	4.85
管理者是否充分重视企业健康安全与环境	7.36	7.36	8.10	8.42	4.65	5.25
公司员工的工作动机是否与公司一致	7.20	7.78	7.08	7.53	5.11	4.70
对员工培训的重视程度	6.72	7.83	7.27	7.89	5.90	4.64
员工关系是否有利于生产	6.93	8.61	7.46	7.82	5.46	5.29
对市场变化的适应性	8.25	7.17	7.41	7.82	5.71	3.78
市场经营	8.78	6.78	7.63	6.70	6.81	4.82
公司制造	9.30	8.09	7.23	7.71	6.16	5.80

资料来源：《中国国家竞争力发展报告》，2004。

第六节　国有产权不明晰与监管者"不到位"

中国国有企业的国家产权没有明晰界定与政企不分是由历史以及众多现实的原因共同造成的。大型国有企业由于其国有控股原因，现代的企业制度尚未完全确立，其在治理结构上存在大量缺陷，加上对企业经营者的激励和约束不足，亦容易造成企业者败德行为。而且，产权不明晰就势必会带来权责划分不清，导致国有企业决策者在跨国投资的决策中，第一考量的要素往往不是能够实现国有资产的保值增值，而是去追求个人的美誉、高薪以及政治晋升等目标，进而造成巨大的国有资产浪费。其之所以在国内能够生存甚至有的还能赚得盆满钵满，主要是靠行业垄断、国家保护、银行支持以及地方政府呵护，但是到了国外以后没有了这些因素，就变得举步维艰。

委托—代理理论（principal-agent theory）源于 20 世纪 30 年代美国经济学家伯利和米恩斯因为洞悉企业所有者兼具经营者的做法存在着极大的弊端而提出的，其倡导所有权和经营权分离，企业所有者保留剩余索取权，而将经营权利让渡。根据现代企业理论中的委托—代理理论，公司治理结构（corporate governance）是指所有者对一个企业的经营管理和绩效进行监督和控制的一整套制度安排。具体就是以契约的方式在股东和经营者之间建立一定的制衡关系，从而实现公司节约交易成本的比较优势。在国有企业中，国有企业归属于全体公民所有，而体现公民利益的政府又不能直接经营和管理每一个企业，只好通过一系列的中间层次委托给企业的经理人员，这样就产生了多层次的委托—代理关系。在国内母公司和主管部门与国外企业的委托—代理关系中，存在的主要问题有：（1）国内控股公司和主管机构在作为委托人的同时，又是母公司或上级部门的代理人。他们拥有下级企业的剩余控制权（residual rights of control），但不拥有剩余索取权（residual rights of claim），是风险中性者，缺乏对国外企业监督的足够动力，甚至有可能与国外经营者合谋侵吞国有资产；（2）海外企业的董事会权力主体没有形成，委托人权力分散。一家企业往往可能受母公司、上级单位、外经贸局、国资局、银行甚至税务部门的多重监管，委托—代理关系中的权力约束分散。委托人中任一方由于努力监督而提高的生产效率所带来的收益归全体监督者所有，而因工作带来的监督成本却要自己承担，容易导致存在严重的"搭便车行为"。所以，跨国经营中剩余索取权的普遍分享使得国有资产的所有权主体不明确；（3）跨国经营中因财务、审计、地理或与他国公司合作等原因，使得国内委托人信息搜集成本高昂。委托人努力监督而获得的上级奖励通常小于因偷懒而获得的闲暇收益，使委托人有足够的动机放松对海外代理人的有效监督；（4）董事长和总经理的合二为一，使得多重委托—代理关系的中间环节缺失，产权主体形式化，出现严重的"内部人控制"。现代企业理论告诉我们，最优产权安排实际上就是如何使代理成本最小化的问题，即企业的剩余控制权与剩余索取权相对应（张维迎，1996）。但是现代社会化大生产及国有企业的自然属性，决定了跨国经营企业的剩余索取权和剩余控制权不可能统一。身兼董事长和总经理的公司高层管理者，拥有公司的剩余控制权但并不拥有剩余索取权，从本公司的局部利益出发将从实际上使以母公司为代表的所有者缺位，从而使代理问题成为核心问题。

第六章

西方国有企业演变及发达国家
国有企业跨国投资比较

企业作为一种经济组织形式和制度安排，其产生和演变的过程要受到诸多因素的影响，例如一国的生产力水平、政治和经济体制、文化背景和历史传统等。随着财产和市场这两种制度的牢固确立，全球资本主义也应运而生，并几乎逐步延伸到市场的每个角落。特别是在全球化背景下，国际贸易和跨国投资成为世界各国企业发展的趋势，在这一趋势下，一个国家经济政策的改变或是开展某种形式的企业改革很可能会引发世界其他国家的借鉴和效仿。

国有企业作为一种特殊的组织形式，是一种由一个国家的中央政府或联邦政府参与控制的企业。纵观世界各国国有企业的产生和演变，我们发现国有企业不仅存在于社会主义国家，也存在于西方资本主义国家，其产生与演变与一个国家的经济走势有着密切联系，但与一个国家的政治制度并没有必然联系，社会主义国家和资本主义国家都可以建立国有企业，且国有企业的建立与存在都有其合理性和必然性。

第一节　西方资本主义国家国有企业的产生与演变

国有经济几乎与资本主义制度有着一样悠久的历史。一些早期的资本主义国家在工场手工业时期就有了官办国有企业。例如，1657年的英国就有国有的邮政总局；15世纪后期，许多西欧国家的采矿业、冶金业、金属加工业均为国有；日本在明治维新时期将大部分军工业、采矿业、冶金业、造船业和铁路收归国有（胡岳崟和任春良，2005）。虽然西方资本主义国家的经济运行是以市场机制和生产资料私有制为基础，剥削雇佣劳动者榨取其剩余价值是整个社会的普遍现象，但无论是在资本主义发展的萌芽阶段还是在其高度发达阶段，国有经济都一直存在，甚至在一些发达的资本主义国家中，国有经济还占有较大比重。

一、西方资本主义国家国有企业产生的原因分析

西方资本主义国家国有企业建立的原因一般可以归纳为以下几个方面（何立胜和刘永焕，2006）：

第一，出于政治和意识形态的考虑。例如，英国工党将建立国有企业当作国家经济、政治和社会政策的一部分，认为建立国有企业可以保证实现收入分配的公平合理，是一种体现社会责任的方式。此外，第二次世界大战以后，一些国家建立的社会主义制度对该国战后经济的快速恢复起到了巨大作用，这不仅引起世界其他国家的广泛关注，这也对许多西方资本主义国家建立国有企业产生了一定影响。

第二，救助或接管私有企业。救助或接管处于困境的私有企业，是一些西方国家应对经济危机、维护社会稳定的措施之一。例如，1929～1933年的经济大萧条导致意大利大量工业企业面临倒闭的危险，而这些工业企业的倒闭，又可能引发意大利商业银行的全面崩溃，进而最终导致意大利经济的全面瘫痪。意大利政府为了拯救银行体系并接管、控制这些濒临倒闭的工业企业，于1933年成立了意大利工业复兴署（IRI，亦称伊里公司），接管了那些陷入困境中的工业企业。

第三，控制国家战略行业，实现国家政治意图。在以私有制为基础的资本主义社会，私有企业大量存在，其经营的目标就是如何实现企业利润最大化，而很少关心国家的长远战略。但是由于例如军工、宇航、

能源、电力、钢铁、汽车、造船等行业关系着国家经济战略安全，对一国未来的经济发展和社会建设具有重大意义，若这些行业由以追求利润最大化为目标的私人经营，不仅不利于国家长远发展，而且也会对国家的安全构成潜在威胁。因此，资本主义国家若想对这些行业和部门实施控制，则须通过建立国有企业，由联邦政府统一参与控制，这样不仅可以保证国家战略的顺利实施，也可以保证国家政治意图的实现。这是许多西方发达资本主义国家建立国有企业的原因。例如，法国为提高其在世界宇航业中的竞争实力，于 1971 年年初出资建立了法国国营宇航工业公司，国有资本达到总资本的 2/3。有资料显示，法国国有工业控制了全国电力工业的 90%，钢铁工业的 80%，冶金工业的 62%，基础工业的 48%，航空工业的 85%。法国能源和矿业部门 1 个国有公司拥有的国有资产占整个部门的 68.3%，年增加值占 71.6%，职工人数占 86%；交通运输部门 18 家国有企业拥有的固定资产占全行业的 48%，职工人数占 43.8%；邮电通信部门 2 家大型国有企业拥有的固定资产占全行业的 98%，年增加值占 99%，职工人数占 99%（张健，1997）。英国的国有工业产量达到该行业全国总产量 75% 的有采煤、汽车、造船、电力、铁路、邮政和电讯业。荷兰的国有工业产量达到该行业全国总产量 75% 的有汽车、电力、煤气、航空业，达到 10% 的有铁路、邮政和电讯业。德国、意大利、奥地利、澳大利亚、新西兰等资本主义国家几乎都把所有具有战略意义的重要部门和关键领域都划归为国家所有（宗寒，2002）。

　　第四，国有企业经营的范围是私有企业不愿意或者没有能力进入的行业。有些例如自来水等公共事业领域，由于其资产专用性强，沉淀成本大，投资回收期长等特点，私有企业不愿意进入，或即使愿意但缺乏初期大量资本而没有能力进入，而这些领域又恰恰是一个国家不可或缺的，因此，在这种情况下，国家就会通过建立国有企业来经营这些领域。第二次世界大战以后，许多西欧国家之所以在许多领域实行国有化政策，主要是因为这些国家要在激烈的国际竞争中快速恢复和发展经济，而这些领域私有企业都不愿意或根本就没有能力进入。

由此可见，支持国有企业的传统市场失灵理论，其中包括自然垄断、资本市场失灵、外部性和公平等（Chang，2007），进而可以说明国有企业自身演变的规律，恰恰是对市场失灵的一种理性反应。

二、西方资本主义国家国有企业的演变

在西方国家，以机器大生产为标志的现代意义上的国有企业是在17～18世纪的工业革命过程中出现的。从18世纪60年代开始，西方的工业革命率先在英国开始。这场工业革命引起了社会经济的重大变化：大机器生产取代了手工业，现代企业取代了手工业作坊、资产阶级政府取代了封建王朝等，都为国有企业的发展奠定了基础。随后，西方各国的国有企业相继取得长足发展。在两次世界大战之间的将近30年里（1914～1945），特别是在1929～1933年的经济大萧条以后，西方国家的国有企业经历了几次发展高潮，虽然这时的国有企业发展还具有较大的不确定性。第二次世界大战以后，国有经济在西方发达国家取得了快速发展，特别是在20世纪六七十年代，西方资本主义国家的国有经济所占比重达到最大值。这一势头一直持续到20世纪80年代。以英国为例，第二次世界大战以后，在工党执政期间，英国先后进行了三次大规模的国有化运动：第一次国有化运动发生在1945～1951年，英国先后把英格兰银行收归国有并设为中央银行；把大约150个矿井和一些煤炭加工企业划归国家煤炭局统一管理；将铁路、公路、内河、码头等领域的运输业全部实行了国有化；与此同时，还把电力、机场、电信、煤气以及部分钢铁企业实行国有化。这样，国民经济的基础设施和基础工业基本上都实现了国有化。第二次国有化浪潮发生在1964年威尔逊领导的工党政府上台执政之后。1965年5月，英国议会通过了新的国有化法案，相继把私营钢铁企业和公路运输管理统一实行了国有化，从而实现了国有化从一般性的基础设施向基础工业的扩张。第三次国有化发生在1974年威尔逊再次执政期间。这次国有化浪潮，突出表现在对新兴产业和新技术部门的国有化。经过三次国有化浪潮，英国几乎掌控了所

有关系国民经济命脉以及未来国家现代化建设的关键领域和重要部门（陈维政，1996）。

据国际货币基金组织的资料显示，20 世纪 70 年代中期，包括美国在内的 70 多个国家的全社会固定资产投资中，国家投资所占的比重平均为 16.5%，占国内生产总值的比重平均为 9.5%；西欧国家的国有企业产值平均占国内生产总值达 20%，占工业总产值的 30%。在 1984 ~ 1993 年的 10 年中，美国、日本、德国、英国、法国和意大利等国的政府投资在国内固定资产投资中平均所占的比重分别为 15.6%、23.8%、16%、17.2%、16.2% 和 16.7%（陈德熙，1998）。在意大利，伊里和埃尼两家最大的国有企业集团下属 130 多家企业，涉及矿山、石油、化肥、电子、纺织、通信、宇航等领域；伊里集团的生铁产量占全国的 89%，热轧钢占 89%，特种钢占 55%，发电占 62%，电话、空运和大众传媒为 100%。法国的情况与之类似（宗寒，2002）。

虽然在第二次世界大战后至 20 世纪 70 年代中期近 30 年里（1945 ~ 1975 年），国有企业的建立对战后国家的经济恢复起到了非常重要的作用，但其自身存在的缺陷也逐渐暴露出来。正是因为国有企业自身的一些问题以及随着国有企业在不同时期不同国家经济地位方面的变化，使得国有企业在西方发达国家中的发展也经历着不断变革的过程，特别是在 20 世纪 70 年代末开始，国有企业私有化成为西方资本主义国家的一种浪潮。

第二节　西方资本主义国家国有企业的国有化与私有化分析

一、西方资本主义国家国有化分析

1929 年 "大萧条" 以及随后的第二次世界大战迫使西方国家开始

改变经济政策。在"大萧条"之前，西方世界盛行自由主义，极力倡导"看不见的手"市场神奇的调节力量。"大萧条"破坏了市场的正常秩序，使调节机制失灵。在罗斯福看来，资本主义已经失败了，这为实行政府所有制和进行政府干预经济方面的新实验敞开了大门。按照他的计划，私有企业要成为国有企业，比如航空邮件的投递、退伍军人的就业、大坝的建筑和发电厂的兴办，都是罗斯福心目中实行联邦管控的新领域。罗斯福新政（New Deal）掀起了世界第一轮国有化浪潮。其他老牌资本主义国家如英、法、意大利等也都先后掀起了国有化浪潮。

总的说来，西方国家一般都是主张自由放任的市场经济观点的，但为什么却多次掀起国有化浪潮呢？主要在于竞争性市场失灵①的四种基本原因：市场垄断势力、不完全信息、外部性和公共产品等。

（一）收入与财富分配不公

一方面，市场机制遵循的是资本与效率的原则，而资本与效率的原则又存在着"马太效应"。从市场机制自身作用看，这是属于正常的经济现象，资本拥有越多在竞争中越有利，效率提高的可能性也越大，收入与财富向资本与效率也越集中。另一方面，资本家对雇员的剥削，使一些人更趋于贫困，造成了收入与财富分配的进一步拉大。这种拉大又会由于影响消费水平而使市场相对缩小，进而影响生产，制约社会经济资源的充分利用，使社会经济资源不能实现效用最大化。

（二）外部性问题

负外部性是指某一主体在生产和消费活动的过程中，对其他主体造

---

① 在这里，可以看到旧市场失灵论主要是指公共产品和外部性理论，而新市场失灵思想主要集中于斯蒂格利茨的效率工资理论、阿克洛夫的柠檬市场模型而不是桃子市场模型、威廉姆森的机会主义行为，以及戴维等强调的网络与锁定效应（Cowen，1988）。这样一来，就会高估市场失灵程度，夸大市场经济相对不完全性，看不到这些行为恰恰是在约束条件下的一种理性选择行为，从而突出私人契约与制度规则的重要性，接下来再重申政府监管或政府干预的意义。因为我们不要犯芝加哥学派强调的"免费午餐"谬误或者奥地利学派强调的"人可能是同质"谬误，更加贴近现实世界。

成的损害。负外部性实际上是生产和消费过程中的成本外部化，但生产或消费单位为追求更多利润或利差，会放任负外部性的产生与曼延。如化工厂，它的内在动因是赚钱，为了赚钱对企业来讲最好是让工厂排出的废水能不加处理地通过下水道进入河流、江湖等，这样就可减少治污成本，增加企业利润。但也因此会对环境保护、其他企业的生产和居民的生活带来危害。社会若要治理，就会增加负担。

（三）竞争失败和市场垄断的形成

竞争是市场经济中的动力机制。竞争是有条件的，一般来说竞争是在同一市场中的同类产品或可替代产品之间展开的。但一方面，由于分工的发展使产品之间的差异不断拉大，资本规模扩大和交易成本的增加，阻碍了资本的自由转移和市场的自由竞争。另一方面，由于市场垄断的出现，减弱了竞争的程度，使竞争的作用下降。造成市场垄断的主要因素有技术进步、市场扩大、企业为获得规模效应而进行的兼并等。一旦企业获利依赖于垄断地位，竞争与技术进步就会受到抑制。

（四）失业与经济危机问题

失业是市场机制作用的主要后果，从微观看，当资本为追求规模经营，提高生产效率时，劳动力被机器排斥；从宏观看，市场经济运行的周期变化，对劳动力需求的不稳定性，也需要有产业后备军的存在，以满足生产高涨时对新增劳动力的需要。劳动者的失业从宏观与微观两个方面满足了市场机制运行的需要，但失业的存在不仅对社会与经济的稳定不利，也不符合资本追求日益扩张的市场与消费的需要。

（五）区域经济不协调问题

市场机制的作用只会扩大地区之间的不平衡现象，一些经济条件优越，发展起点较高的地区，其发展条件也越有利。随着这些地区经济的发展，劳动力素质、管理水平等也会相对提高，可以支付给被利用的资源要素的价格也越高，也就越能吸引各种优质的资源来发展当地经济。

那些落后地区同时会因经济发展所必需的优质要素资源的流失而越发落后，区域经济差距会拉大。再是因为不同地区有不同的利益，在不同地区使用自然资源过程中也会出现相互损害的问题，可以称之为区域经济发展中的负外部效应：江河上游地区林木的过量开采，可能影响下游地区居民的安全和经济的发展。这种现象造成了区域间经济发展的不协调与危害。

（六）公共产品供给不足

公共产品是指在消费过程中具有非排他性和非竞争性的产品。所谓非排他性也就是当这类产品一被生产出来，生产者不能排除别人不支付价格的消费。因为这种排他，一方面在技术上做不到，另一方面却是技术上能做到，但排他成本高于排他收益。所谓非竞争性是因为对生产者来说，多一个消费者或少一个消费者不会影响生产成本，即边际消费成本为零。而对正在消费的消费者来说，只要不产生拥挤也就不会影响自己的消费水平。这类产品如国防、公安、航标灯、路灯、电视信号接收等，所以这类产品又叫非营利产品。从本质上讲，生产公共产品与市场机制的作用是矛盾的，生产者是不会主动生产公共产品的。而公共产品是全社会成员所必须消费的产品，它的满足状况也反映了一个国家的福利水平。这样一来公共产品生产的滞后与社会成员与经济发展需要之间的矛盾就十分尖锐。

（七）公共资源的过度使用

有些生产主要依赖于公共资源，如渔民捕鱼、牧民放牧。他们使用的就是江湖河流这些公共资源，这类资源既在技术上难以划分归属，又在使用中不宜明晰归属。正因为这样，由于生产者受市场机制追求利润最大化的驱使，往往会对这些公共资源出现掠夺式使用，而不能给资源以休养生息，往往造成"公共地悲剧"（tragedy of the commons）。有时尽管使用者明白长远利益的保障需要公共资源的合理使用，但市场机制自身不能提供制度规范，又担心其他使用者的过度使用，因而出现使用上的盲目竞争。

除了以上基本经济原因之外，西方国家之所以掀起国有化浪潮还有一些其他考虑（杨卫东，2012）。

（八）应对经济危机的需要

1929～1933 年的世界经济大危机使古典自由主义经济理论受到极大的冲击。显然，因市场机制已经失灵，这次经济危机已无法仅仅依靠市场力量和自由竞争来决定生产资源的合理配置。如何破解大萧条？凯恩斯指出在市场机制中存在着一种固有缺陷，即有效需求不足，正是由于有效需求的不足，市场供求作用的自动调节就无法达到充分就业水平，如要解决这个问题，唯有政府运用财政政策和货币政策的手段来刺激消费，增加投资，尤其是以增加公共开支、降低利率的方式，来调节有效需求从而维持经济的稳定。凯恩斯的这一理论被西方国家领导人自觉或不自觉地接受了。总之，通过政府"看得见的手"，运用国有化来弥缝市场经济的缺陷与失灵以应对经济危机，这是政府实行国有化的动机之一，但这并不意味着否定市场机制的决定性作用，而是使"两只手"有机结合来推动经济发展。

（九）为了政治理想和意识形态的需要

许多国家的国有化推行与执政党的政治理念和意识形态有关。英国国有化的推行一直受到工党所信奉的民主社会主义思想驱使，是其"社会主义试验"的一部分。工党的先驱组织，如 1868 年成立的英国职工大会便支持国有化的主张。1887 年，对英国工党思想影响最大的费边社发表著名的《基本纲领》，主张"把土地和资本从个人和阶级所有制下解放出来""向公有制过渡"。1918 年"国有化"成为工党党章的基本目标。为此，工党在历次竞选中都把"国有化"作为自己的主要政策。英国三次大的国有化浪潮都是在工党执政时期掀起的，虽然在不同时期国有化的原因不尽相同，但有一点是共同的，即与工党的政治理念是分不开的。与英国相似，法国的国有化运动也是如此。以密特朗为代表的法国社会党是欧洲社会主义党派之一，社会党自称是工人阶级政党，是一个"群众性的政党"和"人民的政党"，主张实行自由、民主、人道主义、人的解放和自治管理的社会主义，其主要受到空想社会主义、激进主义、马克思主义等思想的影响，在理论上积极倡导多元主义。20 世纪 80 年代，密特朗执政时，社会党主张实行宽容、公正、进步和团结的价值观，并以国有化、权力下放和自治管理作为三大理论支柱。在这一时期，法国掀起了最大规模的国有化浪潮。此外，国有化浪潮中最具典型意义的是第二次世界大战后涌现的一批社会主义国家，如罗马尼亚、匈牙利、波兰、南斯拉夫、阿尔巴尼亚以及中国、朝鲜、越南等，都全面、彻底地推行了国有化政策，虽然这些政策都或多或少出于各国经济的需要，但更重要的是反映了社会主义的政治理想和意识形态。

（十）为了调控社会经济的需要

政府调控社会经济有多种政策工具，国有企业是其中的一种。运用国有企业调控社会经济，其作用主要表现在以下几方面：一是缓解社会失业压力，如罗斯福新政的重要举措是成立了以"以工代赈"为主要职责的国有企业，如民间资源保护队，主要为年龄 18～25 岁的失业青年提供工作机会。国民工程管理局是一个以最短的时间（最快的速度）提供最大的就业和产出为理念的企业。而工程发展局则是一个把工作救济放在首位的全国最大的企业。他们都有一个共同的目标，就是缓解社会失业压力；二是挽救破产企业，经济危机常常使一批私有企业陷入困境，濒于破产，对社会经济产生极大的破坏性，国有企业承担着接手或挽救这些病态公司的任务。如意大利伊里公司（IRI）① 成立的最直接的原因就是为拯救三大银行和与之相关的企业。1971 年成立的工业管

---

① IRI 初始可翻译为工业复兴署（Istituto Per La Ricostruzione Industria），是意大利 1933 年成立的，总部设在罗马。原本是为摆脱第一次世界大战后意大利经济危机而设立的一种临时性机构措施。后鉴于意大利私人资本积累严重困难，通过立法成为一个超大型的国有企业集团，因而又可翻译为伊里公司。

理和控股公司的重要职能就是发挥"企业病医院"和"企业疗养所"的作用；三是合理地配置资源以提高经济效率，生产的社会化和资本的私人占有之间的矛盾时常使资源不能被有效利用，国有化可以大规模地动员生产资源。如英国第二次国有化高潮中，《电力法》的推行将 500家电厂和私人输电系统收入中央电力局管理（20 世纪 50 年代发展到1500 家）；四是维护国家经济安全，增强国际市场竞争能力，许多政府还通过建立国有企业来抗衡外资企业，如法国通过购买部分股权的办法对设在法国的一些外国公司进行控制，同时打造巨型企业实行跨国竞争。意大利是一个经济开放程度很高的国家，不以法律形式禁止外资进入，但他们积极利用国家参与制的企业与外国大公司抗衡。

　　崇尚市场经济的西方国家为什么要选择国有企业作为应对危机、调控经济的政策工具呢？第一，国有企业的股东是政府，它可以成为政府最得心应手的调控工具，它可以灵活机动地发挥政策难以实现的作用。如对某个企业进行救助，对某个地区进行投资等。第二，国有企业的属性既有企业性质也有公共性质，具有双重目标和双重职能。但在许多情景下公共性质、公共目标、公共职能是国有企业的主要属性，因此，它们为了社会的稳定，可以牺牲经济利益，高价买进"毒"资产，或者在萧条期吸收失业员工。第三，国有企业与政府的血缘关系使它可以更容易得到资金的支持，抗风险能力会更强，同时因它有政府的支撑，有更高的信誉度。尤其在"恐慌期"，国有化的介入可以消除人们的恐慌心理，产生稳定人心的效果。如在 2008 年全球金融危机之后，国有化英国的诺森罗克银行、美国的房地美和房利美"两房"便是如此。

二、华盛顿共识与西方资本主义国家的私有化

　　20 世纪 80 年代，陷于债务危机的拉美国家急需进行国内经济改革。1989 年美国国际经济研究所邀请国际货币基金组织、世界银行、美洲开发银行和美国财政部的研究人员以及拉美国家代表在华盛顿召开了一个研讨会，旨在为拉美国家经济改革提供方案和对策。会上，美国

国际经济研究所的约翰·威廉姆森（John Williamson）对拉美国家的国内经济改革提出了诸如减少政府干预，促进贸易和金融自由化等 10 条政策措施，被称作"华盛顿共识"（Washington Consensus）。

"华盛顿共识"与当时的国际背景和世界格局变化密切相关。其一，最为重大的事件显然就是苏联解体和东欧剧变，整个社会主义阵营几乎瓦解，这为国际上特别是美国"芝加哥学派"及其信徒提供了推行新自由主义的口实。以里根执政为标志，"芝加哥学派"成为美国的主流经济学理论之一，从而使凯恩斯主义经济学居于次要地位。在里根和撒切尔执政后，新自由主义在美国乃至经合组织（OECD）国家或当今世界经济体系中占据了统治地位。其二，20 世纪 90 年代，恰逢西方国家经济技术得到快速发展，美国等发达国家通过科技进步、发展信息产业与调整社会生产关系，使生产力发展水平有了较大的提高。一些东西方的政治家和学者，将这种变化看作是自由市场经济发展的一个结果，因而主张发展中国家经济也需要通过实现自由市场经济的途径，来实现经济社会的快速发展。其三，由于发达国家的科技和信息技术得到迅速的发展，各国之间经济与贸易、社会和产业之间的联系大大增强，人与人之间的交往日益频繁，各国家及地区之间的经济一体化态势进一步扩大，使世界变得越来越小，世界经济越来越大。总之，国际形势与世界格局为推行自由的市场经济提供了生存的土壤。

（一）私有化的原因

20 世纪 70 年代末和 80 年代初，英美等西方资本主义国家开始对国有企业进行改革，"私有化"是这次国有企业改革的重要方式，且该方式在 20 世纪 80 年代后期得到广泛推行，以致形成了所谓的"私有化浪潮"。

私有化改革首先在英国发起。英国保守党政府彻底改变了之前工党政府的国有化政策，掀起了英国历史上规模最大、范围最广的出售、处理国有企业的私有化浪潮。西方其他资本主义国家纷纷效仿。这股浪潮甚至都波及了东欧社会主义阵营以及大多数发展中国家。这次私有化浪潮，导致了整个西方世界国有企业比重的大幅下降，国有企业也开始逐渐失去了优势。随着科学技术的进步、新兴产业部门的出现及生产社会化、经济国际化趋势的加强，国有企业在西方资本主义国家经济中的职能和地位也随之发生了变化，再加上随着这些国家经济体制的不断调整和市场机制的日益完善，以及国有企业逐渐凸现出来的弊端使得国有企业的变革具有一种必然性。当然，由于各个国家在经济发达程度、政治经济体制等方面存在着差异，各国的变革情况也不尽相同。

（1）国有企业在国民经济中的地位发生了变化。从总体上看，国有企业在西方资本主义国家的国民经济中所起的是一种补充作用，其存在主要是为了纠正市场失灵以及控制关系国家战略的关键领域和重要部门，如铁路、邮电、电力、钢铁等基础产业部门。在市场制度还不完善、私人资本力量薄弱的国家或历史阶段，国有经济的作用更为突出，相应的国有经济的比重就要高一些。第二次世界大战后相当长一段时间里，西欧国家在这些基础产业和战略产业中设立大型国有企业，将这些在国民经济中起主导作用和支配地位的产业部门垄断在政府手里，对带动和促进整个国民经济的发展的确起到了积极作用，亦为西欧各国国民经济的恢复和快速发展创造了条件。但随着科技进步和生产力水平的提高，过去在国民经济中起主导和支配作用的煤炭、钢铁、铁路等传统战略产业部门，逐步被新兴的战略产业部门所代替。产业结构的变化使传统战略产业部门中的大型国有企业逐渐失去了其当初作为国有企业而存在的战略价值。

与此同时，私人资本的成长和壮大，为这些部门国有企业的私有化创造了条件。如果这些产业继续由国家垄断，不但不能促进这些产业和整个国民经济的发展，而且还可能因阻碍私人资本的发展而导致整个产业的退化和落后。

（2）国有企业的体制弊端。作为一种特定的企业制度，西方资本主义国家的国有企业普遍地存在政府既对其干预过多又对其监管不力的问题。国有企业作为政府建立的企业，在追求利润的同时还要服从国家的宏观经济安排，如缓解失业压力、抑制通胀、提供基础设施、发展尖端科技等，而获得最大化利润和服从国家宏观经济安排之间又是相互矛盾的。政府为缓解这种矛盾，减少政府直接干预，也在体制上进行了一系列改革，如在政府与企业之间设立中间层次的控股公司、对政府权限与企业权限进行划分和调整等。这些措施尽管在一定程度上产生了作用，但并不能从根本上消除这种矛盾。

（3）国有企业亏损严重，经营效率低。随着西方资本主义国家的经济发展和市场机制的不断完善，国有企业自身存在的问题也日益暴露出来。自20世纪60年代以来，西方发达国家国有企业经营效率低的问题变得日益突出，国家补贴国有企业的财政支出不断上升，软预算约束现象十分严重。

国有企业的低效率，促使各国政府下决心对国有企业进行压缩和整编，以减轻财政负担。同时，政府对国有企业的巨大投资，引起了许多私人资本家的不满，他们纷纷要求政府停止对国有企业的补贴。渐渐地，国有企业经营绩效差、亏损等问题已经由一个经济问题演变成了一定程度的政治问题，而为了维护政治的稳定，政府不得不对国有企业进行大刀阔斧的改革。

（二）私有化改革的形式与成效

西方资本主义国家掀起的"私有化浪潮"并不是将这些国家的国有企业全部私有化。即便是现在，西方发达资本主义国家仍保留了一定数量的国有企业。在这场"私有化浪潮"中，这些国家对国有企业的改革是多样性的，既包括出售国有企业的股权，也包括对国有企业管理体制及内部管理制度的改革。

在国有企业管理体制方面，西方资本主义国家采取的方式是逐步放松国家对国有企业的直接监管，增强国有企业在经营管理上的自主性。在国有企业发展初期，国有企业都由政府部门直接进行强制性的管理。随着国有经济规模的扩大，政府直接管理国有企业的弊端日益暴露出来，因此，这些国家都对国有企业管理体制进行了多方面的改革，比较多的是采用了控股公司的形式，这样既缩小政府管理国有企业的幅度，又避免了政府对国有企业的直接干预。如法国采取了合同制，意大利采取了国家参与制等，这些方式对扩大国有企业自主权，有效地处理国家监管与企业自主经营之间的关系，都起到了积极作用。

私有化改革的另一个方面就是放松对市场的监管，特别是进入监管，强化市场竞争。由于国有企业是政府一手建立起来的，且国有企业大多存在于自然垄断行业。这样一来，自然垄断和政府行政垄断交织在一起，导致了国有企业因缺乏竞争而效率低下。许多国家的一些基础产业、战略行业和公益性领域，如邮政、电力、煤气、通信等都完全是由国有企业垄断的。垄断的结果就是，在强化了国家对这些产业和领域控制的同时，也对市场中的潜在进入者构成了很高的进入壁垒，人为地排斥了市场竞争，但由此会导致国有企业经营效益恶化。因此，许多西方资本主义国家在对这些领域的国有企业进行改革时，打破国有企业的垄断、引入市场竞争机制就成为了重要的改革措施。其途径或是在保留原国有企业的同时，放松产业进入监管，减弱行业进入壁垒，允许私有企业参与经营活动，鼓励国有企业和私营企业竞争；或是在扩大国有企业经营自主权的同时，将这些部门的垄断型国有企业进行有效分割，形成多家企业，彼此展开竞争。如在 20 世纪 80 年代以前，英国的电力部门处于国有企业高度垄断状态，发电和变电业务由中央电力生产委员会独家经营，而电力输送和供应也由几家地区性电力委员会分别垄断。在 20 世纪 80 年代开始对电力部门的改革中，英国开始将全国电力委员会进行分割，将其改组为全国电力公司、电力生产公司以及核电公司等数家电力企业，同时，还允许私人建立一些小型发电企业，从而在发电行业打破了国有垄断，逐渐形成了市场竞争机制。日本在 20 世纪 80 年代末开始对"国铁"进行改革时，其重要内容也是将"国铁"分割为几个独立的货运与客运公司，强化市场竞争（徐森，1988）。

从 1979 年到 20 世纪 80 年代末，英国有 27 家国有企业全部或部分实行了私有化，其中重要企业有 18 家。按产值计算，这 18 家企业占英国 1979 年 GDP 的 5% 左右。到 20 世纪 90 年代初，英国全部的国有企业在 GDP 中所占比重已从 1979 年的 10.5% 下降到 6.5% 左右，英国政府也因此得到了近 200 亿英镑的变卖收入。法国国有企业私有化开始的时间比英国晚 7 年，但进展很快。私有权从 1986 年 11 月开始至 1988 年 3 月终止，仅仅一年多时间里，法国就对 12 个国有集团共 29 家国有企业进行了非国有化改造，总资产达 1200 亿法郎。意大利国有企业的私有化主要通过国家参与制系统来实施。1976～1985 年，埃尼公司共出售了 16 家企业的全部股份和 3 家企业的部分股份；埃菲姆公司将其控制的 15 家企业进行出售。1983～1985 年，伊里公司（IRI）出售了其控制的 14 家企业的全部股份。1985 年，意大利成立了"国家参与制企业出让与购买委员会"，专门负责审查国家参与制企业买卖条件，批准出售企业，使意大利私有化进程进一步加快（徐茂魁，1998）。

虽然西方资本主义国家掀起的"私有化浪潮"也产生了一些负面影响，例如增加了失业人数，但不可否认的是，经历了这次私有化改革，国有企业在提高了效率的同时，也在很大程度上减轻了政府的财政负担，很多原来的国有企业在经过私有化改革以后便不再需要政府的补贴。英国宇航公司、电线电缆公司、阿英谢姆国际公司、全国卡车公司、英国石油公司、英国港口联营公司等原国有企业的税前利润，在英国实行私有化改革的第三年便比私有化改革前提高了很多。意大利经过私有化改革，埃尼公司（ENI）于 1984 年结束了亏损，并在第二年盈利 8220 亿里拉；伊里公司也于 1986 年结束了亏损，并在当年盈利 2990 亿里拉（徐茂魁，1998）。虽然经历了私有化改革，西方资本主义国家的国有企业总量有所减少，但在这些国家，国有企业依然扮演着重要的角色。

经过私有化改革以后，西欧发达国家国有经济的比重和产业分布发生了较大的变化，但国有经济在这些国家中仍占有一定比重，且仍主要分布于公用事业、垄断性强的基础产业和关系到国家经济发展命脉的战略性产业。如，截至 2001 年末，德国国有企业的数量仍占到全国企业总数的 10%，国有企业的产值也大约占到全部企业总产值的 10%。可见，国有化和私有化相互交替，国有企业并没有从西方资本主义国家消失，而且仍然分布在这些国家最重要的产业部门，这是可以证明，国有企业的存在是有其合理性和必然性的。

世界经济的发展并不是一帆风顺的，以经济学思想史来看，是经历了重商主义和自由主义的相互交替，而从微观经济主体的角度看，它们同样也经历了国有化与私有化的相互交替，而不是我们所认为的那样，仅仅只有私有化或私有企业。大体可以认为，在 19 世纪，公用事业是由私人资本和创业主义主导；到 20 世纪，大多数国家的公用事业逐渐为政府所有和控制。但有点例外的是美国，资本主义国家的国有化浪潮从 1929 年延续到 20 世纪 80 年代，其间虽然也有私有化，但国有化是主导；之后从 20 世纪 80 年代开始，又将国有企业私有化，准确地说这个浪潮从 1979 年延续到了 2008 年；再之后，2008 年世界金融危机又给各国的国有化带来新的生机，这次即使是美国也部分实行了国有化。2008 年 10 月 6 日，美联储和美国财政部将对商业银行的贷款规模增加至 9000 亿美元，并准备为商业银行的存款准备金支付利息；10 月 23 日，美国政府同意向花旗集团提供一揽子救助方案，其中包括注资 200 亿美元，并向后者提供担保和流动资金；据 12 月 17 日的消息，为阻止经济进一步下滑，美国联邦储备委员会在 16 日决定将联邦基金利率即商业银行间隔夜拆借利率降到历史最低点，并表示将通过一切可以利用的途径来应对金融危机和经济衰退；在 17 日当天结束的货币政策决策例会上，美联储将利率水平从当时的 1% 下调到了 0~0.25% 这个范围；当天还决定将贴现率即商业银行向联邦储备银行举借短期贷款时支付的利率下调 0.75 个百分点，从 1.25% 下调到 0.5%。2009 年 1 月 11 日，美国当选总统奥巴马承诺调整 7000 亿美元金融救助计划，重点帮助那些面临房屋止赎风险的家庭以及贷款困难的小企业。①

三、西方混合经济条件下私有化分析

在西方国家混合经济条件下，私有化是最常见、最流行的主潮流，

---

① 美国金融危机之后，美国做了哪些解决方案和对策，http://www.caijing.com.cn/2008/mortgage。

常常在国有化后会伴有卷土重来的私有化。这种现象固然与占统治地位的市场经济观念有关，但更重要的是基于当时的社会经济原因。第二次世界大战以后，西方国家普遍接受了凯恩斯主义经济理论的主流地位，加大了国家对经济的干预力度，形成了长达半个世纪的国有化思潮。但在 20 世纪 70 年代，西方资本主义国家普遍出现了经济滞胀，滞胀现象的出现使凯恩斯理论失灵，于是，新自由主义逐步控制了话语权，混合经济开始转型，私有化的潮流也开始了。通常说，世界性的私有化浪潮是从撒切尔上台开始的。由于撒切尔在推行私有化过程中措施强硬，规模较大，故而被称之为撒切尔革命。1979～1989 年，英国有 50 多家国有企业被出售。私有化浪潮从基础产业、竞争产业扩展到政治领域和社会领域的许多部门，如教育、卫生、住房、健康保健、医疗保险、公共服务以及政府机构等。英国的私有化运动取得了较大成功，政府财政状况有了较大程度的改善，经过股份制改造的企业的经济效益明显提高、企业职工收入有较大增长、公用事业企业的服务有了较大改善，国有企业的股份制改造得到英国各社会阶层的支持。英国效应对其他国家产生了很大影响，随后，法国、美国、联邦德国也都不同程度地出现私有化的浪潮（杨卫东，2012）。

（一）凯恩斯干预经济学使新自由主义复兴

从罗斯福新政以来，国家干预主义开始流行，国有化的浪潮经久不息，但进入 20 世纪 70 年代以后，发达资本主义国家的经济形势普遍出现不景气，尤其是 1973 年开始的"滞胀"使欧、美、日都先后陷入持续的经济低速或停滞增长期和财政赤字、通货膨胀状态。新自由主义认为，滞胀局面的形成正是国家垄断资本推行凯恩斯的赤字财政政策和货币政策，大力干预经济，抑制基本矛盾所造成的恶果，必须按照市场经济的要求对近几十年由国家干预而形成的经济结构、财政结构、社保结构进行调整，对现存的国有企业进行私有化改造便是调整的核心内容。因此，从 20 世纪 80 年代初开始的私有化既是世界经济发展到一定阶段，经济结构要进行调整的必然要求，也是凯恩斯主义陷入困境后，新自由主义复兴的结果。

（二）国有企业的效率低下引起私有化

以英国为例，有学者统计，国有企业平均成本比私人成本高 40%，尤其是 20 世纪 70 年代开始，国有企业的亏损日趋严重。1974 年英国国营企业的亏损额达 12 亿英镑，占英国国民生产总值的 2%。国家对企业的财政补贴逐年增多：1974~1975 年英国煤矿、铁路和钢铁等国有企业需要国家补助 6.09 亿英镑，1979~1981 年为 18 亿英镑，而 1984~1985 年增至 40 亿英镑。到了 20 世纪 80 年代末，政府财力已无力承担国有企业的补亏。因此，撒切尔政府认为，实行私有化不仅可以遏制政府的财政赤字，而且通过对国有企业的出售，政府还可以获得大量的财政收入来弥补公共部门的借款需求（PSBR），从而为政府控制通货膨胀和减税提供可能。

（三）科学技术的发展促进私有化

如果说第二次世界大战之后，西方国家掀起国有化浪潮是基于战后重建的需要，为了创造现代化工业发展和社会资本再生产的前提条件，政府因此在基础设施、基础产业、公共事业方面大力推行国有化，如邮政、通信、电力、煤气、铁路、航空、运输、石油、钢铁、造船等，应该说，这些举措是满足了当时的生产技术发展水平需要的，因为这些领域在整个国民经济中处于十分重要的地位，但战争使这些企业的设备变陈旧、技术显得落后，国家需要通过新建或购买对其实行技术改造，以增强国力（向艳，2011）。

到了 20 世纪 70 年代，以微电子技术为代表的科技革命引发的第三次浪潮使一些产业部门的技术条件发生了根本性的变化：一是新的科技革命引发了许多新兴产业，为私人资本的发展拓展了广阔空间；二是新的科技革命为私人资本单独投资和运营基础产业、基础设施创造了条件；三是原有的经济结构、产业结构、生产技术已经落后，国有工业在许多领域的优势地位逐渐丧失，因而国家失去了垄断控制的基础；四是面对新的技术革命，国家需要集中巨大资本进行新技术的研究和产业投资以便赶上和保持科学技术及其领先地位，但是政府没有足够的财力既对老国有企业进行大量资助，又对新兴产业给予大量投入，它们通常的对策就是采取把部分国有企业私有化的方式，集中财力研究和发展高新产业。

由此可见，私有化浪潮的出现虽然与资本主义国家的制度、市场经济的体制有关，但它的每一次兴起的内在原因都是与当时的社会经济和生产力发展紧密相连的。没有1973年以来的"滞胀"，没有新技术革命的"第三次浪潮"，私有化不可能席卷全球，并持续至今。

在西方国家，私有化一直是占支配地位的主流意识形态。私有化的优势在市场经济中体现得比较充分。首先，私有化有利于自由竞争。所谓市场经济就是在自由竞争的环境下产生的一种经济运行体制。它是一只"看不见的手"，通常能自动实现资源的优化配置，并实现充分就业，在公平、法治的前提下，自由竞争将激发人们巨大的活力，激励人们降低成本、降低能耗，提高科技自主创新力；其次，私有化有利于提高效率。私有化的每一个所有者都是逐利的发动机。所谓经济人假设是指作为个体，无论处于什么地位，其经济人的本质是一致的，即在约束条件下追求个人利益，满足个人利益最大化为基本动机。在产权制度明晰的情况下，私产所有者的决策，必然以谋求预期利润最大化的方式做出交换的安排。产权理论指出，市场上的一切交换实质上都是产权的交换，只有明晰的私有产权，才能减少交易成本，并充分发挥产权的经济效率功能，使资源从使用效率低的部门向使用效率高的部门转移。正是以上原因，私有化无论在理论上还是实践上始终主导着西方国家的经济发展（刘永焕，2009）。

但是，私有化并不是一个普遍适用的政策，存在着极大的局限性。

第一，如果缺乏投资治理法规，私有化可能使国家垄断演变成私人垄断。这种垄断是在政府的支持下迅速形成的，它对市场经济的破坏程度更大。如英国电信公司在私有化时，由国有垄断企业直接变成了私人垄断企业。在垄断的状态下，私有企业有时会扭曲刺激机制，导致更高的成本水平。

第二，如果私有化的目标只盯住效益，政府需要提供的公共产品、公共服务就会落空。如偏远地区的交通、电力、邮政因经济效益不高而被削减，企业为提高效益而裁员，甚至学校、监狱因没有效益但为了效益而私有化等。

第三，如果我们将私有化演变成政治运动，那无疑会成为一场灾难。俄罗斯与东欧的私有化已经证实了这个论点。他们的"休克疗法"或激进改革不仅未能促进生产力的发展，反而成为瓜分国有资产，催生欺诈行为及腐败，扩大贫富差距，导致经济直线下滑的陷阱。

因此，私有化不是灵丹妙药，它受时间、地点、行业、体制等诸多方面的限制，在很多情况下私有化是行不通的（李仲阳，2007）。为此，我们需要客观地分析和评价私有化（privatization）与国有化（nationalization）的关系。首先，国有化与私有化谁优谁劣，难分高下。通常的观点认为，私有化的效率高于国有化。但是，他们是不可比的。国有企业拥有两大目标：经济效益和社会效益，而私营企业只有追求利润最大化的目标。为了赢得社会效益的目标，国有企业经常会牺牲经济利益，而私有企业则无须考虑社会效益问题。即使如此，在某些时期，国有企业的效率仍然会高出全社会平均水平。撒切尔的私有化被认为是最有成效的改革。但是，到20世纪80年代后期私有化运动日见颓势，经济合作与发展组织（OECD）认为1989年英国是主要资本主义国家中经济增长最慢的国家，却是通货膨胀率最高的国家。如果把东欧、俄罗斯的私有化也统计进来，我们不可能再得出私有化效率高于国有化的结论。

其次，国有化与私有化都是政府调控经济的工具，均能彰显决策者的智慧。从经济发展的历史轨迹看，西方国家企业国有化和私有化的数次交替与变更都有其内在的必然性。国有化浪潮往往起于大萧条、大危机、世界大战等；私有化浪潮则产生于危机后、战争后、新技术革命、经济"滞胀"等。每一次浪潮都是由政府发起的，都有明确的指向和任务目标，都是一次大规模的经济结构调整。西方国家国有化与私有化的反复轮回，即反映了政府职能和市场机制二者关系的动态演化，亦反映了国有化与私有化二者各自的特点、优势与不足，更体现国有化与私有化相互依存、相互融合、相互竞争的关系，证实了无论是全盘国有化还是全盘私有化，都是违反经济规律的，都是行不通的。

但自 20 世纪 80 年代以来，占有支配地位的思想和政策都是所谓的"华盛顿共识"，即主张私有化，强调所有权的重要性。在这种情况下，新自由主义主张的私有制有不可辩驳的优点，国有制就是致命的疾病，从而创建了企业国有与私有两分法。但这种两分法趋向于简化现实，从而使争论对峙起来。实际上，所有权并不是唯一重要因素，竞争也是解释企业绩效和行为的关键性因素，但被所有权概念所掩盖。而且管理能力作为另一个重要因素尤其关注需要解决企业与政府，以及公用事业管理与跨国企业之间的关系。

为什么国家垄断与国际化企业不相容，其中原因之一便是受美国模式的影响。因为美国的跨国公司都是私有化的，特别是在制造业部门，这直接导致 20 世纪 50 年代私有企业国际化。而且，相对于其他国家而言，在美国国有企业极为弱小。而企业之所以是公共的，主要有两层含义：一是这些企业所有权归政府；二是这些是为实现公共利益而服务的，因而称为公共企业，这与我国的国有企业性质并不一样，我国国有企业除了涉及公用事业（自然垄断行业和公益性行业）之外，还有涉及竞争性工业领域——这与自然垄断相似，但企业的所有权都是政府的。

显然，完全国有与完全私有两分法（full public-private dichotomy）严重落后于 21 世纪企业的发展现实，因为国内国有企业可以投资于国外的私有化领域，特别是公私合作制（public private partnership，PPP），它是公用事业民营化广泛采用的一种融资及管理机制。也就是说，虽然国有企业在国内，但是在国外商业市场上，国有企业在私有化领域极为活跃。

第三节　发达国家国有企业跨国投资比较

一、德国国有企业跨国投资

（一）德国国有企业跨国投资的历史溯源

1952 年以来，原联邦德国的对外直接投资得到较快恢复和发展，这一时期的跨国大型企业多数都是国有企业。20 世纪 60 年代中期，德国大型国有跨国企业对外直接投资累计总额排在美国、英国、法国、瑞士和加拿大之后，居世界第 6 位。进入 20 世纪 90 年代以来，德国已成为世界上对外直接投资最多的国家之一。德国的对外直接投资存量仅次于美国、英国和日本，居世界第 4 位。1997 年底，德国对外直接投资累积已达 3206 亿美元。德国在 1991～1997 年，年均对外直接投资额达 244.3 亿美元，已超过了日本的 218.3 亿美元，仅次于美国和英国，居世界第 3 位。德国大型国有跨国公司作为德国对外直接投资的主体力量，大致经历了一个从产生到扩大再到迅速发展的三阶段的发展过程。

1. 产生阶段（1952～1965 年）

1952 年，德国被允许对外输出资本。德国的各大企业开始纷纷向国外购买企业，申请赎回被外国政府没收的子公司财产，20 世纪 50 年代末开始逐渐新建一些国外生产基地，60 年代上半期德国对外直接投资的领域进一步拓宽。

在此期间，至少产生了 50 多家德国国有跨国公司，例如戴姆勒—奔驰汽车股份公司于 1953 年在巴西投资建立巴西奔驰公司；克虏伯公司到 1964 年底就已在国外拥有 13 家子公司和参与公司；巴斯夫公司 1953 年与荷兰皇家壳牌公司合资兴建了聚苯乙烯厂，在 1958 年同美国道化学公司半合资组成了怀恩多特化学制品公司，后又将美方股份全部买下，成为一家海外独资公司；以生产阿司匹林著称的拜耳公司在第二次世界大战后得到迅速恢复和发展，不断加强在北美的经营，1954 年它同美国的孟山都公司合资组成莫贝化学品公司，后又于 1962 年开办哈尔曼—顿默尔香料子公司。

同时期，其他实力较强的德国国有跨国公司还有：蒂森公司、大众汽车公司、赫希斯特公司、贝特尔斯曼公司、西门子公司、博施公司、蔡司公司、德古萨公司以及一些跨国金融机构等。

2. 逐步扩大阶段（1966～1979 年）

20 世纪 60 年代后半期至整个 70 年代，德国加快了对外直接投资的步伐，不仅跨国公司的数量大幅增加，截至 1969 年底，已有 954 家德国跨国公司，而且跨国公司的国际地位也大大提高。1973 年德国在资本主义世界最大 100 家跨国公司排名中拥有的数量已超过英国，仅次于美国排名第 2 位。1960 年，德国尚无一家企业列入世界 25 家营业额最大的工业企业，在 1978 年就已有西门子公司、大众汽车公司和戴姆勒—奔驰公司跨入此列。据美国《幸福》杂志统计，德国的赫希斯特、拜耳和巴斯夫三大化学公司，在 1978 年就已超过战后一直名列世界前茅的美国杜邦公司和英国帝国化学公司而名列世界化学巨头前 3 位。德国的蒂森公司也于 1979 年超过了西方国家各大钢铁公司，跃居当时世界钢铁业第 1 位。除工业企业外，德国的各大银行也在这一阶段有较大发展。据英国《银行家》月刊 1979 年 6 月资料显示，在西方国家 20 家最大商业银行排序中，德国的德意志银行、德累斯顿银行和商业银行榜上有名，分别列在第 4、第 8 和第 20 位。德意志银行已在 50 多个国家和地区建立了 80 多家分行或分支机构。

3. 迅速发展阶段（1980 年至今）

根据联合国《1995 年世界投资报告》有关统计资料显示，到 1993 年底，德国已有 7003 家跨国公司，从跨国公司总数来看，德国已超过美国、英国和日本，居世界第 1 位。1994 年联合国根据海外资产排列的 100 家最大跨国公司中，德国跨国公司共有 11 家榜上有名，仅次于美国 32 家和日本 18 家，与法国 11 家并列第 3 位。德国的大众汽车公司和戴姆勒—奔驰公司分别排名在第 6 位和第 9 位，在汽车行业中，排在第 3 位和第 5 位。

这一时期，德国跨国公司在全球范围都有大量投资，例如：继宝马公司在美国投资建立轿车生产基地后，奔驰公司也大举向美国投资。拜耳公司在 1990 年兼并加拿大艾尔伯塔省诺瓦公司的宝兰山橡胶分部后，成为世界橡胶生产业的领先企业。大众汽车公司从美国撤出后，移师阿根廷建厂，并在亚洲和东欧组建了一批新轿车生产基地。

这时期，德国私人商业银行与私人生产企业的交往更加密切，出现了一些以大银行为中心的财团组织。例如，德意志银行财团就是以德意志银行为核心，以西门子、奔驰、博世、曼内斯曼等大公司为其成员的庞大金融寡头；德累斯顿银行财团是以德累斯顿银行为核心，以克虏伯、通用电气、德古萨和五金股份公司等为其成员，它们之间相互参股，互派董事及管理人员，从而使其垄断势力更加强大。另外，一些没有加入银行财团的私人生产企业也与这些银行联系密切。工业资本和金融资本的进一步融合，为它们在各自经营领域的对外扩张奠定了基础（刘跃斌和罗东霞，2001）。

（二）德国国有企业跨国对外直接投资流向

德国的政府参与企业是德国公办企业中一种非常重要的形式，它是一种政府以私法形式参与投资举办并且有独立法人身份的企业。私法形式是德国企业组织形式按照法律分类的一种形式。多数政府参与企业采取私法形式中的公司的形式，即股份有限公司和有限责任公司形式。

总体来看，全球范围内的资本流动仍在发达工业国家之间进行，德国对外直接投资的 84.3% 均流向这些国家。根据德国联邦银行统计，截至 2006 年底，德国对外投资存量为 8113 亿欧元，对欧洲投资存量为 4969.06 亿欧元，占其对外投资存量总额的 50% 以上，其中在欧盟 25 个国家的总投资为近 4500 亿欧元；而在欧盟以外国家不到 3500 亿欧元，如对亚洲投资存量为 491.59 亿欧元、对美洲投资存量为 2510.50 亿欧元、对非洲投资存量为 59 亿欧元。德国企业在欧盟外的对外投资对象国最大的首推美国，其对美国的直接投资存量为 1597 亿多欧元，占德国对外直接投资存量总额的近 20%，对华投资只占 0.13%。

1. 德国对欧洲国家投资情况

截至 2005 年底，德国对欧盟国家的投资存量高达 3918.82 亿欧元，占其对外直接投资存量总额的 44.5%，投资的行业重点因国家而异，在英国、比利时、卢森堡的投资主要集中于金融业，对法国、奥地利和西班牙的投资则主要为工业和贸易。不容忽视的是，投资所在地的交通地理位置和文化背景在企业投资选择过程中发挥着重要影响，尤其是众多中小企业更偏向于在与其具有相近文化背景的邻近国家和地区投资。德国在欧盟国家的投资企业实现的营业额及雇用的人数也遥遥领先于在其他国家和地区的德资企业，如德国控股的 29357 家国外投资企业中，近 10% 位于法国。

2. 德国对美国投资情况

除欧盟外，德国企业对外投资最多的国家是美国（按单个国家计算也是德资投入最多的国家）。截至 2005 年底，德国在美国的投资存量最多的为加工制造业共计 540 亿欧元，其中又以汽车 210 亿欧元和化工 200 亿欧元为重点；其次为金融保险共计 500 亿欧元。美国的信息产业主导全球，德国企业也纷纷抢滩美国信息业，美国共有 3398 家德资信息企业。

（三）德国对外投资特点

德国企业过去 10 年间对外投资有如下几方面的特点（于印辉和曹志英，1997）。

1. 对外投资以自有资本为主

德国企业资金雄厚，其对外投资近 80% 均为参股性自有资本，包括名义注册资本、资本公积金、盈余公积金和结转金以及年度总盈余等各类自有资本，其中近一半为企业对外承担（有限或无限）责任的自有资本，即相当于资合公司的有限注册资本和人合公司的所有资本。

2. 控股公司的地位举足轻重

在建立大型企业集团，尤其是建立跨国集团的过程中，控股公司扮演了重要角色。控股公司有利于企业的科学管理，同时还有助于合理避税。德国对外直接投资的 1/3 均用于控股公司。

3. 投资项目控股程度高

德国大多数投资者对其海外投资企业要求独资或控股，70% 多的对外投资均为独资企业，其项目数占对外投资项目总数的 2/3。

4. 大企业、大项目占绝对优势

德意志联邦银行跟踪了德国 8304 个投资厂商的投资活动，其中最大的 10 家企业对外投资额占德国对外直接投资总额的 33.8%；最大的 50 家企业对外投资额占投资总额的 56.7%；最大的 100 家企业占投资总额的 2/3。从项目数看，最大的 10 个项目占投资总额的 1/6，最大的 50 个项目占 30%，最大的 100 个项目占 38.7%。

5. 高技能产业有助于新创就业岗位

据德国联邦统计局统计，德国企业向外转移低技能产业在国内只能新创近 1/3 的类似工作岗位，而转移高技能产业在国内的新创岗位数量占其外迁流失岗位的 94%，如知识密集性型企业的外迁所创岗位比流失岗位还多出 20%。

总体而言，德国的直接投资流出额通常高于直接投资流入额，其一直保持直接投资净输出国地位。根据欧盟统计局数据，2010 年德国对外直接投资 791.7 亿欧元，同比增长 80.1%。投资主要集中在欧洲，对欧盟 27 国的直接投资 505.1 亿欧元，占德国对外直接投资总额的 63.8%。吸收外国直接投资 348.3 亿欧元，同比增长 24.8%。外资主要来自欧盟 27 国，金额为 203.8 亿欧元，占吸收外国直接投资总额的 58.5%。外资主要流入部门为金融服务、汽车、通信以及化学和化工产品，分别占德国吸收外资总额的 22.1%、16.1%、8.6% 和 8.5%（国家风险分析报告，2012）。

二、法国国有企业跨国投资

(一) 法国国有企业投资演变

截至 1948 年，法国有欧洲最大的公共部门，公共部门包括邮政、电信、能源、交通、银行和保险及网络服务等。另外，法国政府于 1950 年 5 月 9 日提出的欧洲煤铁共同体（ECSC）成立倡议，使它在欧盟建立时成为其主要成员。事实上，从 19 世纪末，法国的精英们就开始设计建立一个欧洲大市场。直到 1952 年，欧洲煤铁共同体得以汇集了包括来自六个欧洲国家的公共和私人部门，达到了在同一市场内自由地进行企业竞争的目标。自此，欧洲一体化进程发展到共同市场，然后又变成了欧盟，法国的国有企业也因此面临着新挑战。

1982 年，在工业和服务业的 11 个大私人集团的国有化过程中，法国的公共部门得到极大地扩张，大部分公司已经高度国有化。然而，很快国有化又被私有化取代，从 1986 年开始的私有化对法国的影响依旧在持续，这意味着国有企业依旧保持着必须适应竞争的压力，它们的"租金"和特权，在国内市场受到法国政府和欧洲委员会的共同限制，法国国有企业逐渐发现它们的困境是要么在顽固中灭亡要么在变换中求存。与此同时，经验丰富的法国私有企业必须决定是否将公共服务领域参与到业务增长和国际化趋势所提供的竞争契机中来。

当前的网状系统结构行业国际化的潮流是复杂的国际化历史的最新阶段。但具体来说，法国国有企业跨国投资走过了三个阶段。

在最初阶段，所有的法国国有企业经历了一个学习的过程，即通过与国外同行在国际商务中跨越国界合作，这个同行者是邮局——法国一直是自 1874 年成立以来的万国邮政联盟的成员。这一阶段中，只有法国航空（1933 年创立，1948 年完全国有化）在境外实施国家发展战略。此外，即使是一些私人的法国公司，其在服务网络中也不会超出法国殖民地的范围进行国际运营。整个国家并不追求出口和奉行外国直接投资策略。1946 年，法国政府将所有的电力生产商收归国有并入法国电力公司（EDF），法国电力公司继续在相同的方向增加与欧洲国家网络之间的合作。有欧洲网络的庇护，如果仅仅是因为他们缺乏现金的话，大多数国有企业的国际化本身并不是一个问题。

第二阶段始于 20 世纪 60 年代。法国政府开始有了最初的倾向支持市场领先者（包括私有企业和国有企业），并逐渐意识到：在一些对知识能力与金融资本有要求的市场部分，私有企业可能超过国有企业，这在高新技术产业领域和排名前列的合资企业中变得特别明显。为了开辟欧洲和美国的超音速航线，法国和英国的公共公司共同设计和生产协和飞机，其从成立以来就是争论的焦点。1972 年，法国政府发起的欧洲空间局有效地设计和操作了阿丽亚娜火箭发射商业卫星。对比于 1980 年合资成立的阿丽亚娜空间公司的成功手段，两国意识到协和式的不足。20 世纪 70 年代，欧盟的公共和私有企业为了与美国波音公司竞争而建立起的空中客车公司已成为一家私有公司。2000 年阿丽亚娜的空客已经证明了技术和经济性能的进步得益于国际合作。

20 世纪 90 年代发生了戏剧性的变化。随着市场竞争压力的越来越大，值法国政府顾问和财务分析师亦倡导国际化的机遇，法国大多数国有企业在网络行业向海外扩张。起初，他们依赖于银行和金融市场的财政债务或债券进行扩张。在法国顶级的政府服务和政府信用的支持下，他们开始派出队伍在国外搜索当地可供利用的经济开发机会。就像 20 世纪 50 年代末法国国有企业雷诺那样，国际化的驱动促使这些企业去了解如何进行生产服务以及资本市场运行，以便更好为客户服务。然而，这种变化就像雷诺之前遭受的境遇一样，共产党领导的法国总工会（CGT）对此极力反对。总工会声称走向国际化意味着忽视国内客户的需求，对工人的工作稳定性产生威胁，并预示着私有化。因此当时，在整个国际化的进程中，各个企业是极其混乱的。只有法国天然气公司（GDF）在这场国际化的冒险中表现良好，国际化要求企业适应新的市场需求，业务增长和不同民族文化导致的产品、服务、人力资源、信息系统以及金融政策、高层管理人员甚至这些国有企业的结构和战略等都需要进行新的调整。

总体上看，法国的国际化在短时间内达到的水平是令人惊讶的，尤其是法国电力公司和法国天然气公司现在在世界上仍是最具活力和创新服务的领先者。

在法国，国有化从来没有排除国际化。1985 年三个工商管理方面的学者出版了《法国国有跨国公司》一书。然而，所有权的问题对一些著名的假设进行了测试：一些知名的网状系统结构行业私有化不仅是一个政治决定，更是国际化过程中由于外国的社会、市场和文化的阻碍所带来的更多资金需求的结果？

国家根据国有化趋势和所属部门，对网状系统结构行业国有企业的比例进行控制。在运输业中公有制比例最低，1933 年法国航空建立时国家占 25% 的股权，1937 年法国铁路建立时占 51% 的股权。在 1954 年由私人银行家和运输公司创立的国际航空公司（Air Inter）中，1958 年国家通过法国航空购买了 50% 的股权，而该公司终于在 1997 年才由法国航空吸收。网状系统结构行业中，交通运输是一个特例。该行业中，最常见的是国有资本控制 100% 股权，最明显的就是水、电、太空等公用事业领域；同样，公共产权在除了罗纳杜公司（成立于 1933 年，在 1946 年当所有法国公用事业公司国有化时被保留）以外的电力行业中也占了 100%；即使在太空开发领域，最初以欧洲合资企业的形式进行，在 1981 年左翼政府推动的最后一次国有化浪潮中，其被要求即使不能控股 100%，也至少要控股 51%。

对于国有网状结构行业的子公司的资本控制，从来没有一个统一的规则要求。因此，国家在这些子公司中的股权比例差别很大。在这点上有两个必要的条件：其一，历史经验表明国有产权所占的比例并没有妨碍法国（如同许多其他国家那样）保持对公司的绝对控制权，无论该公司的股权结构究竟如何；其二，国有企业的治理结构是独特的，董事会同时包括了独立的管理员和劳动者代表，谁都无法挑战或者控制公共管理，这表现为企业的自主权没有限制，使得国际化运作相对容易。

第三个阶段即法国的私有化开始于 1986 年右翼重新上台后。几波

私有化浪潮与法国的政治和金融市场条件的变化息息相关，这个导致
21 世纪初期网状结构行业高度分化。政府和议会决定，对于少数相对
历史悠久的国有企业，应该保持现状，法国邮政（2006 年 1 月 1 日被
允许运行自己的银行）和法国铁路即是如此。少数最近几年设立的国有
企业被100%的私有化，一个成功的例子就是苏伊士和电视频道 TF1 在
1987 年被私有化，更大的国有企业的部门只有部分和渐进式的私有化。
2005 年，法国电力公司的私有化部分占比 13.7%，法国天然气公司则
为 20%，法国电信的私有化逐渐从 1997 年开始逐步增加至 46%。

　　之所以采用这个循序渐进的过程主要有三个方面的原因：一是金融
市场对这些需要投入大量资金公司的满足能力；二是政府和工会之间的
政治博弈；三是能源供应的战略特性。这些企业股权结构的改变使得国
有企业资本结构变回之前的形式，但可以说，最具影响力的股东既不是
获得收入的公司本身，也不是主流的法国小投资者、英国和美国公司，
更不是养老基金和其他法国经济体。因此，虽然在一个低水平上，网络
结构类行业私有化意味着一个国际化的资本结构，就如同法国的经济在
扩张。激励私有化促进了国际化的运行，甚至这些公司的左翼领导者也
关心融资和地方政府接受他们的海外扩张方面的问题。国际化促进私有
化并不是一个夸张的结论。新经理们更倾向于国际化，放松国内市场管
制带来竞争加剧，使得公司的增长成为关键性问题。国家的开放政策和
国际化的不确定性，意味着跨国金融投资不会被国外100%的执行，因
此常常需要合作伙伴，而这又因国而异。

　　因此，法国网状结构性行业公共企业发展的关键，在于法律环境与
制度结合的灵活性、产品与服务的适应性，以及其注重于长期的技术改
造和社会趋势。

（二）法国国有企业对外投资历史溯源

　　法国政府对海外投资的管制发生在第二次世界大战结束后至 1986
年的几十年间，法国政府交替实行外汇管制、取消管制或放松管制的措
施。战后初期实行外汇管制；20 世纪 60 年代初开始放松外汇管制；

1968 年的"五月风暴"使法国经济遭受沉重打击，政府被迫重新实行外汇管制之后其间虽有反复，但这次外汇管制一直延续到了 1980 年 6 月底；20 世纪 80 年代上半期，法国又经历了外汇管制放松到严管再到放松的过程；直到 1986 年 3 月政府才逐步放宽并最终取消了外汇管制。法国政府对外汇进行管制主要有两个方式：一是通过行政手段对外汇业务进行直接管制；二是运用经济手段对外汇业务进行调控。

20 世纪 80 年代以前，法国政府对海外投资管制主要是针对国有企业而言，对国有企业的对外直接投资实行审批制度，主要是对国有资产和涉及敏感技术的关键领域的对外投资实行管制，而对于广大的私营企业的对外直接投资，原则上持鼓励态度，限制很少，主要是尊重东道国的法律法规。比如，对国有企业限额以上的海外投资实行行政审批，国有企业的对外投资计划必须报送政府主管部门审批。一般在 500 万法郎以下的对外投资项目，企业自主决定，只报送主管部门备案；500 万法郎以上的投资项目必须得到政府主管部门的批准。私有企业对外投资虽然原则上仍无须得到政府批准，但如若涉及国防和国家安全的敏感领域，其对外投资需得到政府批准（易瑾超，2005）。

概括起来，法国有很多大型跨国公司都是国有的，这在西方发达国家中可谓独具特色，它是 20 世纪法国实施三次大规模企业国有化的结果。这三次国有化分别是：20 世纪 40 年代中期，法国将运输、能源、银行、航空等部门的公司收归国有；1978 年法国将钢铁业实行国有化以缓解法国钢铁企业在世界经济衰退下面临的经营困难；以及 1981 年密特朗任法国总统后颁布国有化法律，希望以国有化来帮助复苏国家经济，化解国内政治、经济与社会矛盾。经过三次国有化之后，法国的国有企业遍布各个行业，并在某些领域（如通信、能源）中居于垄断地位（谈萧，2002）。

（三）法国国有企业跨国投资的改革策略

法国国有跨国公司具有这些特点：（1）产业规模大，法国现有 24 个国有企业集团，其产值占法国工业总产值的 1/4。绝大多数法国国有跨国公司都是赫赫有名的跨国公司，如法国电力公司、法国电信公司等；（2）行业分布集中，主要分布在军工、能源、交通、通信、航天等自然垄断行业和汽车、化工、建筑等支柱行业；（3）产权归属一元化，投资形式多元化，法国国有跨国公司都是中央政府投资兴办，地方政府不投资办企业，中央政府对企业投资形式多样，包括收购、独资、控股、参股等，其投资、控股的重点在基础设施产业、金融保险业、高新技术产业；（4）经营体制市场化，国有跨国公司法律地位与其他企业平等，实行现代企业制度（谈萧，2002）。

20 世纪 90 年代以来，法国国有跨国公司同许多国有企业一样，也面临着一系列问题。这些问题主要包括：一是资源配置不合理，造成人、财、物的浪费；二是企业管理水平低下；三是缺乏竞争激励机制，员工积极性受挫；四是政府职能僵化，干预过度；五是高成本、低效率经营；六是大量财政补贴使国家和社会不堪重负；七是企业获得资金和银行贷款极为有限；八是企业机构与职务的重叠以及企业高层领导人的独裁管理。由于体制因素的制约，自 20 世纪 90 年代中期开始，随着全球私有化浪潮的兴起，法国国有跨国公司的国际竞争力逐渐落后于美、德等国的跨国公司。这促使法国政府开始改革国有跨国公司，在改革的基础上促其发展（陈俊侠，2005）。其具体的改革措施表现在以下几个方面：

（1）法国政府极力推行私有化政策。如允许私人投资者向法国电信公司投资，把国家在军火集团汤姆森无线电电报总公司的持股比例减少到 43%。自 1997 年以来，私有化每年都使法国政府获资 100 亿美元以上。政府撤资后，这些国有跨国公司及时调整海外战略，加快海外投资与收购活动。例如，规模巨大的法国铝业集团佩希内股份有限公司与加拿大阿尔坎铝有限公司和瑞士隆察有限公司进行合并，形成了可与业绩卓越的德国美铝公司相抗衡的超级跨国公司。法国化学工业界巨头罗纳普朗克公司也同意其下属的制药企业与德国赫希斯特股份公司的制药公司合并。

（2）法国政府积极降低法国国有跨国公司的国有持股比重。国有股比重的降低既可以直接出售政府所持股份，也可以通过企业对外并购以稀释的方式来完成。法国电信公司国有股比重的降低就是通过后一种方式实现的。随着法国电信公司斥巨资收购英国奥兰治公司，法国政府持股比例由原来的61%降低到54%。传统的法国国家资本主义模式正在发生着显著的变化。

（3）法国政府对法国跨国公司进行大刀阔斧的人事制度改革。法国国有跨国公司的海外雇员比例为35%，而德国跨国公司的海外雇员比例只有20%。冗员和人浮于事的问题一直困扰着法国国有跨国公司。1988年，法国政府拨款120.28亿法郎资助雷诺公司解决巨额债务和人事负担。1991年底，雷诺一举裁员4000人，后来又关闭了在比利时的一家亏损工厂，使3000多名比利时工人遭到解雇。

（4）法国政府以前所未有的热情鼓励国有跨国公司进行海外投资，支持它们与美国、英国、日本等国的跨国公司争夺国际市场。必要时，法国政府甚至挺身而出，为本国企业作资信担保。有了政府的支持，法国的跨国公司特别是原国有跨国公司的全球化经营速度明显加快。

在法国电信公司收购奥兰治公司的过程中，西班牙、荷兰和美国的跨国公司都参与了竞争，但由于法国政府出面为法国电信作担保，法国电信最终获得胜利。并购奥兰治公司是法国电信有史以来采取的最大行动，也是法国政府激励法国国有跨国公司大举进行海外扩张的鲜明例证之一。法国经济部对配合法国电信这一行动非常得意，认为该公司这一收购行动有益于法国电信业的发展，符合法国政府将法国电信转变为欧洲最大电信集团的战略。

雷诺汽车公司收购日产汽车公司是法国国有跨国公司在政府的激励下进行海外扩张的又一优秀案例。雷诺原是由路易·雷诺一手创建起来的一家私人汽车公司。1945年，雷诺被指控在第二次世界大战中帮助日本制造汽车而被收归国有。从此，雷诺一直在法国政府的"关照"下发展，成为法国国有工业的代表。雷诺对日产的接管与改革体现了法国国有跨国公司在经济全球化的背景下打造"国际化"经营战略。而日产是继丰田之后日本的第二大汽车制造商，在国际汽车行业中也具有极高的知名度，但由于该公司在经营战略上一直坚持"以产定销"的策略，重技术开发轻市场开发，从 20 世纪 90 年代初开始就出现亏损，经营状况不断恶化，到 1999 年被兼并前累计亏损高达 2.4 万亿日元。在全球企业购并浪潮中，日产先后欲与戴勒姆—克莱斯勒、福特联手，但均因这两家公司提出的条件过于苛刻而未果。在此良机下，法国政府积极鼓动雷诺兼并日产。1999 年 3 月雷诺和日产达成闪电式联盟，雷诺向日产提供 8000 亿日元以挽救日产。1999 年 6 月雷诺公司副总裁卡洛斯即带领一个改革日产的经营小组赴日本工作（唐立国，2003）。

还有一个具有代表性的法国国有跨国公司海外扩张案例是法国威望迪公司并购曾经名列世界跨国公司百强之首的加拿大西格拉姆公司的事。双方一拍即合，在 2000 年上半年宣布合并，并购交易额达 300 亿美元之巨。这一并购案是法国政府受美国在线与时代华纳合并的启发而鼓励法国跨国公司向北美进军的。

三、美国国有企业跨国投资

（一）美国国有企业状况

在美国，私有化具有不同的含义，其私有化更多时候指将公共服务承包给私人投资者。美国政府主要通过内部和外部两种方式向公众提供公共服务，内部方式主要指政府利用自身资源来提供公共服务；而与之相对，外部方式指政府将公共服务承包给私人投资者，而且这种方法常被视为有更高的成本利润率。虽然外部方式远不及内部方式普遍，但是因为外部方式确实能带来效率和服务质量的提高而逐渐在许多美国城市流行。

美国的国有资产所占的比例很小，且因该国资本市场高度发达而导致企业的股权十分分散，所以美国私有化与其他国家有所不同也就不足为奇。尽管现在已经很少有美国国有企业（包括联邦、州和地方政府）具有能被私有化的有价值的资本了，但政府还是通过干预来改变完全市场竞争条件下的经济状态。这使得只有当生产规模明显增加的情况出现时，政府才会采取政府干预，并导致垄断的出现（Logue，1995）。

美国政府可以用来私有化的潜在资产包括商业机构、公共传媒、土地矿产森林资源、军事设施等。但对某些资产的私有化存在安全风险，例如对监狱、空中交通管理和军事设施的私有化。

加兰博斯（Galambos，2000）将美国国有企业的发展历程分为两个阶段。第一阶段被称为发展阶段，发生在 19 世纪上半叶。当时普遍认为建立国有企业的主要目的是刺激经济增长，但是这一阶段很短暂，很快国有企业的发展便进入计划控制阶段，从 19 世纪下半叶一直延续至今。在第一阶段，美国国有企业的发展和其他工业化国家相当，但是随后在第二阶段，美国经济对国有经济的依赖程度就逐渐弱于其他工业化国家。从第二阶段开始，美国经济更多的是依赖于调控和管理私有经济来获得发展。

即使在 19 世纪 80 年代初，美国政府对经济的管制力度较强的时期，美国经济对私人经济的依赖程度依然很强。当一些经济领域的政府管制力度下降时，例如证券交易、航空业、货车运输、油气供给、铁路业、电信业、银行业以及最近才放松管制的电力部门等，私有经济便马上占据支配地位。麦克沃伊（MacAvoy，1993）的研究显示管制放松降低了成本并获得了显著的经济绩效，因为经济领域的管制水平下降了16%，相应铁路运输业的价格下降了 14.3%、货车运输的价格下降了7.2%、航空客运的价格降低了 7%。而随着价格管制的取消，石油制品的价格则下降了 6.7%。

与政府管制放松相比，美国超大规模的私有化也很少出现。仅发生的几次则包括 1987 年联邦铁路公司、1995 年 DNS（Domain Name System，域名系统）网络公司和 1999 年美国铀浓缩公司的出售。1987 年政府出售联邦铁路公司的价格较预期少了 1.9 万亿美元，而 10 年后，该公司股票从 13 美元每股涨至 115 美元。同样，DNS 公司也以总价极低的 390 万美元的价格出售给 NSI 公司（Network Solution Inc，该公司属于美国 web. com 公司，提供域名、网站托管及建站服务），因为以极低的价格出售，DNS 的总股价在私有化后增加到 2 万亿美元也就合情合理。因此，学术界认为政府私有化 DNS 网络公司是一种政策失误（Ke-san & Shah，2001）。

联邦政府持有的其他资产还包括邮政系统、全美铁路客运公司、铁路公路和港口等基础设施、传媒领域未被私有化的资产以及大量未开发的土地和自然资源等。此外，联邦政府资产还包括联邦国民抵押协会和联邦住宅贷款抵押公司的债务保证金。总之，可供私有化的联邦资产的数量巨大。其他可以进行产权分散的潜在资产包括军事基地、国家劳动力中心和研究中心。这些领域处于关键领域，具有战略意义，其私有化存在很大的政治阻力，联邦政府亦对此领域的私有化没有太大的意向。

在很多情况下，美国政府会选择将国有企业承包出去来代替私有化以减弱私有化的负面影响。但是承包制同样存在问题，它不能阻止承包人的短期投机行为，也不能阻止因政府仍持有资产而带来的关于政府干预经济的争论。但是一些研究显示，即使承包制存在缺点，其在成本和利润上的经济表现也比原国有企业好。

市政企业试图阻止（或者至少是拖延）竞争不足为奇。如果给予这些国有企业一定的自主权，他们的管理效率可能会有很大的提升，至少在日常经营领域会有大的改观。而且国有企业的股份所有者在企业管理上也不会像政府那样有过于严格的约束。实际上市政企业的雇员并不是阻碍竞争的主要原因，政客们往往考虑到这些企业能够提供可观的政治支持而不愿放松对这些企业的控制权。因此这也是为什么政府更愿意将国有企业承包出去，而不愿意将这些企业进行出售的原因之一。

（二）美国跨国投资的特点

其他国家公有经济私有化后，一般都会取得根本性转变，欧洲公有经济私有化后很快就开展了跨国投资，类似的企业包括法国电信（France Telecom）、法国苏伊士运河（Suez）、法国电力公司等。相比而言，美国国有企业私有化后却没有实现这种转变，并没有开展跨国投资（Clifton et al.，2007）。这源于以下原因：第一，美国国有资产的私有化并不是典型的彻底出售资产，甚至一些企业私有化后政府还保持对其管理和控制，这种残留的公有制属性使得企业主要服务于本国居民而不涉及海外业务；第二，许多在美国境外私有化的企业，其同类企业在国内已经被私人所有。例如，美国国内的电信企业都是私人所有的，同时大部分境外电信企业是政府所有的。其他一些产业也很难正式转移到国外，例如，很难想象在西班牙经营美国的监狱。

第七章

完善政府监管国有企业
跨国投资的政策建议

国有企业一是要解决市场经济发达国家所面临的一般性"市场失灵"问题，比如公共物品的提供、自然垄断行业产品和服务的提供、宏观调控职能的发挥和国家安全的保证等。面对这些问题时，通过国有企业改革可使得国有经济活力、控制力和影响力都得到更好的发挥，从而可保证经济发展的稳定运行。二是要解决转轨国家所遇到的特有的"市场失灵"问题，比如转轨国家必须承担的"制度变迁"成本。国有企业作为政府干预和调控经济体制改革、解决巨大制度变迁成本问题的工具与手段，其改革能在相当程度上起到帮助政府增强矫正这一转轨国家特有的"市场失灵"的效果。比如，国有企业改革有效推进了社会主义市场经济体制的建立和完善。三是要解决发展中国家所碰到的特有的"市场失灵"问题，比如如何实现国家主导下的"经济赶超"战略。总的来说，国有企业的改革与发展要有利于解决这三类"市场失灵"问题，而不是相反。

在国有企业跨国投资过程中的政府监管方面，各国改革浪潮已使我们发现，不能轻易地实施大规模私有化，不能简单地照搬"华盛顿共识"，而是需要考虑很多因素，特别是要转变传统意义上的重商主义特点，要主动转移到以市场配置方式的政府管制方式上来，从而不断增强国有企业的竞争力、创新力、控制力、影响力和抗风险能力。

中国国有企业的跨国投资曾经是以政府为主导的，因此国有企业跨国投资时的制度因素就变得尤为重要。在这种情况下，国有企业改革推行多年，其国有资产流失、管理失灵等问题尚未得到有效解决，究其原因，我国国有企业不但缺乏有效的内部控制，而且还缺乏必要的外部监管。尤其是当国有企业跨国投资不断扩张时，与其形成鲜明对比的是，中国海外国有资产的监管严重缺乏管控，国有企业的跨国投资活动几乎完全脱离目前的监管体系，政府的监管力度微乎其微。因此，我国需要制定明确的跨国投资发展战略，努力推进经济体制与企业体制改革，鼓励多元化、多样化跨国投资经营模式，积极参与全球化的国际分工体系，更好地利用两个资源、两个市场，推动我国产业优化升级。而如何加强政府对国有企业跨国投资的监管，建立国有企业跨国投资的有效监管体系，便成为当前国有企业跨国投资研究中迫切需要解决的问题。对此，我们提出了一些相关建议，希望能够对政府监管国有企业跨国投资的战略举措有所启示。

第一节　强化国家所有权职能　完善国有跨国企业委托—代理管理

只要国家存在，国家所有权就必不可少。但国家所有权究竟应当为了什么目标而控制企业，控制在一个什么范围内才是必要的，如何才能增进全民利益等。国家所有权最基本的真相就是它是按照政治方式运行的以国家对个人的强制性支配权为内容的不折不扣的公共权力。任何公共权力的商业化运作都必然导致权力滥用和政治腐败，必然背离法治和市场经济的基本原则。

作为公共权力的国家所有权控制企业的正当目的只能是承担特定的社会或者政治任务，而不应是争取利润，也不应当是以实现利润为条件的其他目标，如建立政府财政来源等。因为，对利润的任何追求迟早会使国家所有权偏离法治原则。简言之，国有企业的正当目标应当是非营利、非商业性的。因此，国有企业改革的当务之急不是全面推进公司化和商业化，而是在有限政府、分权制衡和保障公民权利等法治原则下，重新界定作为公共权力的国家所有权在市场经济框架内的目标和职能（王军，2005）。对当前改革而言，政府应当区别不同目标的国有企业给予不同的政策和法律待遇。对那些为社会或者政治目标服务的国有企业，国家应保留所有权、给予财政支持并按照行政机构的治理模式，而不是商业性公司的治理机制，进行严加监管；那些身处竞争行业、具有营利或商业目的的国有企业，国家应当分离并承接其原有的社会职能，例如提供职工福利，甚至暂时缓解当时失业压力的职能，通过适当的方式包括但不限于公司化和股份化等，使国家所有权在信息充分公开和程序公正的前提下尽早退出企业。

　　因此，有效还原政府作为出资人的完整市场角色以及优化与此有关的密切的监管制度是关键，加快推进国有企业特别是母公司层面的公司制、股份制改革，进一步优化国有企业股权结构，迫切需要加以分类改革，为国有企业跨国投资创造前提条件。主要采取以下四种形式：其一，涉及国家安全的少数国有企业和国有资本投资公司、国有资本运营公司，可以采用国有独资形式；其二，涉及国民经济命脉的重要行业和关键领域的国有企业，可保持国有绝对控股；其三，涉及支柱产业和高新技术产业等行业的重要国有企业，可保持国有相对控股；其四，国有资本不需要控制并可以由社会资本控股的国有企业，可采取国有参股或者退出。我们可通过多种方式推进具备条件的国有企业改制上市，暂不具备上市条件的国有企业通过引入各类投资者，实现股权多元化，鼓励具有资金、技术、管理优势的战略投资者以及社保基金、保险基金和股权投资基金等机构投资者参与国有企业改制重组。这样大部分国有企业通过股权多元化的改革，逐步发展成为混合所有制企业；国有企业在发展混合所有制经济中将逐步降低国有股权的比例；大力支持各种非公有资本特别是民营资本参与国有企业的股权多元化改革；国有企业通过实施股权多元化改革，一方面吸引更多的社会资本与国有资本共同发展，另一方面促进国有企业进一步完善公司治理结构和内部运行机制；

在具体实施过程中，实行一企一策，分类进行研究，分类提出措施，不搞"一刀切"，因为国家所有权或者私人所有权都不是万能的，因而国家所有权也需要清晰界定，强化公开透明和规范运作，防止国有资产流失。

事实上，委托—代理问题是我国国有企业改革一直面临却始终没有彻底解决的问题。国有企业改革之前，我国国有企业内部存在明显的多重委托—代理链，并且委托—代理链过长，政企不分，所有者代表严重越位，剩余索取权和剩余控制权不匹配，体制性因素导致我国国有企业长期以来发展缓慢。近几年，随着政府对国有企业大刀阔斧的改革，国有企业逐渐获得越来越大的自主权。但是由于我国国有企业改革的配套体系没有到位，监督制约机制比较薄弱，导致一方面国有企业与其监管机构容易达成合谋行为，另一方面国有企业经营者作为代理人，容易为获取更多租金而做出许多短期性投资行为。代理人问题突出，导致交易成本最小化的治理结构误配，严重阻碍着国有企业的跨国投资发展步伐。为解决委托—代理问题，建议可从以下几个方面出发：

一、明晰产权，尤其是海外子公司的产权，明确责任主体

根据《中华人民共和国国有企业国有资产法》的规定：国务院的国有资产监督管理机构和地方人民政府设立的国有资产监督管理机构，根据本级人民政府的授权，代表本级人民政府对国家出资企业履行出资人职责。由此可见，在法律上已经明确规定了履行出资人职责的机构即国有企业的真正所有者。此外，关于国有企业跨国投资过程中设立的海外子公司的产权问题，2011年6月14日，国务院国资委出台了《中央企业境外国有资产监督管理暂行办法》和《中央企业境外国有产权管理暂行办法》，明确规定中央企业是所属境外企业监督管理的责任主体及产权管理的责任主体。从表面上看，履行出资人的职责机构已经明确，中央企业海外子公司的产权管理主体也得到明确，但是实际上从"经济人"假说出发，履行出资人职责的机构并非真正的所有者，他们也就不会像管理自己的企业一样关注国有企业的发展，所有者依然缺

位。而因所有者缺位，履行出资人职责机构反而会最大限度地实现自身利益，甚至不惜为此损害国有资产。国有企业在境内的腐败问题已被社会广为诟病，当国有企业走出国门，脱离政府的监管之后，企业经营者为了实现私人利益最大化，很可能以开拓市场为借口进行违反商业道德的活动，向海外转移资产，化公为私，造成国有企业收益内部化和私有化，这必将造成国有资产的大量流失。

为了促进国有资产保值增值，必须进一步推进产权制度改革，明晰产权，尤其是海外子公司的产权，明确责任主体，落实责任追究制度。一是要推进股权多元化改革，在所有权结构上形成一套相互制衡、相互约束的内在机制，塑造真正的所有者；二是需要国资委对国有企业的境外投资行为进行进一步规范，明确责任主体，使国有企业从被动监督转为自己主动监督，自行控制风险，防范国有资产流失的风险；三是严格落实责任追究制度，实行项目终生责任制，督促国有企业对跨国投资活动做到谨慎决策、谨慎投资，对于因投资项目经营失败需要承担主要责任的负责人建立职业终生禁入的处罚制度。

二、完善信息公开制度，培育职业经理人市场，解决代理人问题

我国现在还没有形成完善的经理人选拔市场，国有企业的经营者大多数是通过行政方式任命的，国有企业内部人控制现象非常严重，导致企业经营绩效不佳。另外，由于国有企业的经营者多数是行政任命的，很多经营者原先从事的是政府部门的行政工作，他们去国有企业做着经营管理者，也不是为了国有企业的长远健康发展，而是在任期间倾向于盲目扩大投资规模以增业绩。许多跨国投资项目未进行充分的可行性研究便被匆匆立项，这样的后果必然是投资项目失败，国有资产流失。但国有企业委托人的经营目标是促进国有企业健康发展，实现国有资产保值增值，这样，国有企业代理人的经营行为及目标与国有企业委托人的经营目标不一致，容易产生代理人问题，而代理人问题的存在必然导致国有

企业国际竞争力及效率低下，严重影响国有企业跨国投资活动的发展。

对此，我们要培育完善的国有企业职业经理人选拔市场，让国有企业通过经理人市场，按照市场化原则选拔经理人，并且按照市场化原则来有效评价经理人的活动，充分引入激励机制和竞争机制，加快人力资源开发，消除道德风险和信息不对称，利用国有企业的竞争压力促使国有企业代理人的行为目标与委托人的行为目标在最大限度内趋于一致。

三、加强对委托人和代理人的行为监管，尤其是对二者合谋行为的监管

由于存在所有者缺位的问题，国资委及地方各级政府作为履行出资人职责的机构，对国有企业董事、监事等高级管理人员有任免和建议任免权利。在"经济人"的假设前提下，履行出资人的机构由于不用对国有资产最终所有权和国有企业最终价值负责，并且由于还拥有对企业高级管理人员的人事任免权，因此当履行出资人机构与国有企业最终所有者目标不一致时，便为履行出资人机构与国有企业管理人员合谋提供了极大的便利。具体表现为他们会从各自的利益最大化出发，共同合谋向政府要政策、要优惠、要补贴，共同争取有利于他们的项目工程；履行出资人机构拥有这些政策后，也会反过来向企业寻租。对此，政府部门要加强监管和防范，对国有企业监管，既是对代理人的监管，也是对委托人的监管，同时也是对二者合谋行为的监管，尤其要防止代理人通过管理专用性投资来减少被替代的可能性，进而采取"敲竹杠"的方式来要求增加工资和谋取更大权利，以及甚至以此来决定企业的发展战略。

第二节　完善竞争性市场秩序　促进民营企业积极参与全球化竞争

从广义上来讲，竞争性市场秩序的内涵包含市场管理主体、市场经

营主体、市场消费主体、市场交换客体即商品以及各种管理行为作用的结果及交换客体对市场的影响。完善的市场秩序主要包括市场准入、退出秩序、市场竞争秩序和交易行为秩序。只有建立完善的市场秩序，形成统一开放、竞争有序的现代市场体系，市场才能合理地配置资源。在跨国投资活动中，若要建立完善的市场秩序，需要政府制定行之有效的市场制度和规则，健全管理组织，加强国有企业跨国投资的市场监管。因此，政府应设立对外投资合作的综合性服务平台，建立定期更新发布海外投资合作咨询的服务机构，坚持中央提出的"政府引导，企业为主，市场合作，互利共赢"的方针，才能有效地实施"走出去"战略。

一、完善国有企业跨国投资管理体制

首先，在国际市场准入方面，要加大政府的审批力度，只有具备一定条件的国有企业，才有进入资格，以实现国有资产在国际市场的保值增值。例如，对于国有企业的所有对外投资项目，其投资金额达到 1 亿美元以上时，可以将其纳入"准预算"管理，成立专家调查评估组进行可行性分析，国资委和政府部门应将专家组的意见作为审批项目时的基本依据。

其次，政府部门应加强国际市场的信息披露，尽量降低信息不对称所造成的危害。随着国有企业跨国投资的规模不断扩大，其对国际市场相关信息的需求量也不断加大，但是国有企业对复杂变幻的国际市场信息难以摸透，需要由政府给予信息支持。政府可以建立一个专门的信息平台，为我国企业跨国投资提供各种咨询服务，在国有企业的跨国投资项目达成投资意向前，先行对该国家、该行业的相关信息进行披露，从而减少国有企业高管因判断失误造成的投资失败，避免国有资产的流失。此外，政府要利用该信息平台进行统筹设计，减少国内同行业之间的恶性竞争。我国企业数目较多，企业之间激烈的竞争制约了国内企业"走出去"的速度。为了避免企业之间的恶性竞争，政府有必要加强这方面的信息披露，对国内企业的跨国投资行为进行统筹设计，进而提升我国企业的整体形象。

最后，在国有企业跨国投资项目的审批制度方面，现行国有企业的跨国投资活动需要由国资委、外管局与商务部共同审批，虽然看起来各部门分工明确，实际上多部门职能交叉重叠，分别有不同的利益出发点，如国资委的目标是国有资产的保值增值，外管局注重海外国有资产的国际收支平衡，商务部最终决定企业跨国投资的审批，这必定会引发各种问题，难以保证国有企业跨国投资的正当性和合理性，所以国有企业跨国投资的管理体制需要进一步完善。另外，很多跨国投资活动对于时效性有较高的要求，投资机会稍纵即逝，然而我国部门体系繁杂，国有企业投资项目审批流程过长，国家主管部门应该简化国内企业对外收购和投资的审批程序，减少企业的收购成本，提高企业的竞争力。多个审批环节也容易滋生权力寻租，不利于建立公平竞争的市场环境。政府相关部门要明确分工，精简程序，提高审批效率。建议成立专门的部门，主管跨国投资和收购的审批，缩短流程，简化手续。

二、完善相关法律法规体系

良好的市场秩序需要完善的法律法规体系来维护。改革开放以来，我国企业的跨国投资活动越来越频繁，尤其是国有企业改革以后，国有企业也不断加快了其跨国投资的步伐。然而，与此形成鲜明对比的是，相关的法律法规却极不健全，很多在我国境内形成的市场交易惯例，在国际市场上的其他国家可能就是违法的，这些已经超出了市场规律本身的风险。

迄今为止，我国现行的一些引导企业跨国投资的法规大都是 20 世纪八九十年代颁布的，如 1985 年外经贸部制定的《在国外开设非贸易性合资企业的审批程序与管理办法》、1989 年国家外汇管理局颁布的《境外投资外汇管理办法》、1990 年中国人民银行制定的《境外金融机构管理办法》以及 1991 年的《国家计划委员会关于加强跨国投资项目管理意见》等（杨麒，2012）。虽然 2011 年 7 月 1 日，国资委发布了

《中央企业境外国有资产监督管理暂行办法》和《中央企业境外国有产权管理暂行办法》，2017 年国资委出台了《中央企业境外投资监督管理办法》，但有些法律法规不能满足我国企业开展跨国投资活动时的法律需要。比如法律规定的企业跨国投资项目的评估、立项和审批等程序过于烦琐，不符合高效、科学、法制化的原则；虽然企业跨国投资的审批程序复杂，但是政府部门在防范国有资产在海外流失方面却缺乏严格的监管程序，国有企业跨国投资项目的进展缺乏实时监督、过程跟踪、信息公开，国外子公司的产权界定不清楚，其与国内母公司、政府主管部门之间的权利义务关系没有理清；由于缺乏相关法律约束，一些国有企业进行跨国投资时经常在未做团队考察和专业的投资论证程序的情况下便匆匆立项，一旦投资失败，也没有相关责任主体为国有资产的流失负责；税收方面，我国政府与跨国公司的东道国尚未就税收问题达成协议，一定范围内存在对跨国公司的国内母公司与国外子公司双重课税的问题。

要想解决以上问题均需要从法律法规方面入手，完善相关法律法规建设，建立良好的市场秩序。具体来说，建立完善的法律法规体系可以从以下几方面来考虑：第一，加强国内法规体系的建设，制定"海外直接投资法"，从宏观层面上加强对跨国公司的总体战略规划，使跨国经营走上法制化、规范化的轨道；第二，制定"跨国公司财税法则"，从微观层面上加强对国有跨国公司的内部财务监督，防止国有资产流失；第三，认真研究国有企业跨国经营过程中有关东道国的相关法律及促进国际投资的相关措施，尽可能找出国内与国外法律的契合点，使企业投资和政府政策导向合理化。只有在熟悉国外法律环境和完善国内法规的基础上，我国企业跨国投资才能保障国家和企业的利益。

三、政府积极参与国际规则的制定

我国是一个人均资源占有量较少的国家，在战略能源和资源方面的进口需求不断增加。但是能源和资源主要由少数大型跨国公司垄断经营，使该市场呈现明显的卖方市场特征，如果单纯依靠从这些垄断跨国公司手中购进能源和资源，将大大降低我们的议价和控价能力。从国际经验上看，通过对外直接投资，对国外的能源和资源进行直接开采，能够确保我国能源和资源供应数量和价格的稳定性。目前看来，有能力直接对国外资源和能源进行开采的，只有国有企业。同时，政府要进一步提高其国际影响力，在国际谈判中掌握更多的话语权和控制权，才能提高我国国有企业跨国投资过程中议价能力，从"价格接受者"转变为"价格制定者"，也使我国从单纯靠贸易量取胜的"贸易大国"转变为靠国际实力取胜的"贸易强国"。因此，政府要不断提高我国的国际地位，掌握话语权，才能进一步推动国有企业的跨国投资行为从契约式满足向产权式办法转化，通过"走出去"削弱别人的定价权，提高自己的定价权，从根本上满足我国对能源资源的需求（李享章，2011）。

此外，中国企业的跨国投资有 40% 是以兼并收购的形式进行的，但是，由于我国国有企业其特有的"国有化"政治背景，大多数国有企业的跨国收购项目都以失败告终。2005 年中国海洋石油有限公司欲收购美国优尼科公司，历经 5 个月的谈判和竞价，最终以失败告终；2009 年中国铝业计划向澳大利亚力拓注资 195 亿美元的"世纪大交易"最终也宣告失败。国有企业跨国并购的种种失败案例无不令人惋惜，究其原因，大多都不是商业因素导致，而是缘于西方国家对中国企业的排斥心理，担心中国企业的投资会影响其国家安全，西方国家以"国家安全"的名义打压中国企业时，也形成了贸易保护主义之实。所以，我国政府应加强与其他国家的政治经济文化交流，深入开展贸易合作，拓宽合作领域，积极参与国际规则的制定和双边投资协定的签署，为中国企业的对外直接投资争取更加合理和有利的条件，并加强对跨国投资的国有企业海外权益的维护，减少政治和其他方面的阻力，努力形成统一开放、公平竞争的国际市场秩序。这样才能推动我国企业积极融入经济全球化进程，提高我国企业在国际市场上的地位和竞争力。

四、培育成熟的金融市场及配套服务体系

企业跨国投资需要完善的金融市场服务体系做支撑，但是我国目前的金融体系不健全，缺乏足够的为跨国经营企业提供资本的融资平台，离岸金融业务发展速度缓慢，这些都严重阻碍了中国企业对外直接投资活动的发展，所以需要政府部门加强监管，培育完善的金融市场服务体系。

首先，政府应当放松对金融市场的监管，培养一个成熟的金融市场，扩大中国企业对外直接投资的融资渠道。中国的金融市场不完善，大部分中国企业的跨国投资活动资金都是来自中国进出口银行和中国国家开发银行，国有企业跨国投资的融资渠道比较单一。随着国有企业跨国投资的规模不断扩大，融资成本必定随之不断增加，国家为了支持国有企业跨国投资的发展而给予这些企业提供优惠贷款，虽然提高了企业的融资能力，却又给发达国家提供了"不公平竞争"的口实，为他们实行"反倾销"等贸易保护主义活动提供了借口，反而不利于建立公平竞争的市场秩序，一定程度上也不利于中国企业的发展，所以中国应当培养一个成熟的金融市场，比如设立跨国投资银行，专门为跨国投资企业和项目进行贷款和担保，允许符合条件的中外资企业集团实现外汇资金有限、自由的集中管理，降低中国企业跨国投资的融资成本并扩大其融资渠道。

其次，政府应该鼓励投资银行业务等配套服务体系的发展。目前，中国从事投资银行业务的机构大多实力薄弱，在国际化程度、风险管理水平以及专业人员素质方面都比不上国外的投资银行。而启用国外的投资银行也有很多隐患，这严重限制了中国企业跨国投资的发展速度。所以政府应鼓励投资银行业务等相应配套服务体系的发展，提高投资银行从业人员的业务水平，提高投资银行的国际化水平及风险控制能力，为金融市场的发展建立良好的配套服务体系，以支持中国企业的对外直接投资。

五、积极发展民营企业更好地促进我国企业"走出去"战略

尽管国务院在 2005 年和 2010 年先后提出了鼓励民间资本进入垄断行业的"非公 36 条"和"新非公 36 条",但成效并不明显。2013 年,党的十八届三中全会《中共中央关于全面深化改革若干这大问题的决定》又提出"鼓励非公有制经济参与国有企业改革""进一步打破行政垄断"。对于垄断行业来说,有条件放开的要尽早放开,即使不能一下全放开的行业,也要推动渐进式改革。

在以往的改革中,通过对原有的垄断性国有企业进行分拆、重组,在一部分带有不同程度垄断性的行业引进竞争机制。在有些行业,政策不允许新的竞争者进入;有些行业原有的国有及国有控股企业已具有压倒性的竞争优势,即使政策允许新的竞争者进入,新竞争者也无法与原有的企业进行有效的竞争。所以,对于新的进入者而言,行业的进入壁垒难以突破,但是,这便更加需要积极引入民营企业进入,以更好地促进我国企业"走出去"战略。

部分垄断行业国有及国有控股企业的壮大,是改革的结果,也是由行业技术、经济特点、历史因素、行政性因素等共同作用决定的。同时,由此引起竞争不足而带来的问题也需要进一步改革。因此,要在一部分带有垄断性质的行业中引入有效竞争。对于已经实行政企分开、政资分开和进行分立、引入竞争机制的石油石化、电力、电信、民航等行业,要放开市场准入,破除进入壁垒,引入新的市场竞争主体,重组产业结构,增进企业效率。这些行业的新进入者可以是非国有经济成分混合所有制投资主体,也可以是新进入的国有及国有控股企业,还可以是进一步扶持、培育已在行业内的比较弱的国有及国有控股企业,以提高竞争强度。

由于历史、行政性、行业技术经济特点等多方面原因,国有及国有控股企业在一部分行业中居有一定的垄断(比如盐业、国家电网、南方电网、中国铁路总公司等)或寡头垄断(比如三大电信运营商、

三大石油公司、四大国有银行等）的地位。无论是技术经济性原因，还是行政性的原因，垄断或寡头垄断有其合理性的一面，但也具有不可忽视的弊端。我们既不应以合理性去否定弊端，也不应以弊端去否定合理性，更没必要去否定这种垄断与寡头垄断的存在。重要的是，在一部分有必要由国有及国有控股企业实行垄断或寡头垄断经营的行业中，不仅仅是要强化对这部分国有及国有控股企业的监管，还要由相应的政府部门对这类国有及国有控股企业实行相应的经济性管制，比如对一些提供公共产品、带有一定公益性的企业的产品实行价格管制，以尽可能地消除由垄断或寡头垄断带来的弊端。

第三节　建立国有企业跨国投资信息披露制度 完善国有资产管理体制

信息披露制度是落实股东及潜在投资者的知情权、对企业实施有效监管、与利益相关者实施有效沟通、消除不良社会反响的有效制度。国有及国有控股企业是股东人数最多、利益相关面最广、管理控制链条最长以及全社会最为关注的一类企业，在国有及国有控股企业中建立强制性的信息披露制度十分有必要。

要在中央及地方主要的国有及国有控股企业中建立日常报告与定期报告相结合的强制性与自愿性信息披露制度。当前，除一部分上市国有控股企业按照证券监管的要求进行了信息公开披露外，中国并未建立强制性的、需向公众公开的未上市国有及国有控股企业的信息披露制度。大部分国有企业的信息披露制度仅限于向特定监管主体，比如国有资产监督管理委员会、政府有关部门等提交相关的报告。也有一部分国有及国有控股企业还需披露企业社会责任报告或可持续发展报告。这样，作为国有及国有控股企业最终所有者的全体真正股东很难获得国有及国有控股企业的经营信息，这种状况造成了两大问题：一是作为股东和利益相关者的全体公民无法有效、全面地了解国有及国有控股企业，更谈不上有效地监督国有及国有控股企业；二是公众在间接、被动接收到国有及国有控股企业某些准确或不准确信息的情况下，有关国有及国有控股企业的负面社会反响反而会以非正式方式传播并不断放大，从而一定程度上损害了国有及国有控股企业的社会形象和经济利益（黄速建和余菁，2006）。

改革开放以来，中央对于如何建立和完善国有资产管理体制进行了不断地探索，对国有资产监管的认识也经历了一个从模糊到清晰的过程。1984 年党的十二届三中全会《关于经济体制改革的决定》初次提出国有企业所有权与经营权分离的思想；1988 年国务院决定成立国有资产管理局，行使对国有资产的管理职能；1993 年党的十四届三中全会提出对国有资产实行国家统一所有、政府分级监管、企业自主经营的体制，首次明确了政资分开的概念；1998 年国务院机构改革中国有资产管理局被撤销后并入财政部，机械、化工、煤炭等多个主管行业内国有企业的政府部门改组为隶属于国家经贸委下设的局级单位，并明确规定这些部门不再直接管理国有企业；1999 年党的十五届四中全会《关于国有企业改革和发展若干重大问题的决定》指出"国务院代表国家统一行使国有资产所有权，中央和地方政府分级管理国有资产，授权大型企业、企业集团和控股公司经营国有资产"；2001 年国家经贸委下属的九个国家局被撤销；2002 年党的十六大明确了在坚持国家所有的前提下，建立中央政府和地方政府分别代表国家履行出资人职责，享有所有者权益，权利、义务和责任相统一，管资产、管人和管事相结合的国有资产管理体制；根据党的十六大的部署，2003 年经第十届全国人大一次会议批准，国务院设立国有资产监督管理委员会，负责履行出资人职责，监管国有资产。各省（区、市）和部分市（地）也相继组建国有资产监督机构，这一机构体系也一直延续至今。同年，党的十六届三中全会首次作出了"股份制是公有制的主要实现形式和大力发展混合所有制经济"的论述；2007 年党的十七大进一步强调深化国有企业公司制股份制改革，健全现代企业制度；2012 年党的十八大提出深化国有企业改革，完善各类国有资产管理体制，推动国有资本更多投向关系国家安全和国民经济命脉的重要行业和关键领域；2013 年党的十八届三中全会指出，"必须毫不动摇巩固和发展公有制经济，坚持公有制主体地位，发挥国有经济主导作用，不断增强国有经济活力、控制力、影响力。要完善产权保护制度，积极发展混合所有制经济，推动国有企业完善现代企业制度"。

但国资委自 2003 年成立以来，在公司治理方面仍处于一刀切的粗放型局面，无论企业规模大小、是何类型，都是一把尺子、一杆秤、一锅粥地以统一标准来衡量，国有企业分类治理模式尚未形成。分类监管是社会主义市场经济发展到一定程度，对国资、国有企业改革提出的必然要求，因此党的十八届三中全会《中共中央关于全面深化改革若干重大问题的决定》中明确指出要"准确界定不同国有企业功能"。在实践中，中央和部分地方国资委在国资监管时已有分类的意识和初步做法，例如分类干部管理、分类业绩考核，但在法人治理结构这种顶层设计方面尚属空缺。即便如此，分类也绝不是目的，而是手段，因此不能为了分类而分类。分类的目的是使属性相同的企业具有可比性，使属性不同的企业具有差异性和区别性，从而才能更加客观、实际、公正地进行评价，有针对性地进行指导和监管。以管资本为主的方式加强国有资产监管，更加突出了出资人代表性质和国有资本运作，更加强调从出资人角度加强监管。各级国资委要以产权关系为纽带，依法通过公司章程和公司治理，围绕"管好资本"这四个字，落实好出资人职责，不干预企业具体经营活动，不侵犯企业的法人财产权和经营自主权（黄淑和，2014）。

一、国有资本投资公司以产业资本投资为主着力培育产业竞争力

国有资本运营公司主要开展股权运营，改善国有资本的分布结构和质量效益，实现国有资本保值增值。国有资本投资运营公司与所出资企业更加强调以资本为纽带的投资与被投资关系，更加突出市场化的改革

措施和管理手段，更能充分地体现国有经济的活力和竞争力。组建或改组国有资本投资运营公司，国资委作为出资人代表的职责定位没有变。因此，要按照整体规划、分类实施、稳妥推进的原则，在符合条件的中央企业开展试点，在试点基础上总结经验，逐步推进。

二、要准确界定不同国有企业功能，进一步增强国有资产监管的针对性和有效性

对于分类考核，国资委正在进行深入研究，积极探索和完善中央企业分类考核的办法：一是在准确界定不同国有企业功能的基础上，区分企业不同的业务性质，进一步完善分类考核政策，拟对中央企业的业务，按政策性业务与经营性业务进行区分，并据此实施分类考核；二是在确保国有资本保值增值的前提下，针对不同类型企业以及企业不同发展阶段，设定不同的发展目标；三是按照科学发展观要求，远近结合，分步推进、分类实施（黄淑和，2014）。

三、完善国有资本经营预算制度，提高国有资本收益上缴比例

尤其是自然资源租金管理，避免出现所谓的资源诅咒——集中于租金所有权的争夺，常常用于消费而不是未来投资，从而无法实现转型升级，很容易造成国有企业负债累累。因此，需要充分发挥国有资本经营收入与支出预算在改革发展、结构调整、转型升级中的重要作用，支持国有企业做强做优，促进国有资本更多投向关系国家安全、国民经济命脉的重要行业和关键领域，加快推进国有经济布局结构的战略性调整，为保障和改善民生提供更好的物质基础。同时，加大对公益性国有企业的投入，在提供公共服务方面作出更大贡献。根据国有企业发展实际，有差别、分步骤地提高国有资本收益收取比例，到2020年国有资本收益上缴公共财政比例达到30%。要推进国有资本优化配置，使国有资

本更好地服务国家发展战略。按照党的十八届三中全会精神，进一步推进国有经济布局结构调整和国有资本优化配置，使国有资本更好地服务国家发展战略，更多地投向关系国家安全、国民经济命脉的重要行业和关键领域，重点提供公共服务、发展重要前瞻性战略性产业、保护生态环境、支持科技进步、保障国家安全。

正如《中共中央关于全面深化改革若干重大问题的决定》提出的那样，加强人大预算决算审查监督、国有资产监督职能，强调人大作为国家权力机关在完善国有资产治理中的地位和作用。因此，建议全国人大适时启动对现行《中华人民共和国企业国有资产法》的修订，在法理上明确全国人大和国务院在国有资产所有权上的委托—代理关系，保障全国人大依法对国资的治理履行监督职能。

第四节　加强跨国国有企业分类监管提升国有企业的国际竞争力

由于国有企业资产分布在不同的领域、不同的行业，所以它们具有不同的性质或特点，比如矿产资源、土地、行政性非经营性国有资产和企业经营性国有资产等。我们目前并没有对分布在不同领域、具有不同性质的国有资产制定统一的国有资产监管制度，而只是就某一部分企业国有资产制定了监管的法律，比如《中华人民共和国企业国有资产法》。国资委系统所监管的也只是一部分国有及国有控股企业。

就企业经营性国有资产而言，具体的分类办法可以继续讨论，但就实行分类监管应形成共识。各类国有及国有控股企业所提供产品的性质不同，它们所处的行业也不尽相同，如有的国有及国有控股企业是承担特殊社会职能或提供公共产品为主的带有公益性、公共性、垄断性或寡头垄断性的企业；有的国有及国有控股企业是带有竞争性、高度市场化的企业。不同类型的国有及国有控股企业承担的职能不同、提供的产品和服务不同、经营目标不同，竞争强度不同，对其监管的目标更应该有所区别。对于不同类型企业的国有资产，我们不仅没有形成统一的监管办法，也没有区别不同情况实施分类监管，比如，考核的指标基本相同。由于监管内容与目标的分类涉及企业运营的目标与行为，国有及国有控股企业的分类及分类监管应该成为下一步国有资产监督管理改革的重要内容加以落实。

纵观各发展中国家的跨国投资情况，大多数国家都没有取得良好的绩效。相比中国来说，印度有着更长的跨国投资历史，其跨国投资主要是由市场、私有企业推动的，但是其跨国投资所取得的绩效远不如中国。究其原因，印度在跨国投资上属于"弱势政府"，其投资活动主要由私有企业主导，靠市场推动，这使得他们在国际市场上缺乏充足的资金支撑以应对国际形势变化的能力，难以形成国家特定优势，在国际市场上难以与那些大型跨国公司相抗衡，所以印度的跨国投资历史虽然较长，但是其发展水平较低。而我国的跨国投资活动是以国有企业为主体的政府主导型投资，拥有"国家所有权特定优势"，也是一种制度优势，使我国国有企业跨国投资活动发展迅速，越来越多的国有企业跻身"世界500强"行列。所以我们更应该充分发挥国有企业的这种制度优势，进一步提高国有企业的国际竞争力。具体来说，政府可以从财税支持、人才培养、指导国有企业完善内部治理结构等方面发挥政府职能，为国有企业提供更加强大的资金支持，引进及培养更多的跨国投资方面的人才，督促并指导国有企业进一步完善公司治理结构，使其能更加适应国际市场，从而提高国有企业的国际竞争力。

一、政府对国有企业跨国投资给予政策支持，加强风险管控

由于国际市场秩序的不完善，以及西方国家顾虑于我国国有企业收购本国企业是出于政治等因素的考虑，国有企业跨国收购计划屡遭失败。而每次国有企业为了达到成功收购的目的，在前期都要做大量的准备工作，包括可行性研究、项目申请、资金铺垫、竞争谈判等，该过程的投入成本是巨大的，一旦投资失败，这些沉淀成本便无法挽回。例如

中国铝业集团有限公司（以下简称"中铝"）增资力拓案，2009 年 6 月 5 日，澳大利亚力拓集团宣布，集团董事会撤销对中铝注资力拓的战略合作交易的推介，力拓毁约于中铝，而中铝又被动违约于向其提供并购融资贷款的四家中国国有商业银行，力拓仅仅给了中铝 1% 的违约金，而中铝要赔偿给四大银行的违约金远远高于此金额；还要承受每股 60 美元收购来的价值 150 亿美元的力拓股票不断缩水的代价；加之在此之前，中铝已经与力拓进行了 5 个多月的谈判和磋商，其中的交易成本也是难以计量的。此外，在人民币升值、外币贬值的趋势下，国有企业跨国投资面临的汇兑风险愈发突出。国有企业的多数投资集中在非洲等欠发达地区，这些地区的政治局势不稳，政治风险突出。由此可见，国有企业跨国并购面临政治、法律、财务、汇率、评估及整合等诸多风险，所以国有企业跨国投资时必须采取措施以防范各种风险，降低经济损失。

为了降低国有企业跨国投资风险，提高国有企业的国际竞争力，政府要在各方面对国有企业"走出去"给予政策支持，加强风险控制，防止国有资产流失。目前中国出口信用保险公司是我国唯一官方出口信用保险机构，主要是在投资项目政治风险保险方面提供多种服务，如跨国投资保险、来华投资保险和租赁保险等。如果仅由中国出口信用保险公司提供有限的保险服务就显得不足，需要政府建立一系列新的保险制度。具体说来，一是充分发挥进出口银行等政策性金融机构的融资作用，扩大企业融资渠道，降低企业的融资成本；二是大力发展跨国投资保险，完善中国企业跨国投资的相关的保险制度，为国有企业跨国投资提供安全保障，帮助国有企业分散并且防止境外投资风险，尽量降低投资失败造成的国有资产流失；三是政府加强外汇管理，制定合理有效的外汇制度，为国有企业跨国投资提供有效的融资方式，规避汇率风险；四是政府与东道国政府加强对话与合作，取得对方的理解与信任，为国有企业跨国投资创造良好的政治环境。政府只有制定科学合理的政策措施，解决国有企业跨国投资的"后顾之忧"，才能提高国有企业跨国投资的风险控制能力，提高国有企业的国际竞争力。

二、建立人才培养与引进机制

虽然目前国有企业的跨国投资活动取得一定成绩，但是总体来说，国有企业还是欠缺跨国投资经验，缺乏国际经营战略布局思维，其国际化经营经验不足，更没有把跨国经营纳入企业长期发展规划之中，其国际竞争力较低。部分国有企业缺乏跨国投资的内在动力，其很多投资项目主要是靠政府推动来完成的。此外，那些已经开展跨国投资活动的国有企业，也面临诸多问题，比如国际化经营管理经验不足，缺乏自主知识产权和核心技术，对投资国家的政治风险难以准确把握，对市场变化和汇率波动缺乏预见性，都导致其跨国投资活动取得的绩效较低。面对以上种种问题，追其根源便是相关人才的缺乏。我国国有企业的经营者多采用行政任命制，高层管理者与行政级别挂钩，很多国有企业的经营者缺乏专业的跨国投资知识，与国外成熟的经理人选择市场有很大差距。经理人选拔市场的不完善使得国有企业的经营者缺乏提高自身素质的内在动力，而跨国经营管理人才的匮乏亦导致国有企业跨国投资绩效偏低。此外，我国国有企业与世界著名企业相比，存在缺乏自主知识产权和核心技术，技术创新能力不足，科研投入较少的问题，这更加降低了我国国有企业的国际竞争力。所以，我国要建立合理、高效的人才引进及人才培养机制，引进并培养一批适应国际市场需求的管理、金融、技术及法律人才，为国有企业跨国投资提供专业服务，促使企业明确自身竞争优势并树立全球观念，制定企业跨国投资发展的长期规划，帮助企业提高对跨国经营过程中的政治风险、经济风险的认识水平，建立企业跨国投资的风险防范机制，综合提高国有企业跨国投资经营水平，全方位提高国有企业的国际竞争力。

三、完善国有企业公司治理结构，使其更加适应国际市场

虽然经过近些年的国有企业改革，国有企业的经营绩效、盈利能

力、市场竞争力等都得到了明显提高，尤其是产权改革以后，政府与国有企业之间的关系也有所理清，国有企业逐渐地市场化，并且开始建立起现代化的企业制度，但是，国有企业改革在很多方面做得还不够深入，国有企业的公司治理结构还存在很多问题，尤其是国有企业进入国际市场，大力开展跨国投资活动以来，暴露出了企业治理方面更多的缺陷。与发达国家的企业管理水平相比，我国国有企业管理水平的落后，严重阻碍了国有企业的国际化步伐，降低了国有企业在国际市场上的竞争力。

　　具体说来，国有企业公司治理方面还存在如下几个问题：首先，国有企业上市公司股权结构不合理，国有股市场流动性不强，国有企业内部人控制现象严重（该问题已在本章第三部分委托—代理问题中做过阐述）；其次，在国有企业改制的过程中，"老三会"（职代会、党委会、厂委会）和"新三会"（股东会、董事会、监事会）之间的衔接性问题突出，难以进行合理规范化及有效运转；再次，企业存在多层式委托—代理关系，委托—代理链过长，难以进行有效监管；最后，独立董事、职工董事难以有效发挥监督作用，"内部人控制"容易弱化监事的监督功能。

　　政府应该加快国有企业改革的步伐，使国有企业更加市场化，并指导中国国有企业建立更加完善的现代化公司法人治理结构，建立规范的董事会。实践表明，优秀的公司治理结构不仅为国有企业跨国投资活动的成功开展提供了必要条件，而且也能有效减少境外投资的失误、降低国有资产流失的风险。因此，从出资人角度看，加快建立规范的董事会、完善公司法人治理机制，是加强国有企业境外投资监管的重要内容，也是国有企业自身的迫切需要。此外，境外子公司在执行本国及母公司管理制度的同时，还可以采用东道国的公司治理模式，选择适应于本土化的公司管理模式，聘请当地的管理人才，制定相应的激励约束机制，这样有利于海外子公司融入当地的政治、经济、文化及法律环境，加快推进我国公司法人治理结构的建设过程，提高国有企业的海外适应能力与其在当地市场的竞争力。

近些年，我国在建立规范的国有及国有控股企业公司治理制度方面有一定的进展，但还有不少的工作需要去做。首先是国有及国有控股企业的公司制与股份制改造工作并未完成。有一部分国有企业还没有实行公司制与股份制的改造，尤其是国有大型特大型企业的母公司层面其公司制与股份制改造的工作推进较慢。国有企业整体上市工作由于存在一些制度性问题和不少操作层面的障碍与问题而难以实现真正突破。其次是在国有企业中通过公司制、股份制改造依法建立包括股东会、董事会、监事会、经理层在内的规范的公司治理机构工作还要进一步推进，尤其是如何将公司治理机构运行机器如何有效地与现有的其他管理制度相融合的问题需要解决。国有及国有控股企业的董事、外部董事如何选任、履责、评价考核，国有及国有控股企业监事会如何组成并充分发挥监督作用都是需要继续探索并解决问题。最后是要破除国有及国有控股企业内部管理中的行政化色彩，建立按照分类监管要求制定的包括国有及国有控股企业高层管理人员在内的市场化或行政化退出机制，继续深化国有及国有控股企业三项制度改革，按分类监管要求建立市场化或行政化的人力资源管理办法，建立有效的激励与约束机制。

总之，一方面，要完善市场结构和治理结构，减少民营企业进入时面临的潜在不确定性和沉淀成本，提高国有企业与民营企业之间的公平竞争程度，提高国有企业投资效率，避免国有企业陷入在位者诅咒（incumbent's curse）的垄断之中；另一方面，要关注政府监管自身因交易成本衍生出来的政府失灵问题，防止政府监管机会主义和道德风险，这是政府监管面临的重要挑战。因此，综合来说，仅仅停留在技术工具（市场结构）层面上还不够，必须从更广泛组织创新（治理结构）和政府监管制度中寻找答案，以降低沉淀成本和交易成本为突破口，以制度建设和制度创新为核心，将计划经济体制条件下的行政管理方式向以市场为主导的监管模式转变必将成为我国国有企业跨国投资与政府监管改革的新方向。

结论及展望

在世界经济范围内，关于政府在市场经济中的作用的争论一直是一个经久不衰的话题。从 1776 年到 1914 年第一次世界大战，主要是自由竞争资本主义阶段。在 20 世纪 30 年代，由于凯恩斯革命，国家管理的资本主义出现，企业的所有权和管理模式发生了巨大的变化。在自然垄断行业的情况下，19 世纪占主导地位的私人资本和企业家都倾向于建立大量公共基础设施，尤其是第二次世界大战后 1945～1975 年很多资本主义国家开始兴建国有企业，这些自然垄断行业在全世界大多数国家都为政府所有和控制。但这其中，20 世纪的美国也许是最大的例外。这一时期，新古典综合凯恩斯主义居于主流地位。20 世纪 80 年代开始，西方资本主义国家混合经济开始转型，时任美国总统里根和英国首相撒切尔夫人共同引领资本主义重新复归到"去管制化"，私有化时代带来了所有权改变，把许多国有企业转变成私有企业（虽然并非所有行业，但是国有企业也不是始终为 100%），新自由主义又开始复兴起来，包括新制度经济学、公共选择学派和奥地利学派等。只是 2008～2009年金融危机的到来，政府在管理经济周期上重新发挥重要的作用，致使许多投入品和产出品的分配者，甚至是特定投入品的所有者，又出现大规模干预经济的情况。由此可知，在世界经济发展演变过程中不断出现私有化与国有化相互交替，并不是一成不变的，同样体现着市场与政府之间的关系。

我国国有企业规模巨大、创新资源丰富、地域分布广泛，对国家产业结构升级具有较强的决定作用和带头作用。同时，大型国有企业也是目前我国直接参与国际产业竞争的主力军，其具有较强的资金和人才资本以及国际化运作的经验，尤其在"一带一路"的背景下，中央企业成为"走出去"的主力军，但因我国国有企业自身治理问题，很容易影响国有跨国公司的健康发展。近些年来，我国对外投资以年均40%以上的速度增长，累计对外投资超过5000亿美元，跻身跨国投资大国行列，国有企业跨国投资的作用极为明显。但总体看，我国"走出去"仍处于初级阶段，特别是对外投资管理体制相对滞后，不能完全适应对外投资快速发展的新形势。加快实施"走出去"战略，关键是要深化对外投资管理体制改革，放宽对外投资的各种限制，落实"谁投资、谁决策、谁受益、谁承担风险"的原则。

为了加快国有企业跨国投资的步伐，政府工作今后的重点是服务和监管，如要做到加强规划引导，支持国有企业按照国际通行规则开展经营活动，设立或并购研发机构；促使跨国企业吸纳先进生产要素，建立海外营销网络，培育国际知名品牌；加大对国有企业"走出去"的信息咨询服务和人才培养力度；强化国有企业海外资产和人员安全保障，促使企业积极、有序、安全地开展对外投资合作，加大并购重组（M&A）力度，加快向外转移过剩产能，引导有实力的国有企业到海外整合和延伸产业链，提高我国在全球范围内配置要素资源的能力等。

党的十八届三中全会提出了"完善国有资产管理体制，以管资本为主加强国有资产监管，改革国有资本授权经营体制，组建若干国有资本运营公司，支持有条件的国有企业改组为国有资本投资公司。这是适应经济市场化改革不断深入的新形势，完善国有资产监管体制的重大举措，有利于国有资本保值增值，进一步增强国有经济活力、控制力、影响力"等一系列新部署、新举措，这也是国有企业跨国投资面临的重要问题。因此，按照建立科学的激励约束机制的要求，推动健全完善考核评价和薪酬分配制度；在增加市场化选聘管理人员比例过程中，依法建立以合同管理为核心的市场化劳动用工制度；在混合所有制企业探索实行员工持股制度，依法规范允许持股的员工范围、持股比例、出资方式、离职时的股权处置等，必将对国有企业未来跨国投资产生重要影响。

国有企业跨国投资的基本目的就是要充分发挥国有企业在促进国民经济发展中的重要作用。在市场经济较为发达的国家，国有企业主要是政府用于克服市场缺陷、为实现社会目标而干预经济生活的一种特殊的宏观经济政策工具。但是，中国特定的国情决定了国有企业跨国投资必须同特定的经济发展阶段相适应，既需要解决市场经济发达国家所面临的一般性市场失灵问题，例如，公共物品的提供、自然垄断行业产品和服务的提供、宏观调控职能的发挥和国家安全的保证。同时还需要解决我国作为发展中国家所碰到的特有市场失灵问题，例如，承担国家主导下的"经济追赶"战略任务（吕政和黄速建，2008）。

纵观我国国有企业建立、发展及改革的演变过程，我们发现，国有企业自身演变，归根结底就是一个如何处理政府和市场两者之间关系的过程，也可以说是一个政府干预和市场机制间动态博弈的过程，正如党的十八届三中全会所指出的，即"经济体制改革是全面深化改革的重点，核心问题是处理好政府和市场的关系，使市场在资源配置中起决定性作用和更好发挥政府作用"。从世界范围看，国有企业历经几次经济危机和私有化改革，却依然存在于西方资本主义国家，可见国有企业在经济发展中的确起到了不可替代的作用。因此，简单地争论国有企业应该存在与否并无实际意义。

首先，市场并非万能，这只"看不见的手"经济学第一定律总有失灵之时，新古典经济学中通过自由市场进行资源配置最终达到帕累托最优的条件十分严格，在现实经济生活中并不适用。在市场失灵的领域，如垄断和公共事业方面，国有企业作为政府干预的代表，可作为市场机制的有益补充。但是，就像公共选择理论阐述的那样，政府也有追求私利的动机，因此，政府也并非完全理性，也并非时刻追求公共福利最大化，如果政府干预的范围过大，干预的程度过深，会出现政府失灵，反而也不利于市场发挥资源配置的决定性作用，因此需要在理念上认识到，市场失灵并不是政府监管的充分条件，同时需要认识到市场失灵的理论基础是否真实。此外，既然市场和政府都存在失灵，那么抛开市场谈监管或抛开监管谈市场都是片面的，一国的经济运行不是用理想的政府去替代不完善的市场，也不是用理想的市场去替代不完善的政府，二者既非"完全互补"亦非"完全替代"，因此不能简单地采用市场与政府简单两分法，而是应该把二者有机结合起来，特别是中间混合阶段——私人秩序，在不完善的政府和不完善的市场之间寻找一种均衡，坚持市场在实现资源配置方面的决定性作用，同时使政府着眼于建立符合市场经济体制的监管框架，着眼于"看不见的手"的有效与失灵问题。

在西方发达资本主义国家倡导"华盛顿共识"以及推崇新自由主义经济的大背景下，发展中国家不能盲目跟从，要从自己国家的经济现状和比较优势出发，避免实行全面的私有化和消除所有贸易壁垒，以免本国经济被经济强国实际控制。对本国具有比较优势的优质产业一定要加以保护，对关系到国家战略安全和经济命脉的关键领域和重要部门要收归国有，特别是战略性自然资源产业的发展。

我们并没有否定国际贸易与投资的新古典市场模型，只是清楚地界定了它的适用范围，并在此基础上，我们基于沉淀成本和交易成本条件，包括产权、信息、激励和融资等对国有企业跨国投资的影响，认为国有企业跨国投资仍然是追求市场、效率和战略性资产的结果，是通过所有权专用性优势、内部化优势和区位优势等发展出来的。进一步说，针对中国国有企业所面临的初始条件，通过借助于沉淀成本投资与交易成本概念，可使我们看到国有企业跨国投资面临的困难、路径选择及其超越方式。

一方面，打破国际贸易与投资的新古典经济学零沉淀成本假设前提，看到在跨国投资中必须进行沉淀投资；另一方面，国有企业沉淀成本投资会带来风险，从而需要相应相应的契约安排，因缔约涉及交易成本，所以需要权衡沉淀成本投资与风险之间的替代关系，更加清晰地认识到国有企业国际化五大阶段（Kulkarni & Subodh，2001），如表 1 所示。

表 1   国际化阶段与特点

阶段	名称	主导行为	阶段特点	风险分析
I	国内阶段	以母国为中心，经营重点在国内，为国内市场提供产品和服务	主要竞争对手和优势都在国内，尝试多元化经营以降低成本，重视国内产品研发而非开辟海外市场	对国外市场无打算，产品与服务缺乏国际竞争
II	尝试阶段	业务重点或主要市场仍在国内，开始注意海外发展机会	主要是出口产品与服务，缺乏必要资源及国际经验，国际业务量有限，海外经营方式即是将本国经营模式移植到海外	产品独特，但不根据国外习惯进行调整，国际化业务增加，外部市场差异日趋明显
III	多国阶段	企业在海外业务量增大，投资形式开始多样化，在海外布点，战略导向从母国为中心转向以东道国为中心	意识到海外市场的差异性，开始根据不同国家的市场特征制定相应的市场营销组合战略，国际业务不断扩张，海外经营业务数量也在增多	考虑产品和服务的市场多样化和海外投资单位管理的多样化，发挥海外业务单位的创造性
IV	跨国阶段	业务更多朝海外发展，采取区域中心的管理框架，在各个海外市场面临众多当地或他国的竞争对手	重点由市场营销转到产品和价格，尽可能标准化产品与服务，转移生产基地，降低生产成本，建立合资或独资公司成为实现国际战略目标的主要方式	主要考虑产品与服务的标准化与价格竞争力，差异性对公司的重要性降低，创意管理纳入日常运作
V	全球阶段	公司经营由"地区中心"转向"全球中心"，目标是占领全球市场和对外直接投资	通过在全球范围内的资源配置，获得竞争优势和利润，基本战略取向是全球中心，战略思想为"全球思考、地区行动"	国际化经营风险管理意识已经深入到企业的各个方面和各层管理

　　资料来源：Kularni, S., and P. Subodh. The Influence of Uncertainty on the Mode of International Entry, American Business Review, 2001, 19（1）：8 – 94.

　　这样，就可以解释大型国有企业跨国投资的经济现实：M&A、集团化、垄断优势等，这些情况恰恰都是为了补偿沉淀成本的结果所致，也是主流经济学——新古典经济学所无法理解的，这是由新古典经济学无法安置长期固定资本的原因造成的。尽管政府直接补偿与直接投资和资金援助等有一定的积极效果，但是大力发展市场价格制度，在适度范围内打破国有企业和国有银行软预算约束预期也是国有企业跨国投资的前提条件。国有企业跨国投资面临着大量的沉淀成本，不仅需要大力采取市场制度，而且还需要采取非市场制度——长期契约和一体化，甚至产权结构调整，以及中央政府，特别是地方政府制定良好的监管政策，其目的是为了解决市场失灵，直接将社会形成的成本承担起来，从而促进国有企业跨国投资。但是，这种方案同样也会带来国有企业跨国投资的道德风险行为，进而造成国有企业跨国投资的困境（Dilemma）。为此，我们需要做到：

首先，完善市场结构，减少沉淀成本。

（1）需要完善有形资产和无形资产市场制度，提高信息透明度，促进生产要素充分流动，减少沉淀成本投资。例如，降低进入和退出壁垒，取消地区或行政垄断，尤其在 WTO 框架下建立外国竞争型企业进入市场等，放松监管，促进自由竞争和自由贸易。

（2）力求沉淀成本外部化。将专用性很强、且不可分割的物质资本作为两个产品或更多产品的共同投入而获取范围经济，可以在一定程度上降低沉淀成本。同时，为了避免专用性资产遭受"敲竹杠"那样的机会主义风险，可以考虑用多元化产品生产或范围经济替代市场交换。

（3）投资者需要采用适用的生产技术，即选择符合比较优势的生产技术，而不是采取人为地去赶超高新技术的方式，避免出现因无形损耗而引起的沉淀成本，如同熊彼特所说的"创造性破坏"——当一种有活力的经济创造了崭新的部门时，它同时破坏了整个工业，而不是使经济平稳地趋向均衡。因为技术进步亦可以摧毁现有生产技术投资的原有价值而产生沉淀成本，所以采用符合资源禀赋比较优势的生产技术，不仅可以降低生产成本，而且还有助于原有机器设备的成本回收，有助于减少沉淀成本，从而有利于企业或产业生产技术的有序升级。

（4）在某些情况下，沉淀成本可以由私人或政府间接管理，特别是间接地减少它们出现的概率。例如，私人保险和政府保险、社会安全网（食品和福利计划）、价格支持计划（最低工资或最低生活保障标准），以及采取加速折旧和税收优惠政策等，这些补偿机制都可以减少沉淀成本。

其次，完善治理结构，降低交易成本。

（1）大力发展国有企业间的非市场治理结构减少交易成本。允许国有企业之间的垂直一体化和坚持长期契约以降低不确定性和交易成本。契约要比市场配置资源更有优势，主要因为契约在控制质量与管理时间等方面非常有效。直到交易双方无法解决问题，作为第三方的政府才需要介入。

（2）界定和保护产权降低交易成本。为了进行市场交易，必然会产生确定与谁打交道，互通彼此的想法和条件，进行磋商和谈判，起草契约，进行必须的监督以确定契约的条款得以遵守和执行等，这些都需要支付交易成本。这样，需要政府提供法律或反垄断法降低交易成本，以便提高国有企业效率。

（3）政府可以降低交易成本。政府对公共基础设施投资，可以减少交易成本。再者，进行教育、培训以及研发和市场信息等方面的投资，政府通过在国有企业内进行信息分享协调，减少沉淀成本和不确定性，刺激企业对学习的投资以及增加要素流动，可以提高生产力和产出水平。

最后，政府需要加强国有企业跨国投资监管。

政府加强监管包括对国有资产与国有企业进行分类治理，对于有发展前景的"走出去"的国有企业进行引导，而没有发展前景的则不能让其走出去。因为企业走出去要承担很多风险及付出较大代价，需要理性权衡。因此，需要完善国家所有权、加强委托—代理管理减少官僚主义，改善内部治理结构以及通过民营企业准入竞争，以增强国有企业实力，最终降低国有资产流失的风险。

总之，当今经济全球化是不可阻挡的历史潮流，国有企业通过跨国投资，可以快速地获取先进技术和国际化经验，实现自身重组与产业升级，提高在行业和市场中的竞争地位，全面提升核心竞争力。而中央企业在很大程度上代表着国家的经济实力，是国家竞争力的重要体现。同时，面对全球跨国公司的竞争，国有企业应具有更深的危机意识，增强抗风险能力，逐步成为真正意义上的跨国公司，而良好的制度或博弈规则或政府监管则发挥重要的作用。只有将"两只手"有机结合起来，才能打破国有企业跨国投资的束缚，真正实现国有企业国际化，使国有企业真正在国际市场上通过市场竞争获得生存与发展，既让国有企业成为有竞争力的现代企业，又能充分发挥其推进国家产业结构优化升级和产业链现代化的重要作用，以"一带一路"建设为重点，坚持"引进来"和"走出去"并重，遵循共商共建共享原则，主动参与和推动经济全球化进程，发展更高层次的开放型经济，推动贸易、投融资、生产、服务网络自由化和便利化，实现互利共赢，不断壮大我国经济实力和综合国力。

参 考 文 献

［1］奥利弗·E. 威廉姆森. 资本主义经济制度［M］. 段毅才，等译. 北京：商务印书馆，2002.

［2］白瑞华. 山西省太原市绿色经济转型研究［D］. 北京：北京工业大学硕士论文，2013.

［3］蔡明聚. 我国对外直接投资可持续发展研究［D］. 厦门：厦门大学博士论文，2006.

［4］曹红玉. 中国对外直接投资发展阶段及对外投资与对外贸易关系的实证研究［D］. 重庆：重庆大学贸易与行政学院硕士论文，2007.

［5］陈德熙. 论当代世界贫富差距［J］. 世界经济，1998（2）.

［6］陈惠华. 变革市场中的政府角色［M］. 刘阿钢，译. 北京：北京大学出版社，2014.

［7］陈俊龙. 中国国有企业海外投资软预算约束问题研究［M］. 北京：经济科学出版社，2014.

［8］陈俊侠. 法国试水国企私有化［N］. 国际商报，2005 - 7 - 14.

［9］陈俊侠. 国有企业部分私有化，法国政府尝到甜头［N］. 新华每日电讯，2005 - 7 - 13.

［10］陈维政. 英国国有企业的股份制改造考察［J］. 经济体制改革，1996（8）.

［11］陈雪芹. 跨国并购推动全球直接投资连年增长［N］. 中国改革报，2006 - 10 - 18.

[12] 程莹. 法国私有化问题多多 [N]. 中华工商时报, 2003 - 7 - 21.

[13] 崔钊. 德国的政府参与企业 [J]. 经济管理, 1996 (1).

[14] 丹尼尔·F. 史普博. 管制与市场 [M]. 余晖, 等译. 上海: 格致出版社、上海三联书店, 1999.

[15] 丁刚. 中国企业跨国投资和经营的现状、问题及策略 [J]. 宏观经济研究, 2007 (4).

[16] 高虎城. 全面提升开放型经济水平 [J]. 求是, 2013 (12).

[17] 葛正鹏, 琚向红. 我国跨国公司发展中存在的问题及对策研究 [J]. 商场现代化, 2007 (3).

[18] 顾俊礼, 王鹤等. 法国、德国、英国的经济发展战略 [J]. 中国社会科学院院报, 2005 (8).

[19] 哈诺·贝克, 阿吕斯·佩里兹. 为什么国家也会破产 [M]. 原龙, 译. 北京: 中国电力出版社, 2013.

[20] 郝丰慧. 山西企业实施"走出去"战略的问题及对策 [J]. 科学之友, 2009 (7).

[21] 何立胜, 刘永焕. 关于私有化理论变革的评析 [J]. 生产力研究, 2006 (8).

[22] 胡家勇, 武鹏. 当前公有制促进共同富裕的三个着力点 [J]. 经济学动态, 2013 (9).

[23] 胡岳岷, 任春良. 西方市场经济国家的国有企业: 一个演化视角的分析 [J]. 中央财经大学学报, 2005 (7).

[24] 黄河. 国际直接投资规则的新变化及其对金砖国家的影响与挑战 [J]. 深圳大学学报 (人文社会科学版), 2015 (4).

[25] 黄淑和. 发展混合所有制经济是深化国有企业改革的"重头戏" [N]. 人民政协报, 2014 - 3 - 4.

[26] 黄淑和. 国有企业改革在深化 [J]. 现代企业, 2014 (2).

[27] 黄速建, 刘建丽. 中国企业海外市场进入模式选择研究 [J]. 中国工业经济, 2009 (1).

［28］黄速建，余菁．国有企业的性质、目标与社会责任［J］．中国工业经济，2006（2）．

［29］江秀平．五十年代市场与政府配置资源作用的消长［J］．中国社会科学院研究生院学报，2002（9）．

［30］蒋殿春．跨国公司与市场结构［M］．北京：商务印书馆，1998．

［31］肯尼思·A. 赖纳特．国际经济学原理［M］．郎金焕，译．北京：中国人民大学出版社，2015．

［32］孔令龙，刘洪宽等．我国境外投资风险和对策［J］．经济研究参考，2010（1）．

［33］劳石．吸引德国资金必须找对门路［N］．中国民族报，2001 - 1 - 12．

［34］李桂芳．中央企业对外直接投资报告2011［M］．北京：中国经济出版社，2011．

［35］李辉，张荣．中国双向投资问题研究［J］．亚太经济，2012（9）．

［36］李俊江，史本叶．国有企业跨国经营中的公司治理结构问题［J］．当代经济研究，2004（3）．

［37］李珂．试论促进我国企业海外投资的税收优惠政策［J］．企业经济，2008（12）．

［38］李伟阳．立足战略和全局的高度深刻理解中央企业社会责任的内涵与外延［J］．WTO 经济导刊，2010（9）．

［39］李享章．国有企业 OFDI 的业绩、地位与政策启示——从中国 OFDI 动因的角度考察［J］．江汉论坛，2011（11）．

［40］李仲阳．从"看管者"到"竞争者"——论撒切尔夫人国有企业的私有化［J］．湖南工业职业技术学院学报，2007（6）．

［41］林毅夫，李周．现代企业制度的内涵与国有企业改革方向［J］．经济研究，1997（3）．

［42］林毅夫等．充分信息与国有企业改革［M］．上海：上海三联

书店、上海人民出版社，1997.

[43] 林毅夫. 新结构经济学：反思经济发展与政策的理论框架 [M]. 苏剑，译. 北京：北京大学出版社，2013.

[44] 刘恒. 跨国公司对外直接投资的国有化风险及其防范 [J]. 中山大学学报，1996（6）.

[45] 刘迎军. 从法国境外投资体系的发展看我国相关政策的弥补与完善 [J]. 国际经济合作，2003（4）.

[46] 刘永焕. 关于私有化理论变革的述评 [J]. 大众科技，2009（10）.

[47] 刘跃斌，罗东霞. 德国跨国公司的海外经营战略 [J]. 武汉大学学报，2001（6）.

[48] 刘耘. 促进企业海外投资财税政策的国际比较及借鉴 [J]. 经济纵横，2005（4）.

[49] 陆继勇，刘跃斌. 德国对外投资的发展与对华直接投资 [J]. 欧洲研究，1998（3）.

[50] 陆培华. 中国企业跨国投资理论与实践分析 [J]. 国际关系学院学报，2007（7）.

[51] 陆小辉. 国企实施"走出去"战略的思考 [J]. 亚太经济，2000（6）.

[52] 吕政，黄速建. 中国国有企业改革 30 年研究 [M]. 北京：经济管理出版社，2008.

[53] 马建堂，刘海泉. 中国国有企业改革的回顾与展望 [M]. 北京：首都经济贸易大学出版社，2000.

[54] 迈克尔·佩雷曼. 经济学的终结 [M]. 石磊，等译. 北京：经济科学出版社，2000.

[55] 迈克尔·佩罗曼. 市场的天生不稳定性 [M]. 孙强，等译. 北京：中信出版社、辽宁教育出版社，2003.

[56] 米格尔·森特诺，约瑟夫·科恩. 全球资本主义 [M]. 郑方，等译. 北京：中国青年出版社，2013.

[57] 尼古莱·福斯. 奥地利学派与现代经济学 [M]. 朱海就, 译. 北京: 中国社会科学出版社, 2013.

[58] 逄增辉. 国际直接投资理论的发展与演变 [J]. 经济评论, 2004 (1).

[59] 彭中文. 美、日、德制造业国际化经营比较及启示 [J]. 经济纵横, 2005 (2).

[60] 钱明光. 论中国企业实施"走出去"战略遇到的问题及对策 [D]. 北京: 对外经济贸易大学硕士论文, 2006.

[61] 钱岩松. 国有企业公司治理比较研究 [J]. 财贸研究, 2009 (1).

[62] 琼·罗宾逊, 约翰·伊特韦尔. 现代经济学导论 [M]. 陈彪如, 译. 北京: 商务印书馆, 1997.

[63] 让·泰勒尔. 产业组织理论 [M]. 马捷, 等译. 北京: 中国人民大学出版社, 1997.

[64] 任淮秀, 汪昌云. 国际投资学 [M]. 北京: 中国人民大学出版社, 2005.

[65] 邵祥林. 中国企业跨国经营研究 [D]. 长春: 吉林大学博士论文, 2004.

[66] 史本叶. 国有企业境外投资风险防范机制研究 [M]. 北京: 经济科学出版社, 2016.

[67] 斯蒂格利茨. 私有化: 成功与失败 [M]. 张宏胜, 等译. 北京: 中国人民大学出版社, 2013.

[68] 宋冬林, 汤吉军. 沉淀成本与资源型城市转型分析 [J]. 中国工业经济, 2004 (6).

[69] 孙淼. 德国对外直接投资与利用外资的现状和特点 [J]. 国际经济合作, 2001 (6).

[70] 谈萧. 法国国有跨国公司的改革与发展 [N]. 中国经济时报, 2002 - 10 - 26.

[71] 汤吉军, 郭砚莉, 陈俊龙. 经济发展方式转变背景下国有企

业重组分析 [J]. 管理世界, 2013 (2).

[72] 汤吉军, 郭砚莉. 沉淀成本、交易成本与政府管制方式 [J]. 中国工业经济, 2012 (12).

[73] 汤吉军, 郭砚莉. 我国公用事业政府监管研究——以自然垄断为视角 [J]. 经济体制改革, 2013 (5).

[74] 汤吉军, 年海石. 国有企业公司治理结构变迁、路径依赖与制度创新 [J]. 江汉论坛, 2013 (2).

[75] 汤吉军. 国际商学研究的新挑战: 国有跨国公司的崛起 [J]. 南大商学评论, 2018 (2).

[76] 唐立国. 大打"并购"牌的法国国有企业改革 [J]. 上海国资, 2003 (2).

[77] 王金存. 世界国有企业比较研究 [M]. 上海: 华东师范大学出版社, 1999.

[78] 王军. 国有企业改革与国家所有权神话 [J]. 中外法学, 2005 (3).

[79] 王俊豪. 政府管制经济学导论——基本理论及其在政府管制实践中的应用 [M]. 北京: 商务印书馆, 2001.

[80] 王勇. 中国国有跨国公司的治理问题研究 [J]. 延边党校学报, 2012 (5).

[81] 向艳. 市场失灵及其治理的研究分析 [J]. 时代金融, 2011 (12).

[82] 徐传谌, 魏益华. 从国有企业跨国经营中的资产流失看国有资产管理方式的改进 [J]. 社会科学战线, 2004 (3).

[83] 徐茂魁, 张力. 国有经济论 [M]. 北京: 经济科学出版社, 1998.

[84] 徐森. 西方国有企业私有化原因之我见 [J]. 长白学刊, 1988 (6).

[85] 许永强. 德国的国有企业 [J]. 经营管理者, 1998 (8).

[86] 杨瑞龙, 罗来军, 杨继东. 中国模式与中国企业国际化 [M].

北京：中国人民大学出版社，2012.

[87] 杨卫东.国有化与私有化研究——西方国有企业进退的历史轨迹 [J].武汉大学学报，2012（1）.

[88] 杨政.国有企业引领俄罗斯经济发展 [N].光明日报，2013 - 6 - 10.

[89] 杨忠.我国国有企业对外直接投资中的问题与决策 [J].中国工业经济，2008（8）.

[90] 姚望，蔡小军."走出去"战略研究概况 [J].经济与管理研究，2005（10）.

[91] 易瑾超.法国对外直接投资自由化政策及对中国的启示 [J].法国研究，2005（1）.

[92] 尹莹莹.我国国有企业跨国经营问题研究 [D].大连：大连海事大学硕士论文，2008.

[93] 于印辉，曹志英.德国的政府参与企业及其评价 [J].德国研究，1997（2）.

[94] 查尔斯·沃尔夫.市场，还是政府——市场、政府失灵真相 [M].陆俊，等译.重庆：重庆出版社，2009.

[95] 张健.外国如何搞国有企业 [M].北京：新华出版社，1997.

[96] 张英姣，孙启军.俄罗斯对独联体政策变化的经济因素解析 [J].商场现代化，2010（7）.

[97] 张维迎.所有制、治理结构及委托—代理关系——兼评崔之元和周其仁的一些观点 [J].经济研究，1996（9）.

[98] 张夏准.资本主义的真相：自由市场经济学家的23个秘密 [M].孙建中，译，北京：新华出版社，2013.

[99] 赵凌云.1979~1999年间中国国有企业治理结构演变的历史分析 [J].中南财经大学学报，1999（11）.

[100] 赫苏斯·韦尔塔·德索托.社会主义：经济计算与企业家精神 [M].朱海就，译.长春：吉林出版集团有限责任公司，2010.

［101］宗寒. 国有经济读本［M］. 北京：经济管理出版社，2002.

［102］Aharoni, Y. The Evolution and Management of State – Owned Enterprise［M］. Cambridge：Ballinger Publishing, 1986.

［103］Akerlof, G. A. The Market for Lemons：Quality Uncertainty and the Market Mechanism［J］. Quarterly Journal of Economics, 1970, 84 (3)：488 – 500.

［104］Antras, P. Property Rights and the International Organization of Production［J］. American Economic Review, 2005, 5：25 – 32.

［105］Bain, J. Barriers to New Competition［M］. Cambridge：Harvard University Press, 1956.

［106］Baldwin, R. Sunk – Cost Hysteresis［R］. NBER Working Papers 2911, 1989.

［107］Baumol, W. J. , and R. D. Willig. Fixed Costs, Sunk Costs, Entry Barriers, and Sustainability of Monopoly［J］. Quarterly Journal of Economics, 1981, 96 (3)：405 – 431.

［108］Baumol, W. J. , Panzar, J. C. , and R. D. Willig. Contestable Markets and the Theory of Industry Structure［M］. San Diego：Harcourt Brace Jovanovich, 1988.

［109］Belke, A. , Göcke, M. , and L. Werner. Exchange Rate Volatility and Other Determinants of Hysteresis in Exports – Empirical Evidence for the Euro Area［J］. Review of Economic Analysis, 2015, 7 (1)：24 – 53.

［110］Buckley, P. , and M. Casson. The Future of the Multinational Enterprise［M］. Macmillan, 1976.

［111］Buckley, P. J. , Doh, J. P. , and M. H. Benischke. Towards a Renaissance in International Business Research? Big Questions, Grand Challenges, and the Future of IB Scholarship［J］. Journal of International Business Studies, 2017, 48 (9)：1045 – 1064.

［112］Cai, K. G. Outward Foreign Direct Investment：a Novel Dimension of China's Integration into the Regional and Global Economy［J］. China

Quarterly, 1999, 160: 856 – 880.

[113] Caves, R. E. International Corporations: The Industrial Economics of Foreign Investment [J]. Economica, 1971, 38: 1 – 27.

[114] Chang, H – J. , and A. Singh. Public Enterprise in Developing Countries and Economic Efficiency [J]. UNCTAD Review, 1992, 3: 45 – 82.

[115] Chang, H – J. Regulation of Foreign Investment in Historical Perspective [J]. European Journal of Development Research, 2004, 16: 687 – 715.

[116] Chang, H – J. State – Owned Enterprise Reform [M]. New York: United Nations DESA, 2007.

[117] Chavas, J. P. On Sunk Costs and the Economics of Investment [J]. American Journal of Agricultural Economics, 1994, 76 (4): 114 – 127.

[118] Clifton, J. , Comin, F. , and D. Diaz – Fuentes. Transforming Public Enterprise in Europe and North America: Networks, Integration and Transnationalization [M]. Cambridge: Palgrave Macmillan, 2007.

[119] Coase, R. H. The Nature of the Firm [J]. Economica, 1937, 4 (16): 386 – 405.

[120] Cowen, J. The Theory of Market Failure: a Critical Examination [M]. Virginia: George Mason University, 1988.

[121] Cuervo – Cazurra, A. , and R. Ramamurti. Understanding multinationals from emerging markets [M]. Cambridge: Cambridge University Press, 2014.

[122] Cuervo – Cazurra, A. , Inkpen, A. , Musacchio, A. , and K. Ramaswamy. Government as Owners: State – Owned Multinational Companies [J]. Journal of International Business Studies, 2014, 45 (8): 919 – 942.

[123] Davidson, P. Money and the Real World [J]. Economic Jour-

nal, 1972, 82 (325): 101 – 115.

[124] Davidson, P. Why Money Matters: Lessons from a Half – Century of Monetary Theory [J]. Journal of Post Keynesian Economics, 1978, 1 (1): 46 – 70.

[125] Demsetz, H. Why Regulate Utilities? [J]. Journal of Law and Economics, 1968, 11 (1): 55 – 65.

[126] Deprez, J. The Telecommunications Industry in the Information Age: a Case Study in Globalization, Deregulation, and Tax Competition [J]. Loyola of Los Angeles International and Comparative Law Review, 2001, 23 (3): 537 – 577.

[127] Deprez, J. Vertical Integration and the Problem of Fixed Capital [J]. Journal of Post Keynesian Economics, 1990, 13 (1): 47 – 64.

[128] Dixit, A., and R. Pindyck. Investment under Uncertainty [M]. Princeton: Princeton University Press, 1994.

[129] Dixit, A. Investment and Hysteresis [J]. Journal of Economic Perspectives, 1992, 6 (1): 107 – 132.

[130] Dunning, J. H. Global Capitalism, FDI and Competitiveness [M]. Cheltenham: Edward Elgar Publishing, 2002.

[131] Dunning, J. H. Location and the Multinational Enterprise: A Neglected Factor? [J]. Journal of International Business Studies, 1998, 29 (1): 45 – 66.

[132] Dunning, J. H. Multinational Enterprises and the Global Economy [M]. Workingham: Addison – Wesley, 1993.

[133] Dunning, J. H. The Eclectic Paradigm as an Envelope for Economic and Business Theories of MNC Activity [J]. International Business Review, 2002, 9 (1): 163 – 190.

[134] Dunning, J. H. Trade, Location of Economic Activity and the MNE: a Search for an Eclectic Approach [M]. London: Macmillan, 1977.

[135] Galambos, L. State – Owned Enterprises in a Hostile Environ-

ment [C], in Pier Toninelli (ed.), The Rise and Fall of State – Owned Enterprise [M]. Cambridge: Cambridge University Press, 2000.

[136] Grossman, S., and O. Hart. The Costs and Benefits of Ownership: a Theory of Vertical and Lateral Integration [J]. Journal of Political Economy, 1986, 94 (4): 691 –719.

[137] Hart, O., Shleifer, A., and R. Vishny. The Proper Scope of Government: Theory and Application to Prisons [J]. Quarterly Journal of Economics, 1997, 112 (4): 1127 –1161.

[138] Hymer, S. H. The International Operations of National Firms: A Study of Direct Foreign Investment [M]. Cambridge: MIT Press, 1976.

[139] Jory, S., and T. Ngo. Cross – Border Acquisition of State – Owned Enterprises [J]. Journal of International Business, 2014, 45: 1096 – 1114.

[140] Kesan, J. P., and R. C. Shah. Fool Us Once Shame on You – Fool Us Twice Shame on Us: What We Can Learn from the Privatization of the Internet Backbone Network and the Domain Name System [J]. Washington University Law Quarterly, 2001, 79 (1): 89 –220.

[141] Keynes, M. J. The General Theory of Employment, Interest, and Money [M]. London: Mcmillan, 1936.

[142] Klein, B., Crawford, R. G., and A. A. Alchian. Vertical Integration, Appropriable Rents, and the Competitive Contracting Process [J]. Journal of Law and Economics, 1978, 21 (2): 297 –326.

[143] Knight, F. H. Risk, Uncertainty, and Profit [M]. Boston: Houghton Mifflin Company, 1921.

[144] Krugman, P. Exchange Rate Instability [M]. Cambridge: MIT Press, 1989.

[145] Kularni, S., and P. Subodh. The Influence of Uncertainty on the Mode of International Entry [J]. American Business Review, 2001, 19 (1): 8 –94.

[146] Lawson, C. The Theory of State – Owned Enterprises in Market Economies [J]. Journal of Economic Surveys, 1994, 8 (3): 283 – 309.

[147] Logue, D. The Strategy for Privatisation in the United States [C], in Paul W. MacAvoy (ed.), Deregulation and Privatization in the United States [M]. Edinburgh: Edinburgh University Press, 1995.

[148] MacAvoy, P. W. Prices after Deregulation: the United States Experience [J]. Hume Papers on Public Policy, 1993, 1 (3): 25 – 47.

[149] McLaren, J. Size, Sunk Costs, and Judge Bowker's Objection to Free Trade [J]. American Economic Review, 1997, 87 (3): 400 – 421.

[150] Megginson, W. L., and J. M. Netter. From State to Market [J]. Journal of Economic Literature, 2000, 39 (3): 321 – 389.

[151] Meyer, K. E., and M. W. Peng. Theoretical Foundations of Emerging Economy Business Research [J]. Journal of International Business Studies, 2016, 47 (1): 3 – 22.

[152] Millward, R. The State and Business in Major Powers: Explorations in Economic History [M]. London: Routledge, 2013.

[153] Motta, M. Sunk Costs and Trade Liberalization [J]. Economic Journal, 1992, 102 (2): 578 – 587.

[154] Mundell, R. A. International Trade and Factor Mobility [J]. American Economic Review, 1957, 47 (3): 321 – 335.

[155] Mwaura, K. The Failure of Corporate Governance in State – owned Enterprise and the Need for Restructured Governance in Fully and Partially Privatized Enterprise: the Case of Kenya [J]. Fordham International Law Journal, 2007, 3 (1): 33 – 75.

[156] North, D. C. Institutions, Ideology, and Economic Performance [J]. Cato Journal, 1992, 11 (3): 477 – 496.

[157] OECD. Guidelines on Corporate Governance in State – Owned Enterprises [M]. OECD Publishing, 2005.

［158］ Pindyck, R. S. Irreversibility, Uncertainty, and Investment ［J］. Journal of Economic Literature, 1991, 29（3）: 1110 – 1148.

［159］ Qian, Yingyi, and Chenggang, Xu. Innovation and Bureaucracy under Soft and Hard Budget Constraints ［J］. Review of Economic Studies, 1998, 65（1）: 151 – 164.

［160］ Ramamurti, R. , and J. Hillemann. What is "Chinese" about Chinese Multinationals? ［J］. Journal of International Business Studies, 2018, 49（1）: 34 – 48.

［161］ Rangau, S. , and M. Sengul. Information Technology and Transnational Integrational Theory and Evidence on the Evolution of the Modern Multinational Enterprise ［J］. Journal of International Business Studies, 2009, 4（9）: 1496 – 1514.

［162］ Shleifer, A. , and R. Vishny. Management Entrenchment: The Case of Manager – Specific Investments ［J］. Journal of Financial Economics, 1989, 25（1）: 23 – 139.

［163］ Simon, H. A Behavioral Model of Rational Choice ［J］. Quarterly Journal of Economics, 1955, 69（1）: 99 – 188.

［164］ Staw, B. Knee – Deep in the Big Muddy: A Study of Escalating Commitment to a Chosen Course of Action ［J］. Organizational Behavior and Human Performance, 1976, 16（1）: 27 – 44.

［165］ Suton, J. Sunk Costs and Market Structure: Price Competition, Advertising, and the Evolution of Concentration ［M］. Cambridge: the MIT Press, 1991.

［166］ Teece, D. Technology Transfer by Multinational Firms: The Resources Cost of Transfer Technological Know – how ［J］. Economic Journal, 1977, 87（1）: 242 – 261.

［167］ Toninelli, P. A. The Rise and Fall of State – Owned Enterprise in the Western World ［M］. Cambridge: Cambridge University Press, 2000.

［168］ Vernon, R. International Investment and International Trade in the Product Cycle [J]. Quarterly Journal of Economics, 1966, 80 (2): 190 – 207.

[169] Wang, X. , B. Yang. Fixed and Sunk Costs Revisited [J]. Journal of Economic Education, 2001, 32 (4): 178 – 185.

[170] Williamson, O. E. Comparative Economic Organization: The Analysis of Discrete Structural Alternatives [J]. Administrative Science Quarterly, 1991, 36 (2): 269 – 296.

[171] Williamson, O. E. Franchise Bidding for Natural Monopolies – in General and with Respect to CATV [J]. Bell Journal of Economics, 1976, 7 (1): 73 – 104.

[172] Williamson, O. E. Markets and Hierarchies, Analysis and Antitrust Implications: a Study in the Economics of Internal Organization [M]. New York: Free Press, 1975.

[173] Williamson, O. E. The Economic Institutions of Capitalism [M]. New York: Free Press, 1985.

[174] Williamson, O. E. The Theory of the Firm as Governance Structure: From Choice to Contract [J]. Journal of Economic Perspectives, 2002, 16 (3): 171 – 195.

[175] Wong, S. Improving Corporate Governance in SOEs: An Integrated Approach [J]. Corporate Governance International, 2004, 7 (2): 5 – 15.

[176] World Bank. Bureaucrats in Business: The Economics and Politics of Government Ownership [M]. Washington, D. C. : World Bank, 1996.